忠州牧 地圖

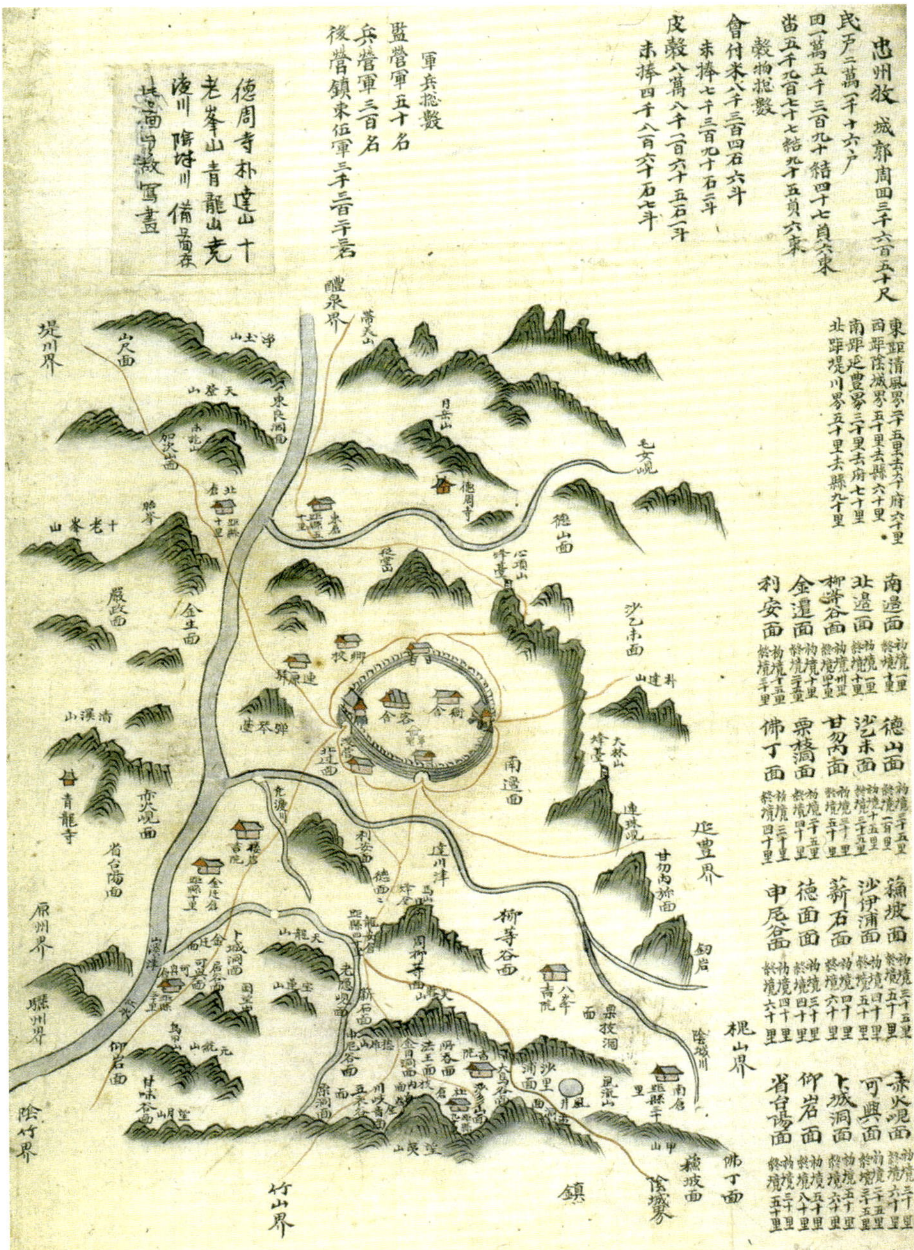

〈忠州牧(帖『海東地途』) ; 彩色寫本, 18세기 중기, 47.5×60cm, 서울대학교규장각〉

忠州本馬韓之域高句麗百濟分據其地新羅並之至高麗為中原道又為河南道忠本高句麗國原城

稷山本慰禮城百濟温祚王自扶餘建都于此高句麗取之

公州本百濟熊川周文王自北漢山城來都之後移南扶餘唐高宗蘇定方攻滅置都督後新羅並之

扶餘百濟聖王自熊川來都至義慈王唐蘇定方與金庾信餌白馬釣神龍攻滅之後新羅並之

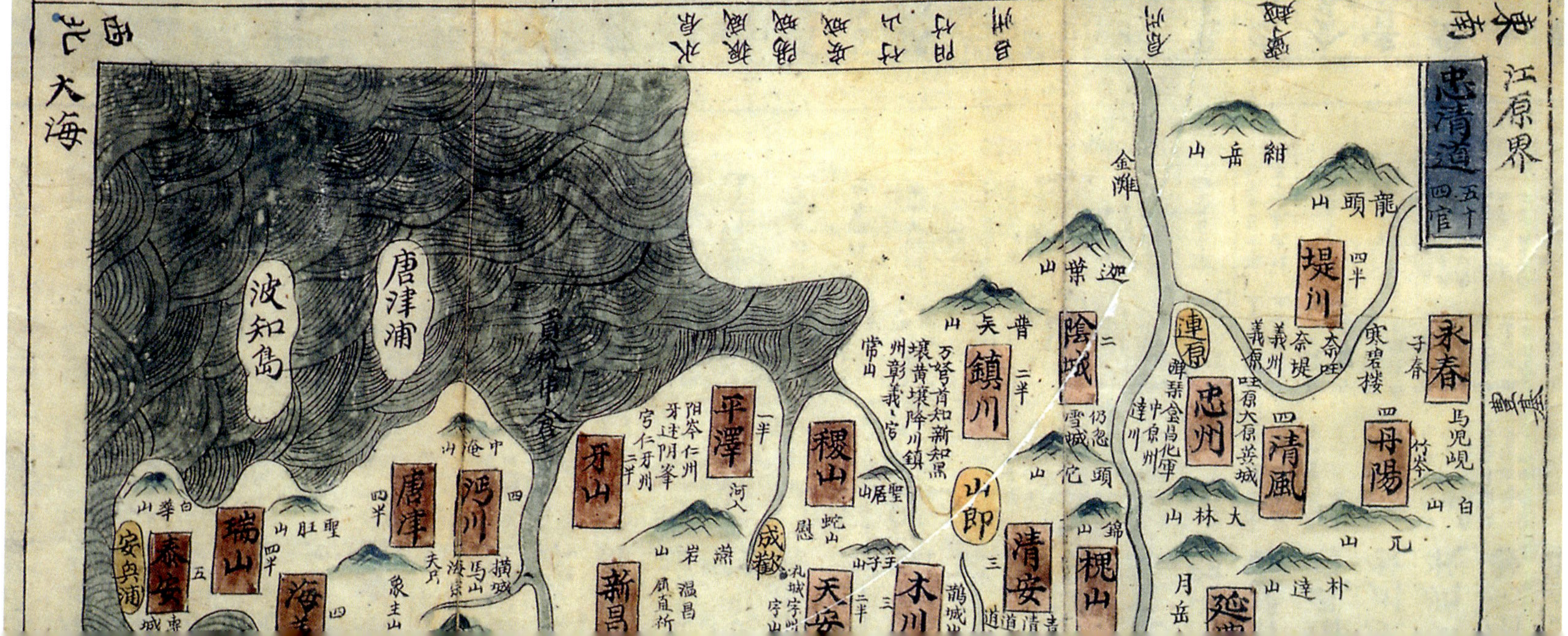

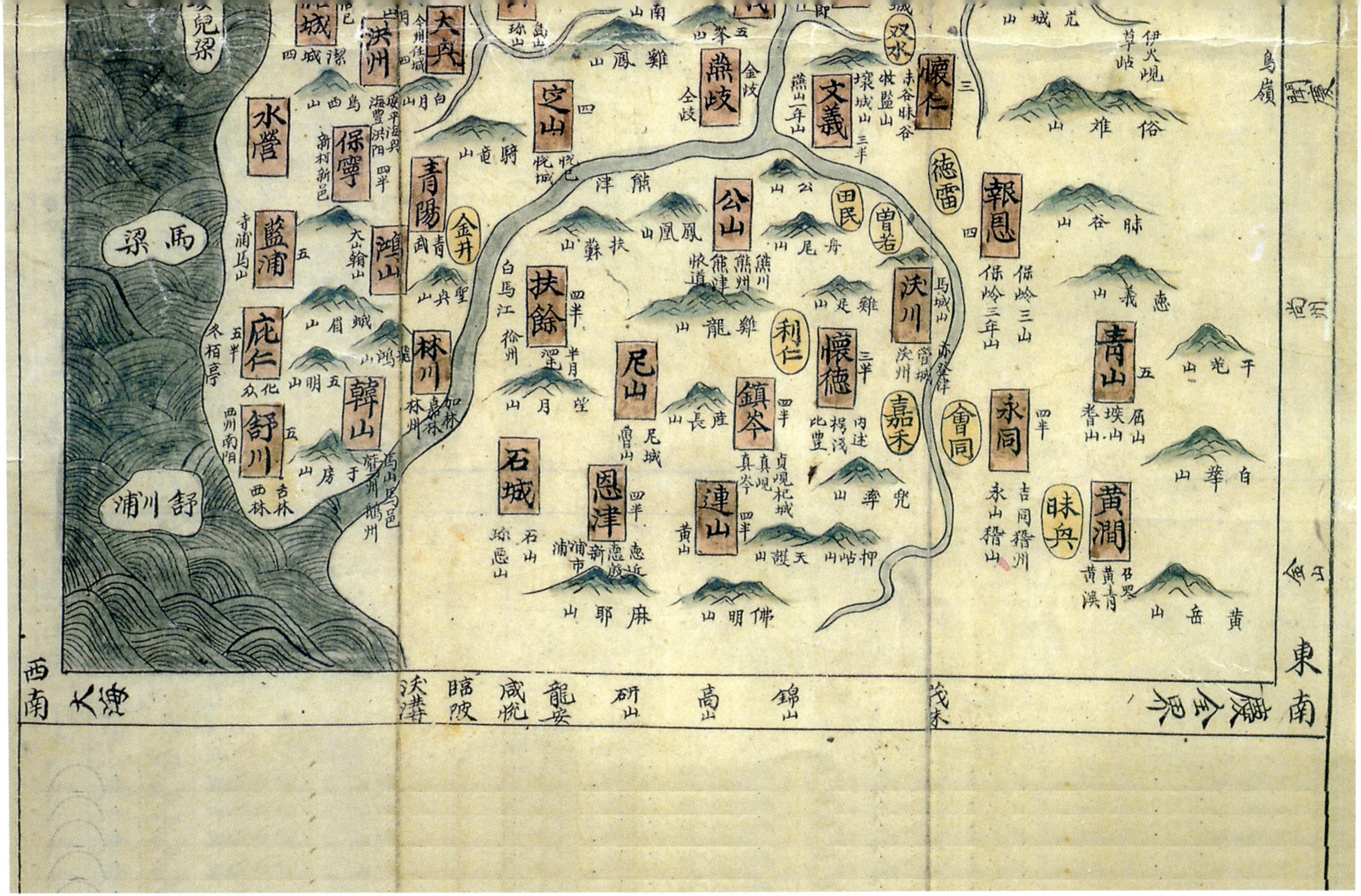

〈忠清道(帖『八道地圖』) ; 彩色寫本, 17세기 초기, 47.5×34.5cm, 國立中央圖書館 所藏〉

ASIA
Drawn from the best Authorities
By T. Kitchin.
Glacial Prom.
HERN OCEAN
THE EASTERN OCEAN
Nisnoe Kaymskoi
Tshukotskoi Noss
Anadirskoi Ostrog
Anadir R.
Swialoi C.
R. Lena
R. Jana
Chatanskoi Pogost
Mangasea or Turukansk
Jenisea R.
Jasesnoe
Turukan R.
Wiluii R.
Olecminskoi Ostrog
Aldan R.
Jakutzk
Kamchatka
Sea of Kamchatka
Ost Karagiskoi
Nishney Kamtshatkoi Ostrog
Bolsherelskoi Ostrog
Sagalin or Amur
Kurileo Is.
C. Patience
C. Aniva
Company's Land
Uriez Str.
C. Eroen
Sungaar Str.
Wilimskaia Slobodo
Uda R.
Langata
Yeniseisk
Narym
Tomsk
Abanskoi Ostrog
Idinskoi Ostrog
Baikal L.
Nertshinsk
Udinsk
Selenginsk
Irkutsk
Yakou
Merghen
Saghalien Ula
Tcitsicar
Parrakoluin
Tchasi
Niman
EASTERN TARTARY
Saissan L.
Manas
Onekenoso
Kobi or Sandy Desert
Mongols
Kara Koram
Hami
Wall
Peking
Yellow Sea
Sea of Korea
Korea
JAPAN
Jeddo
C. Kennis
C. Ava
Fatsisio
Tsi-nan
Little Tibet
TIBET
Great Tibet
Lassa
CHINA
Nan-king
Hang chen
Chusan
Kiusai
Lekeyo I.
Kinchin
Formosa I.
Tropic of Cancer
South Pt.
Bashi Is.
Marian Isles
Patos
Farellon
Trinia
Pagon
Tinian
Guhon
Bolls
Canton
Makau
Tonkin Gulf
Haman I.
The Lunets
C. Engano
Luconia I.
Philippin Islands
Manilla
Samar I.
Leyta I.
Bay of Bengal
Ava
Pegu
Siam
Tonkin
Cochinchina
Camboia
Andaman
Mergui Isles
Nicobar Isles
Gulf of Siam
Condor Is.
St. Marys Is.
Malacca
Natuna
Parago I.
Paragua
Mindanao
St. Juan
New Philippines
Atchin
Sumatra
Borneo
BORNEO
C. Bal Luck
C. of Rivers
Celebes
Moluccas Isles
Gilolo I.
NEW GUINEA
Ceram
Arou
I. G. Fortune
I. Nassau
Isles of Sunda
I. Engano
Str. of Sunda
Banca
Bantam
Batavia
Java
Mataram
Macassar
Flores
Timor
90
100

忠州의 官衙 淸寧軒

〈목사의 집무광경(조형물, 淸寧軒內)〉

承政院日記

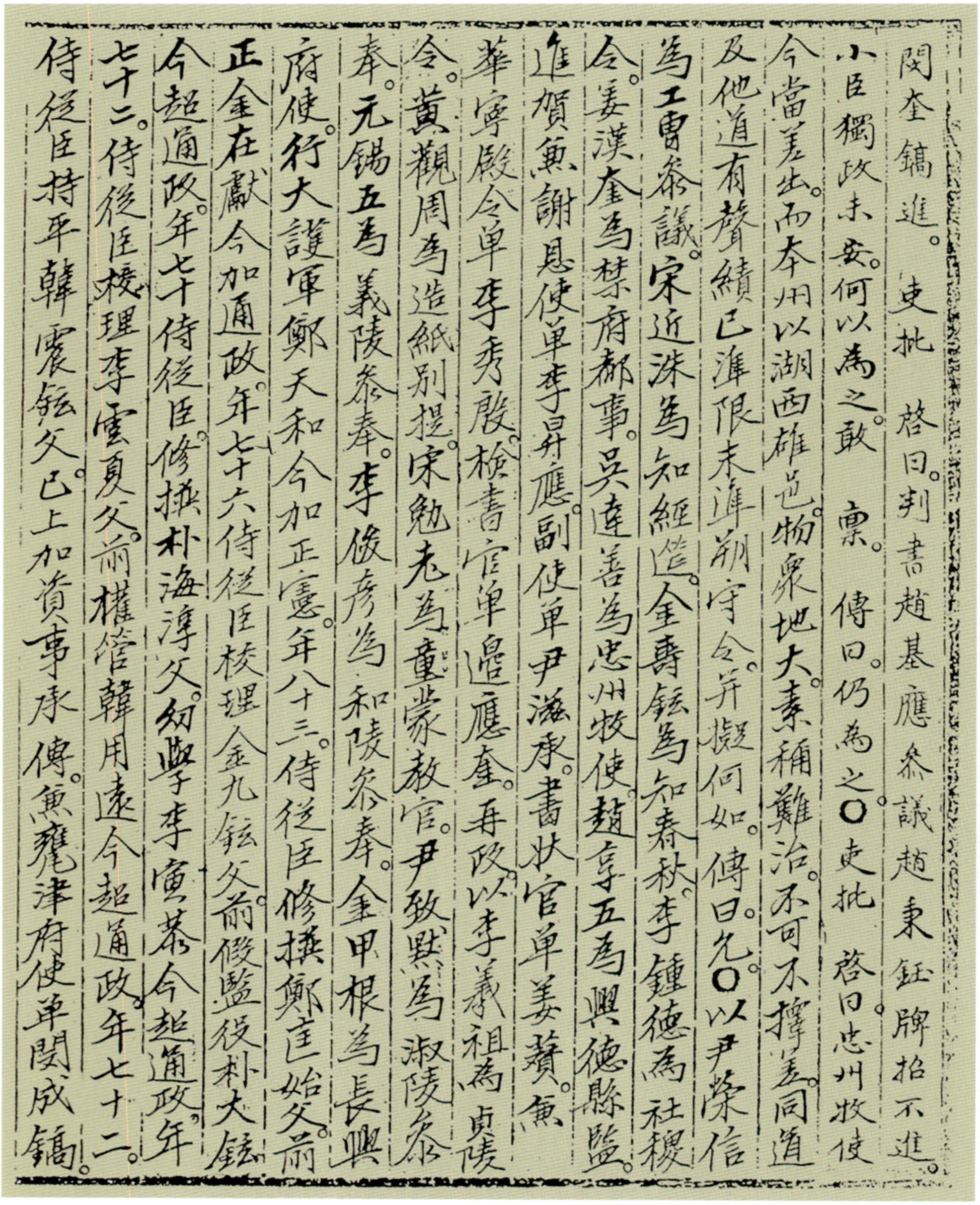

閔奎鎬進。吏批 啓曰，判書趙基應叅議趙秉鈺牌招不進。
小臣獨政未安，何以爲之敢 稟。傳曰，仍爲之○吏批 啓曰，忠州牧使
今當差出，而本州以湖西雄邑，物衆地大，素稱難治，不可不擇差，同道
及他道有聲績已準限未準朔守令，幷擬何如。傳曰，允○以尹榮信
爲工曹叅議，宋近洙爲知經筵，金壽鉉爲知春秋，李鍾德爲社稷
令，姜漢奎爲禁府都事，吳達善爲忠州牧使，趙亨五爲興德縣監，
進賀兼謝恩使單李昇應，副使單尹滋承，書狀官單姜蘋兼
華寧殿令單李秀殷，檢書官單邊應奎，再政以李義祖爲貞陵
令，黃觀周爲造紙別提，宋勉老爲童蒙教官，尹致默爲淑陵叅
奉，元錫五爲義陵叅奉，李儉彥爲和陵叅奉，金甲根爲長興
府使，行大護軍鄭天和今加正憲，年八十三，侍從臣修撰鄭墍始父前
正金在獻今加通政，年七十六，侍從臣校理金九鉉父前假監役朴大鉉
今超通政，年七十，侍從臣修撰朴海淳父幼學李寅恭今超通政，年
七十二，侍從臣校理李雲夏父前權管韓用遠今超通政，年七十二。
侍從臣持平韓震鉉父已上加資事承傳，兼甕津府使單閔成鎬。

《승정원일기》 고종 11년 5월 28일조 ; 충주목사 차출에 대한 吏批의 건의와 차출에 대한 기사 “충주는 큰 고을로 다스리기가 어려운 곳이므로 도내나 타도에서 명성과 치적이 있는 유능한 자를 차출하여야 한다”는 내용으로 충주목사 차출시에는 자주 이와같은 내용의 건의를 하고 있다.

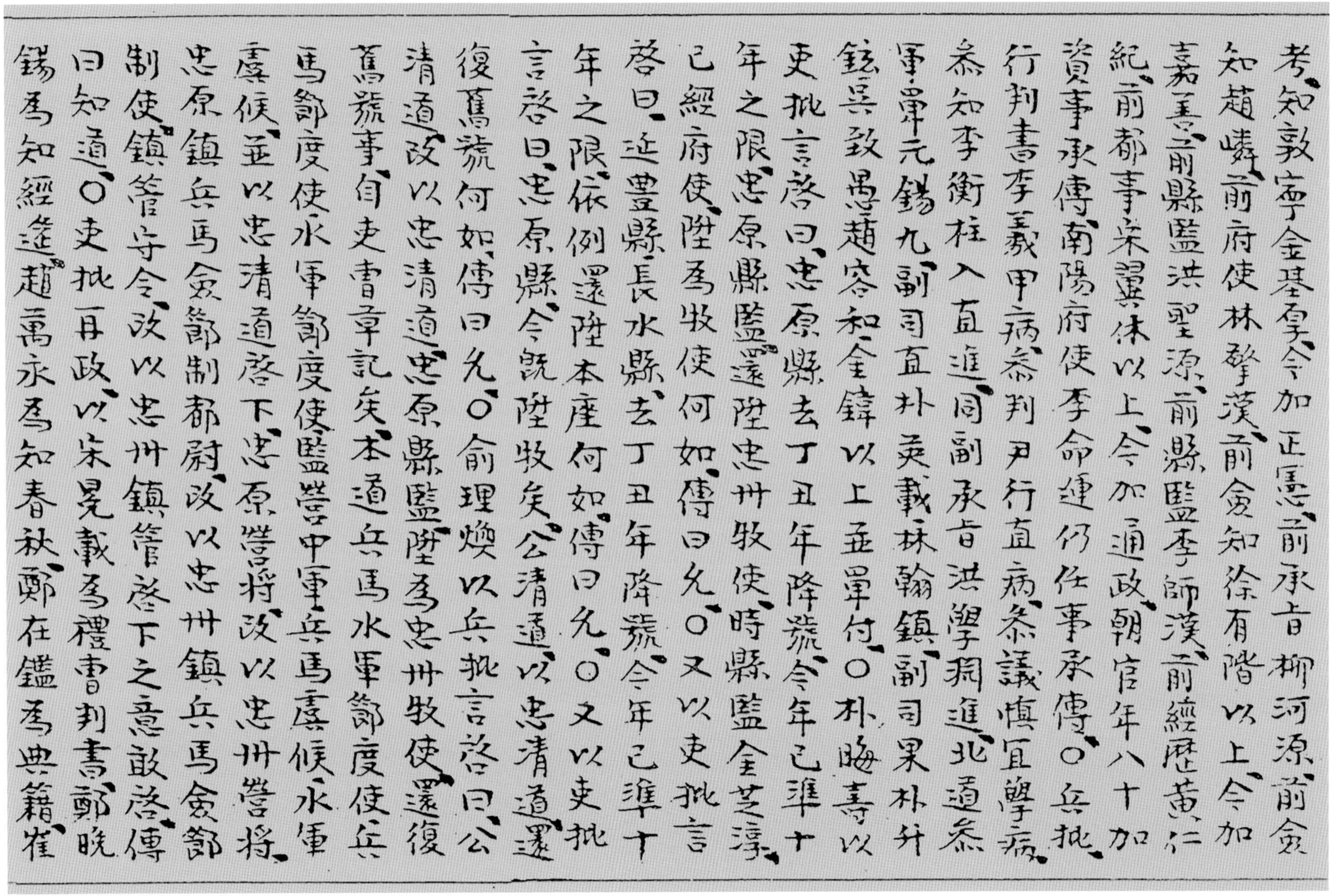

考知敦寧金基厚今加正憲 前承旨柳河源 前僉
知趙嶙 前府使林聲漢 前僉知徐有階 以上今加
嘉善 前縣監洪聖源 前縣監李師漢 前經歷黃仁
紀 前都事宋翼休 以上今加通政 朝官年八十加
資事承傳 南陽府使李命運仍任事承傳 ○ 兵批
行判書李羲甲病 參判尹行直病 參議愼宜學病
參知李衡柱入直進 同副承旨洪學淵進 北道參
軍·畢元錫九 副司直朴英載 林翰鎭 副司果朴升
鉉 吳致愚 趙容和 金鍏 以上並單付 ○ 朴晦壽以
吏批言啓曰 忠原縣去丁丑年降號 今年已準十
年之限 忠原縣監還陞忠州牧使 時縣監金芝淳
已經府使 陞爲牧使何如 傳曰允 ○ 又以吏批言
啓曰 延豐縣長水縣去丁丑年降號 今年已準十
年之限 依例還陞本座何如 傳曰允 ○ 又以吏批
言啓曰 忠原縣令既陞牧矣 公清道以忠清道還
復舊號何如 傳曰允 ○ 俞理煥以兵批言啓曰 公
清道改以忠清道 忠原縣監陞爲忠州牧使 還復
舊號事 自吏曹章記矣 本道兵馬水軍節度使兵
馬節度使水軍節度使監營中軍兵馬虞候水軍
虞候並以忠清道啓下 忠原營將改以忠州營將
忠原鎭兵馬僉節制都尉 改以忠州鎭兵馬僉節
制使鎭管守令 改以忠州鎭管啓下之意敢啓 傳
曰知道 ○ 吏批 再政 以宋晃載爲禮曹判書 鄭晩
錫爲知經筵 趙萬永爲知春秋 鄭在鑑爲典籍 崔

《승정원일기》 순조 26년 1월 2일조 ; 충주목이 충원현으로 강등되었다가 다시 충주목으로 승격되는 과정의 사정을 알게하는 내용이다.

牧使의 敎旨

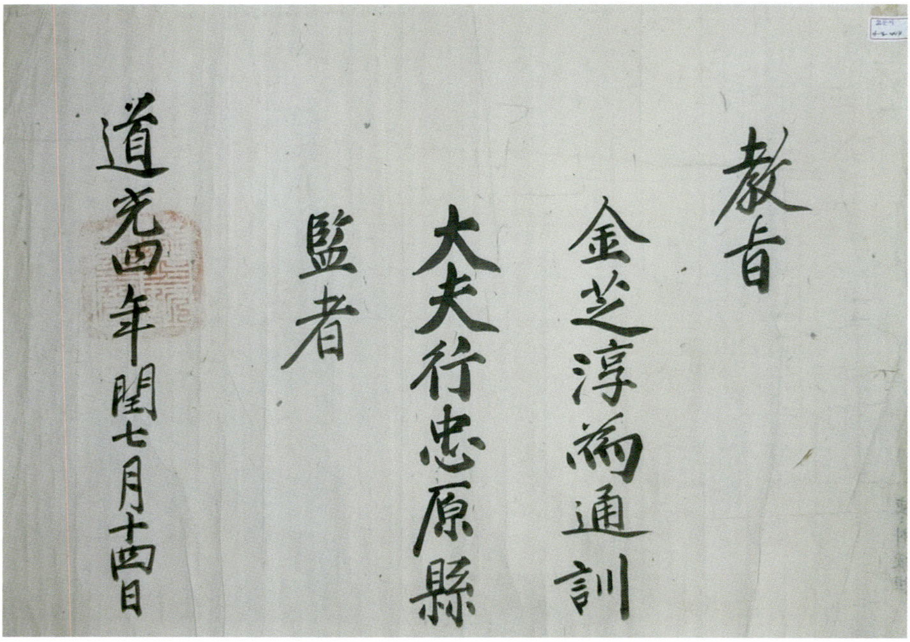
敎旨
金芝淳爲通訓
大夫行忠原縣
監者
道光四年閏七月十四日

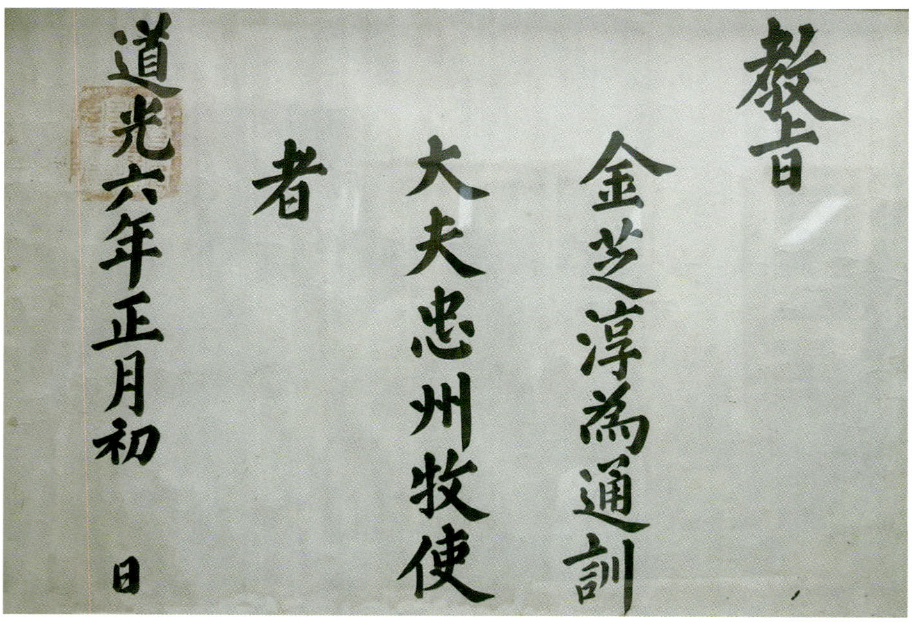
敎旨
金芝淳爲通訓
大夫忠州牧使
者
道光六年正月初　日

金芝淳이 순조 24년(1824, 도광 4)에 忠原縣監이 되고, 2년 뒤에 忠原縣이 牧으로 복귀되자 忠州牧使로 바뀌는 과정의 교지이다(충주박물관 소장, 감윤동 기증 유물).

牧使의 影幀

〈송시열(宋時烈)〉
국립중앙박물관 소장, 효종 4(1653)

〈김재로(金在魯)〉
《선형영정첩》에서 규장각도서, 영조 4(1728)

〈남유용(南有容)〉
국립중앙박물관 소장, 영조 23(1747)

〈박문수(朴文秀)〉
영조 26(1750)

---

* 표시된 연호는 충주목과 관련된 연도임.

〈이 후(李 㻑)〉
국립중앙박물관 소장, 영조 28(1752)

〈김한철(金漢喆)〉
영조 28(1752)

〈정홍순(鄭弘淳)〉
개인소장, 영조 43(1767)

〈서명응(徐命膺)〉
영조 48(1772)

〈김이안(金履安)〉
이화여자대학교박물관 소장, 정조 5(1781)

〈김조순(金祖淳)〉
오한근 소장, 순조 32(1832).

〈민영기(閔泳綺)〉
고종 29(1892)

牧使의 筆跡

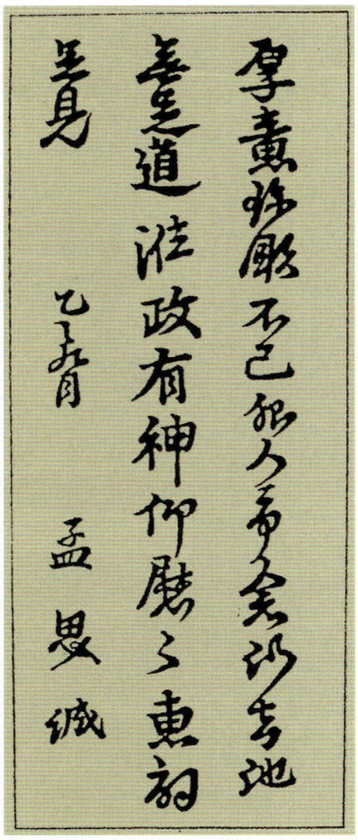

〈맹사성(孟思城)〉
《한국역대명현유묵전첩》에서, 태종 11(1411)

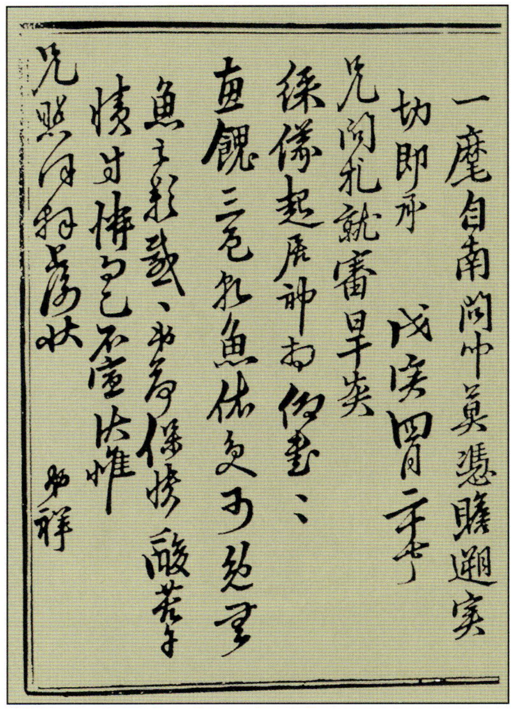

〈박 상(朴 祥)〉
《명가필보》에서, 중종 19(1524)

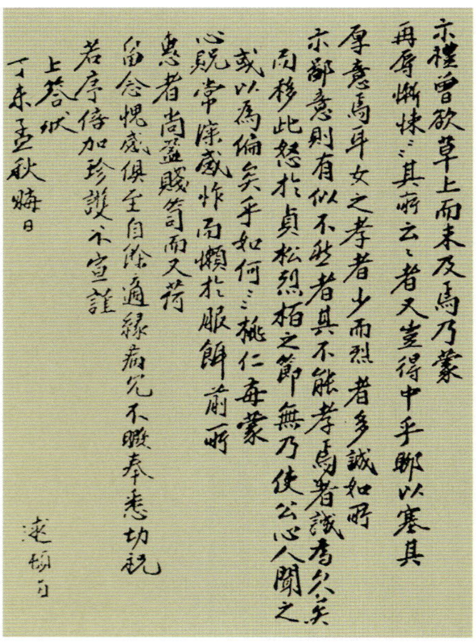

〈정 구(鄭 逑)〉
《근묵》에서, 선조 35(1602)

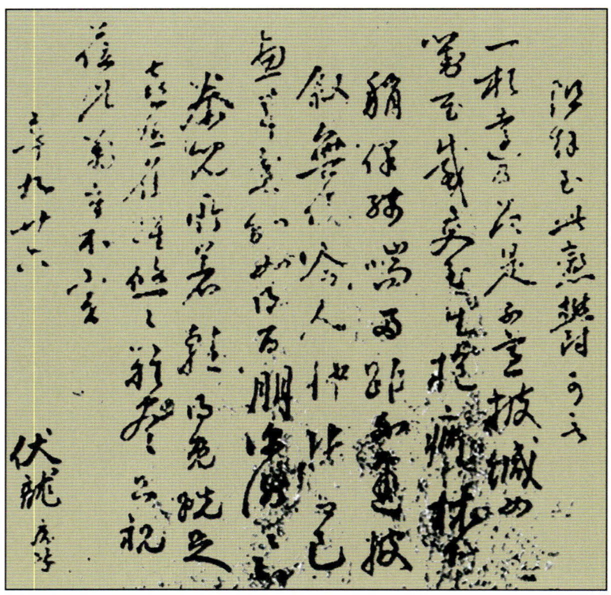

〈우복룡(禹伏龍)〉
《근묵》에서, 선조 39(1606)

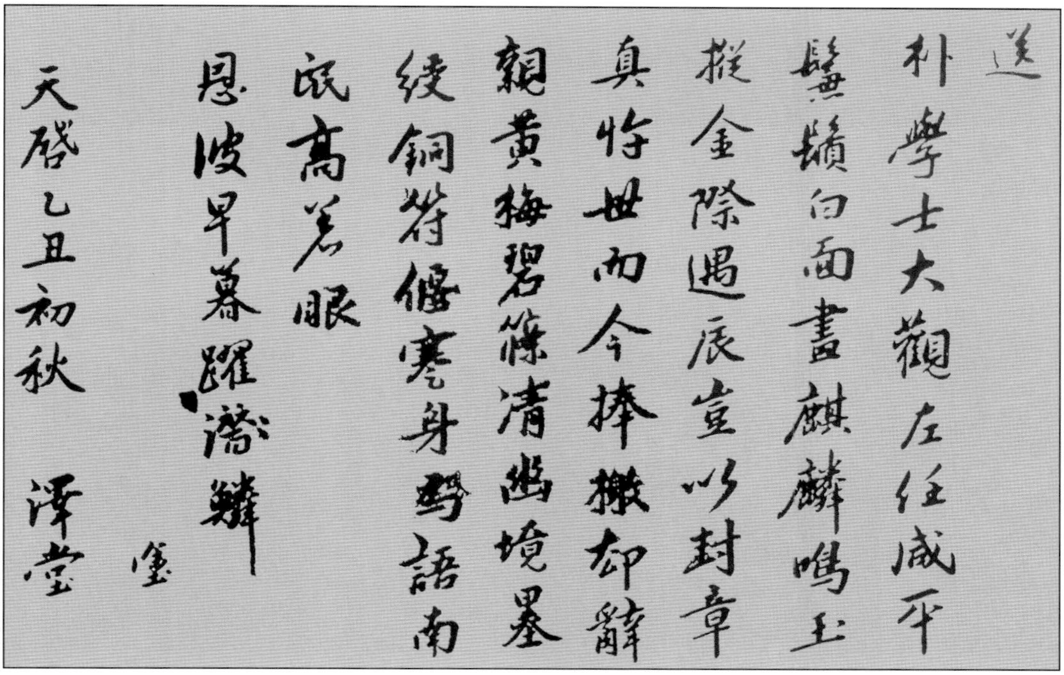

〈이 식(李 植)〉
《근묵》에서, 인조 5(1627)

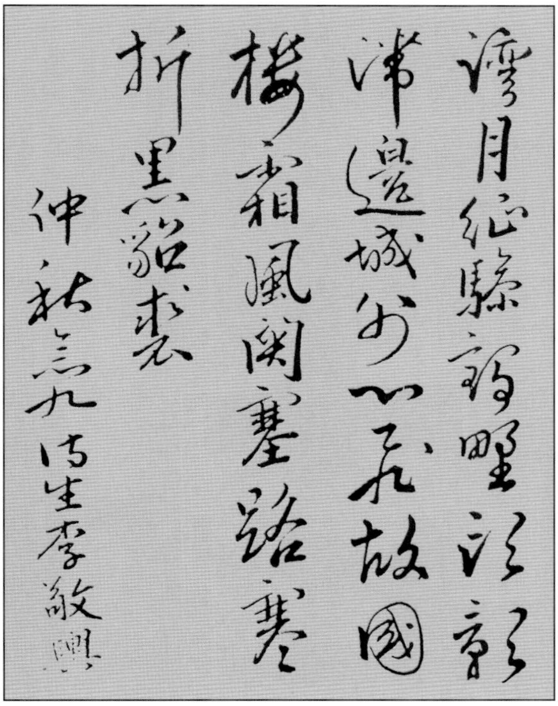

〈이경여(李敬輿)〉
《근묵》에서, 광해 9(1617)

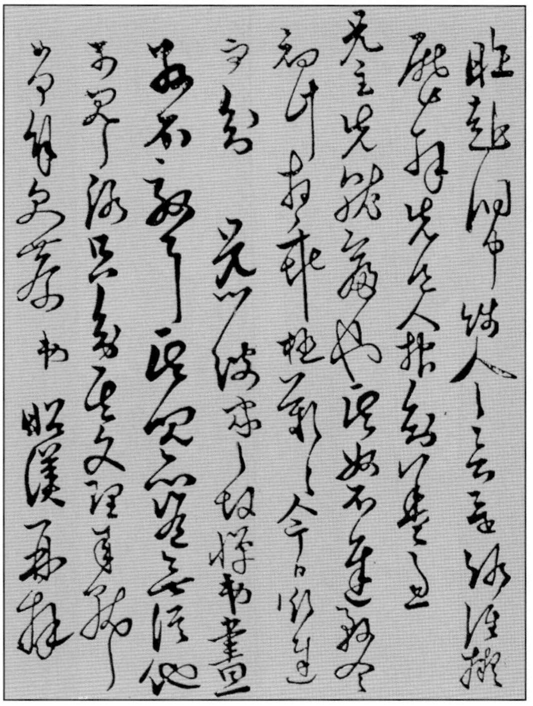

〈이소한(李昭漢)〉
《명가필보》에서, 인조 11(1633)

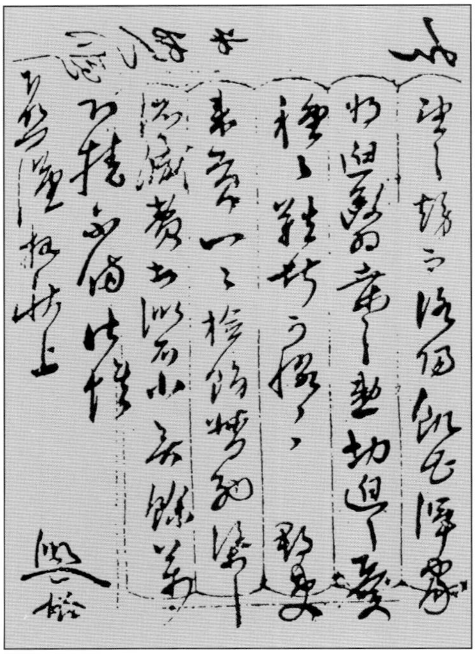

〈유순지(尹順之)〉
《근묵》에서, 인조 16(1638)

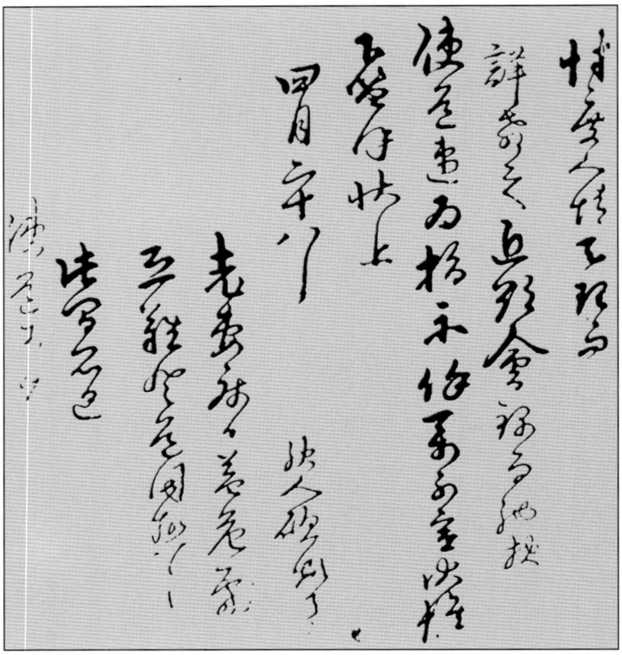

〈유 석(柳 碩)〉
《근묵》에서, 효종 4(1653)

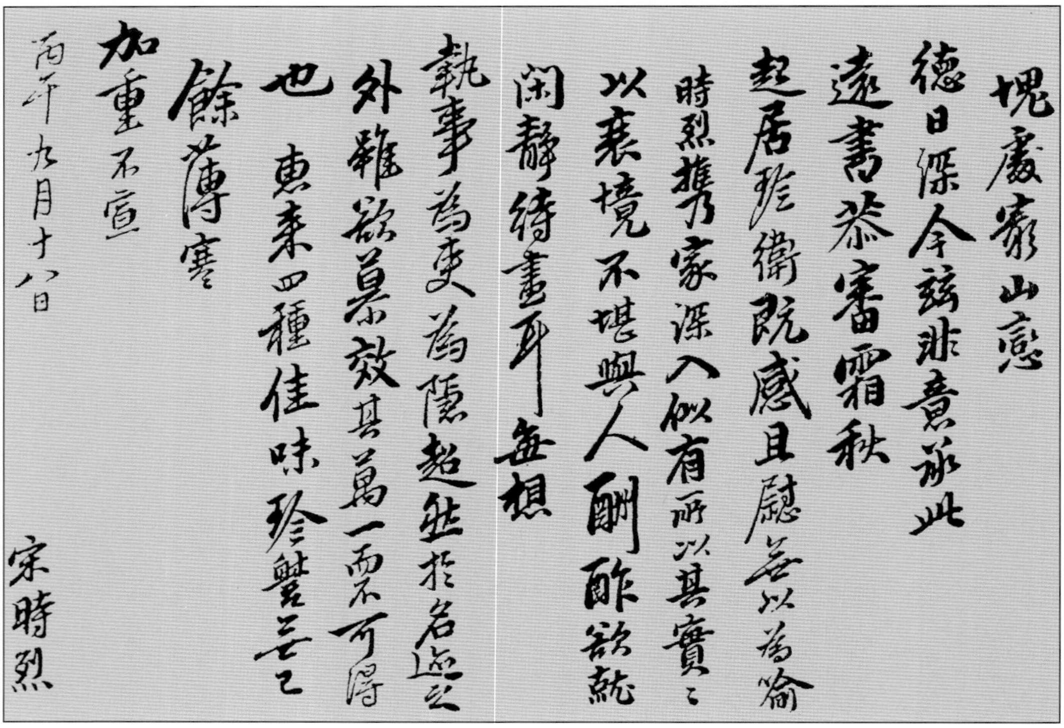

〈송시열(宋時烈)〉
《근묵》에서, 효종 4(1653)

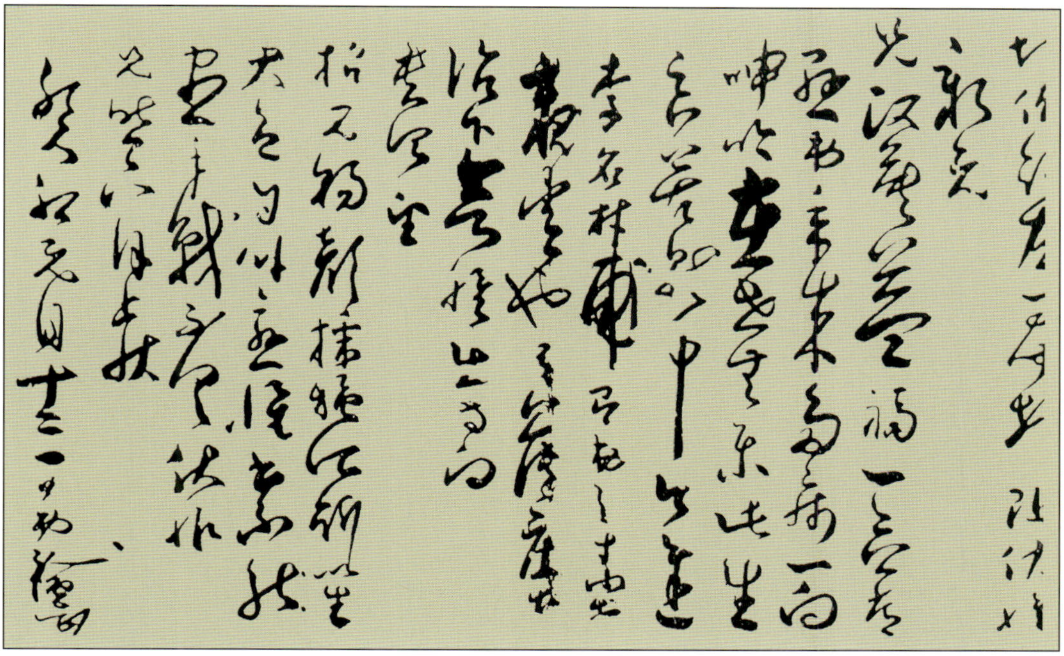

〈이 회(李 檜)〉
《근묵》에서, 현종 5(1664)

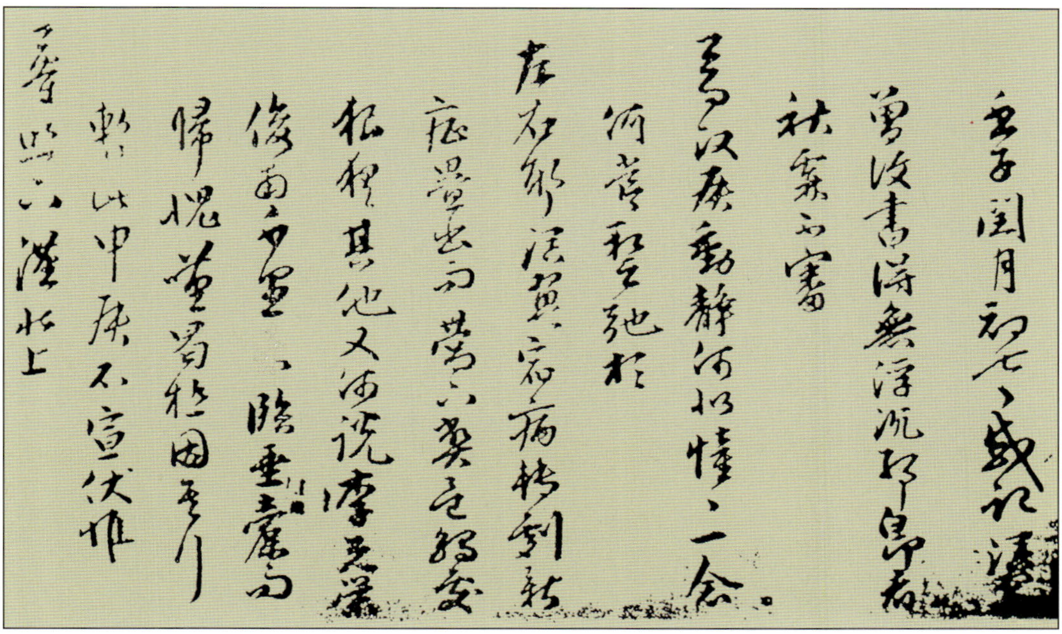

〈이명익(李溟翼)〉
《한국역대명인필적》에서, 숙종 1(1675)

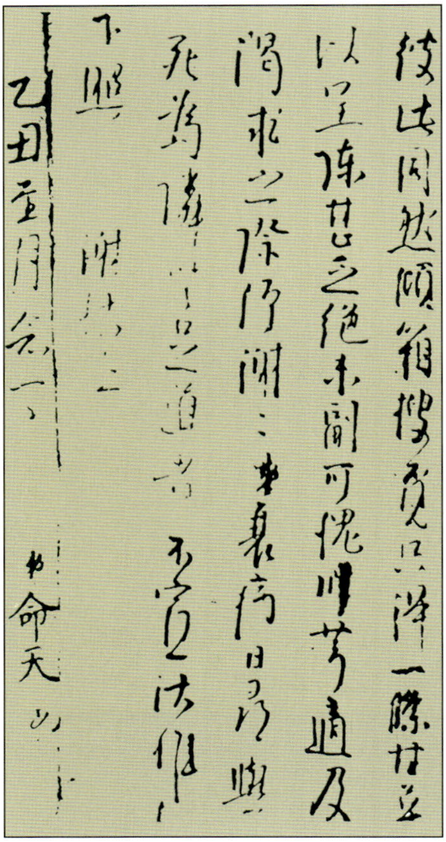

〈유명천(柳命天)〉
《근묵》에서, 숙종 4(1678)

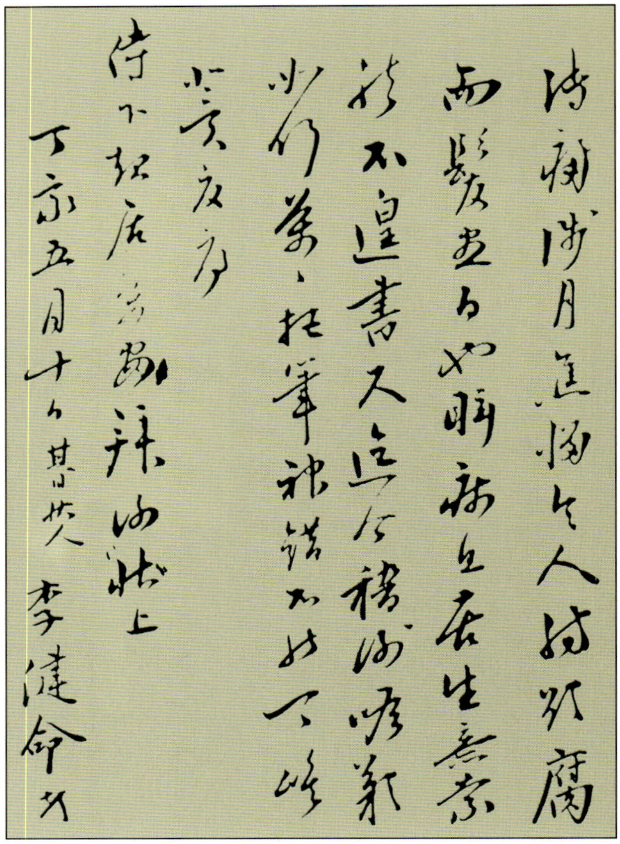

〈이건명(李健命)〉
《근묵》에서, 숙종 26(1700)

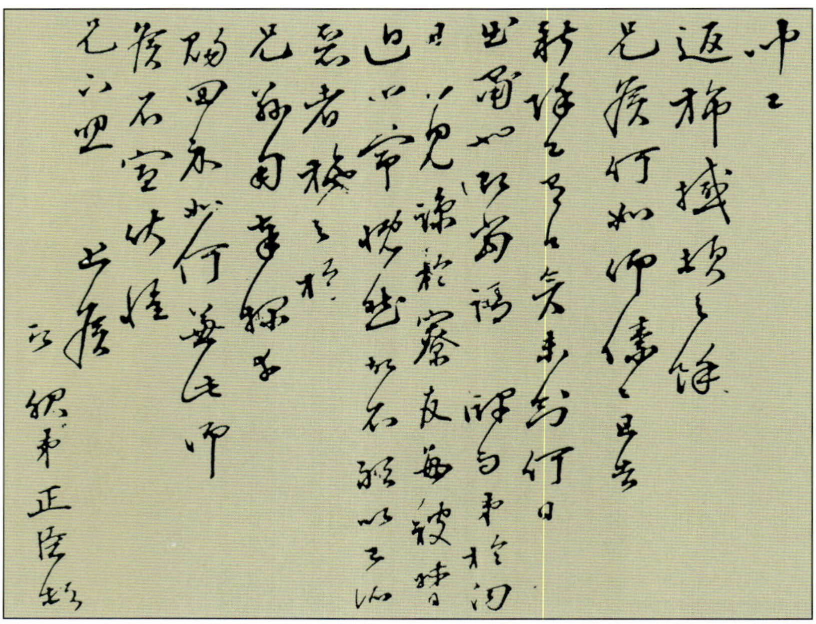

〈이정신(李正臣)〉
《근묵》에서, 숙종 40(1714)

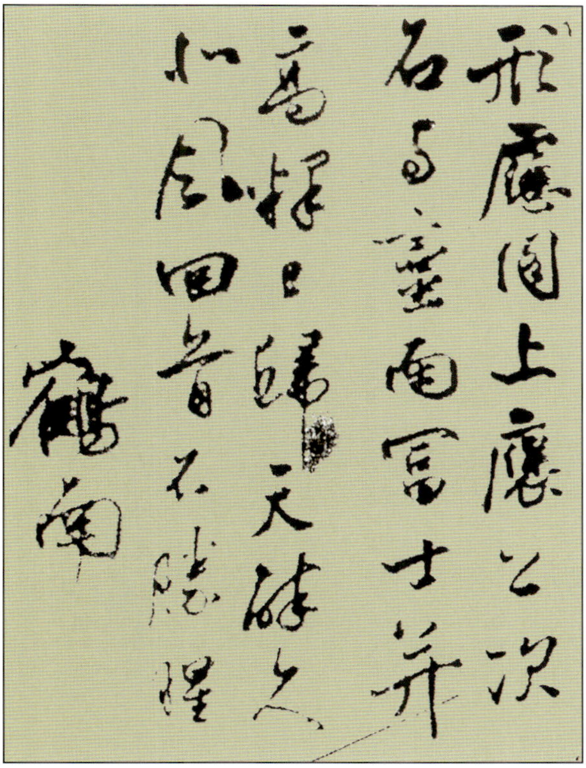

〈정우량(鄭羽良)〉
《한국역대명인필적》에서, 영조 9(1733)

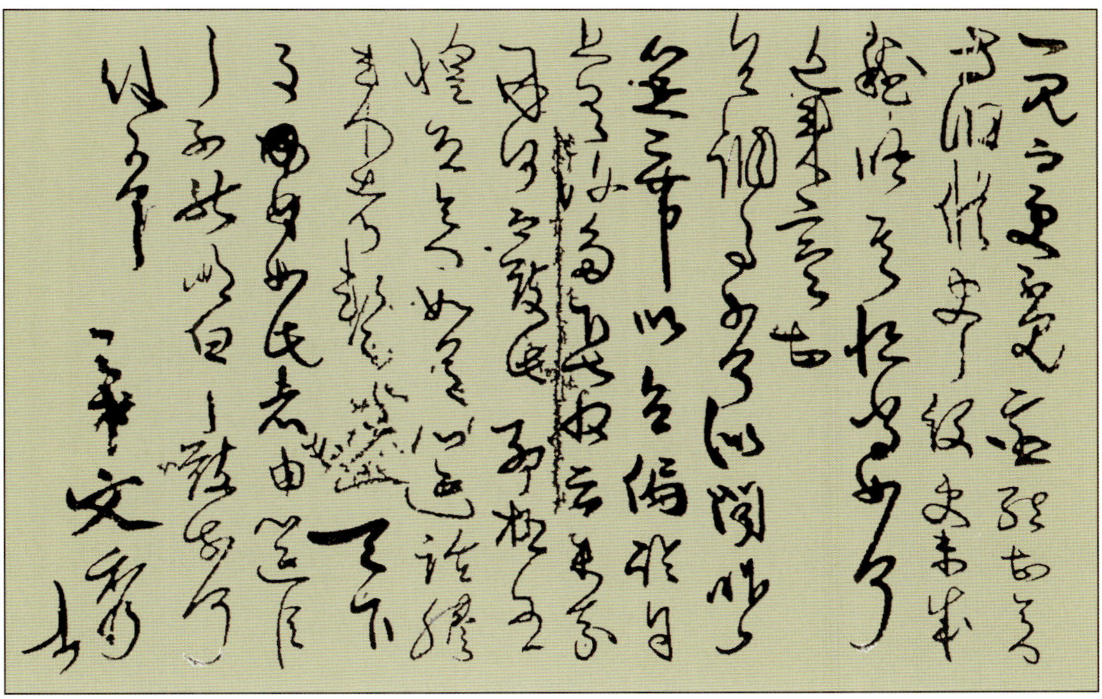

〈박문수(朴文秀)〉
《근묵》에서, 영조 26(1750)

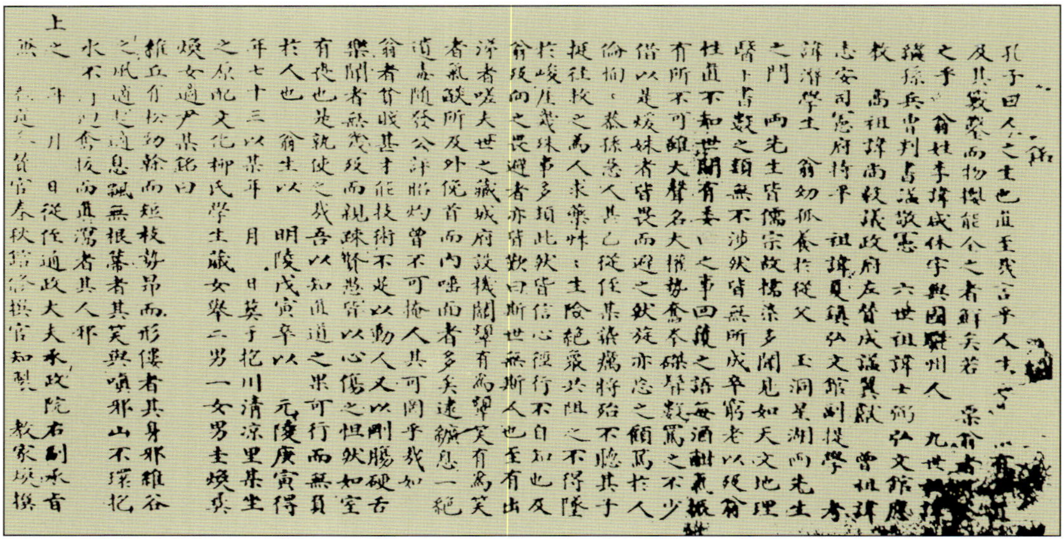

〈이가환(李家煥)〉
《근묵》에서, 정조 19(1795)

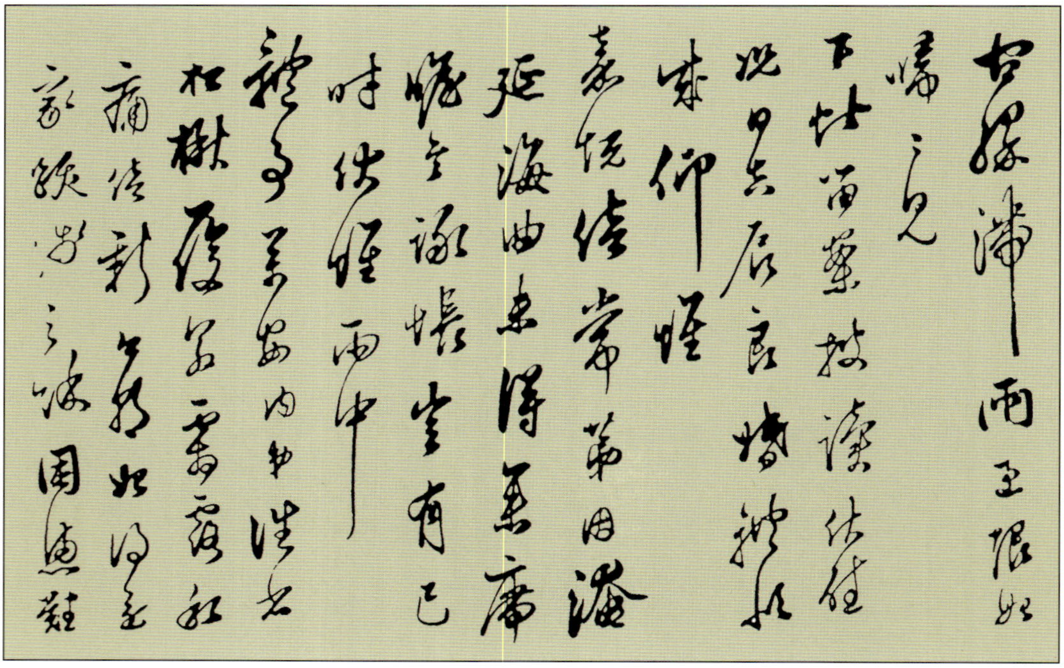

〈조신희(趙臣熙)〉
《한국역대명인필적》에서, 고종 15(1878)

牧使들의 善政碑

1. 善政碑群

〈충주 달천대교 옆〉

〈가흥 비들거리〉

〈충주 향교 앞〉

〈동량초등학교 앞 향토유물원〉

2. 善政碑

〈李　植(1631) : 향교 앞〉

〈李國憲(1690) : 용관동, 磨崖碑와 복원한 비, 이 외에 신니·노은에도 있다〉

〈嚴　纘(1694) : 달천교 옆〉

〈金始嬉(1739) : 동량초등학교 앞 향토유물원〉

〈鄭景淳(1778) : 가흥 비들리〉

〈李采清(1802) : 달천교 옆〉

〈李光憲(1814) : 달천교 옆〉

〈趙秉老(1870) : 가흥 비들거리〉

〈李正魯(1877) : 동량초등학교 앞 향토유물원, 이외에 가흥·달천교·반송나루에도 있다〉

〈鄭泰好(1885) : 가흥 비들거리〉

〈徐晦輔(1911) : 관아공원〉

〈全錫泳(1936) : 향교 앞〉

〈鄭喜澤(1958) : 향교 앞〉

〈李 牧使(?) : 신니면 학성(견학리)〉

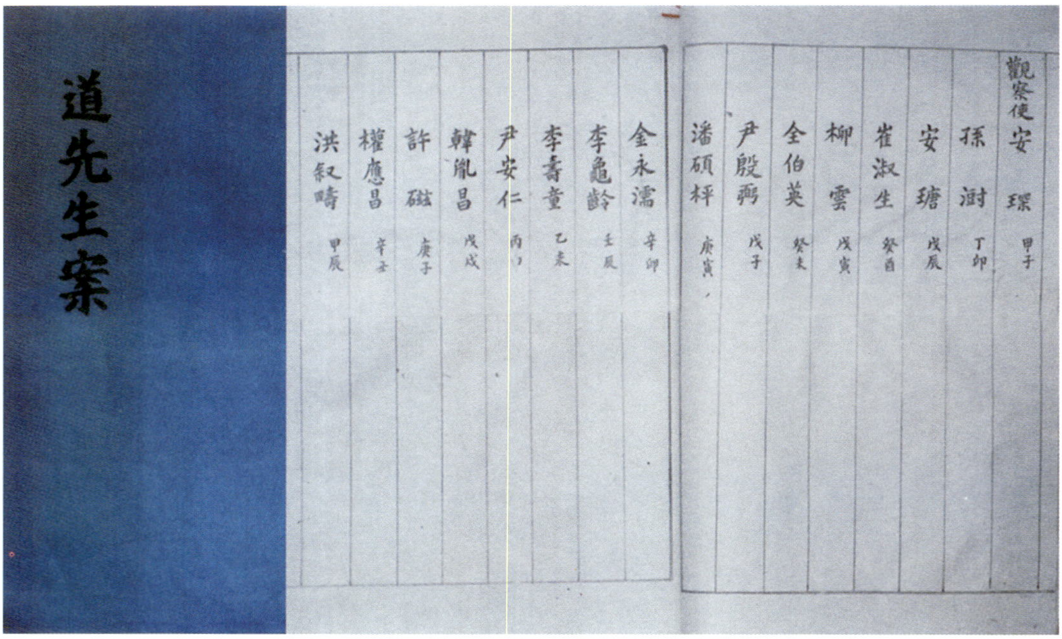

道先生案

觀察使 安璪 甲子
孫澍 丁卯
安瑭 戊辰
崔淑生 癸酉
柳雲 戊寅
全伯英 癸未
尹殷弼 戊子
潘碩枰 庚寅
金永濡 辛卯
李龜齡 壬辰
李壽童 乙未
尹安仁 丙丁
韓胤昌 戊戌
許磁 庚子
權應昌 辛丑
洪叙疇 甲辰

〈道先生案〉
徐丙浩 편, 1922년, 32cm×47cm, 충남도정사료실 소장

忠州牧先生案

附：忠清北道觀察使先生案

金顯吉 編著

圖書出版 修書院

題字 : 嘉山 崔榮根

머리말

선생안은 조선시대 각 관아에서 관리들의 任免(임면)과 신상 등을 기록한 명부이다. 중앙과 지방의 각 관청에서는 前任(전임) 관리를 선생이라 부르고, 이들의 명단을 작성하여 先生案(선생안)이라고 하였다. 이를 일명 案冊(안책)이라고도 하였으니, 각 관청에서는 선생안의 작성을 하나의 관례로 보고 만들어 왔던 것이라고 생각된다.

중앙관서의 선생안은 각 관청에서 당해 관청명을 붙인 선생안이 다양하게 많이 전하여지고 있으니 규장각·국립중앙도서관 등에 대부분 소장되어 있다.

지방관원의 명부로는 관찰사의 명부를 觀察使先生案(관찰사선생안) 또는 道先生案(도선생안)이라 하고, 부·군·현의 수령을 대상으로 한 명부는 府先生案(부선생안)·邑先生案(읍선생안) 등이라 하여 각 고을마다 비교적 고루 갖추고 있어 지방제도 연구에 중요한 자료가 되고 있다.

일반적으로 지방의 읍선생안은 당해 鄕校(향교)에서 작성하는 것이 관례였던 것으로 생각되니 대부분의 향교에는 한말까지의 선생안을 보존하여 오고 있음에서 알 수 있다. 그러나 충주의 경우 현재 전하는 선생안이 없다. 몇몇 지역은 邑誌(읍지) 등에 기록하여 전하고 있는 곳도 있으나 충주의 각종 地誌類(지지류)에는 보이지 않는다. 아마도 임진왜란 전까지 작성하다가 향교의 燒失(소실)과 더불어 이후에는 작성하지 않았던 것으로 믿고 싶다.

그러나 충주는 신라시대에는 小京(소경)을 설치 운영하였으며, 고려시대부터는 목(牧)으로 역할을 하였다. 조선시대에는 목으로서 또는 충청도 관찰사가 있었던 매우 큰 고을이었으므로 어느 시기에 어느 목민관이 와서 어떠한 역할을 하였는지 관심이 간다. 그래서인지 2001년도에 편찬된 《忠州市誌(충주시지)》에는 《朝鮮王朝實錄(조선왕조실록)》을 비롯하여 여러 곳에 흩어져 있는 자료 등을 조사하여 상권의 말미에 「관안(선생안 등)」이라 독립된 장을 설정하여 역대 목사의 명단을 정리하고자 하였으며, 또한 충주는 큰 고을임에도 "읍지에 덧붙이거나 별도로 전하는 선생안이 없다. 따라서 연대기 자료나 전국적으로 작성된 몇몇 관안류를 통하여 그 일부를 복원할 수 있을 뿐"이라고 하면서 〈『百六案』을 통해 본 朝鮮 純祖代의 忠州牧〉(구완회, 2001)이란 논문에서 순조대에 任免(임면)된 목사들에 관하여 발표한 바도 있다.

이상은 충주가 관심이 가는 큰 고을임에도 역대 수령의 임면을 기록한 선생안이 없음을 안타깝게 여기며 이에 관심을 기울이고 일부나마 복원하여 보고자 하는 열정에서 우러나온 작업임을 알게 한다.

여하간 처음으로 충주목의 선생안을 복원하고자 한 최초의 시도로서 의미가 크다고 하겠다. 그러나 누락된 부분이 있으며, 부분적인 작업임에 이를 보완하고자 방대한 《承政院日記(승정원일기)》와 일부 문집류 등을 수년간 섭렵하면서 정밀한 조사를 하여 비교적 많은 부분이 복원 가능하게 되었다.

아울러 충주는 조선초기와 말기에 관찰사가 있었던 고을이었으므로 역대 관찰사 선생안을 정리하여 부록으로 수록하였다. 이는 《道先生案(도선생안)》이라 하여 기왕에 전하여 오는 것이 있으나, 빠진 부분이 많아 '충남발전연구원'에서 보완한 「충청도 관찰사 선생안」에 일부 보완한 것이다.

정밀하게 조사·정리하였다고 생각된다. 그러나 완벽하다고는 할 수 없으므로 앞으로 관심을 갖고 꾸준하게 보완하여 나갈 것을 바라면서 널리 활용되기를 바라는 바다.

2012년 8월

김 현 길

目 次

Ⅰ. 忠州의 牧使

Ⅱ. 地方行政制度의 變遷

Ⅲ. 忠州의 地名變遷考

歷代 忠州牧 先生案

일 러 두 기

1. 충주의 역대 수령들의 명단을 시대 순으로 정리하고자 하였으며, 조선 초기까지는 관리 책임자들은 모두 수록하였다.
2. '재임기간'은 발령과 이임을 표하려고 하였으나, 불확실한 분은 재임을 확인할 수 있는 사건과 관련한 시기를 표한 것이다.
   前牧使·故牧使 등은 재임기가 기록일 이전의 사실이다.
3. 조선시대는 前期(太祖~光海)와 後期(仁祖~純宗)로 구분하였다. 前期는 실록, 後期는 승정원일기를 기본으로 하였기에 구분한 것이다.
4. 일제강점기는 대부분 http://db.history.go.kr(국사편찬위원회 한국사데이터베이스)에서 검출하였으며, 군정기도 체계적인 기록이 없어 순위에 있어서 일부는 추정한 것이다.
5. '출전'은 原典(원전)의 약호로 다음과 같다.
   사　기=《삼국사기》
   고려사=《고려사》
   승　람=《동국여지승람》
   실　록=《조선왕조실록》
   일　기=《연산군일기》·《광해군일기》
   승정원=《승정원일기》
   등　록=《각사등록》 근대편
   일제36년사=《일제침략하 한국36년사》
6. 이 책을 출판함에 있어 충주시에서 일부 지원받았음을 부기한다.
7. 《승정원일기》 등 자료 검색과 교정에 도움을 준 분은 다음과 같다.
   김재수(한학자)
   하성룡(향토문화 연구가)

I. 忠州의 牧使

1. 서 언

조선시대 관리명부의 하나로 선생안이 있다. 이는 중앙과 지방의 각 관청에서 前任(전임) 관리를 선생이라고 불렀으며, 이들의 명단을 작성하여 先生案(선생안)이라고 하였다. 이를 일명 案冊(안책)이라고도 하였으니, 각 관청에서는 선생안의 작성을 하나의 관례로 보고 만들어 왔던 것이라고 생각된다.

작성방식은 관청마다 특정한 관직별로 작성하는 경우가 보통이나, 사헌부선생안·三公(삼공)선생안·霜臺(상대, 사헌부의 별칭)선생안·선전관청선생안과 같이 관청의 주요직종 전체를 대상으로 만든 경우도 있었다. 기재내용은 이름·字號(자호)·관직명·생년·본관·재직기간·이임사유 등에 시호·특기사항까지 적은 것도 있으나, 동일한 명칭의 선생안이라도 문서마다 기재방식이 다르며 간단하게 이름만 적은 것 등 다양한 여러 종류가 전하여지고 있다.

중앙관서의 선생안으로는 규장각에 소장되어 있는 檢詳(검상, 議政府 검상), 堂上(당상, 耆老所 堂上), 郞廳(낭청, 典牲署 郞廳), 堂後(당후 : 승정원 注書), 낭관(한성부 郞官), 대사헌, 도제조(친군영 都提調), 內廳軍官(내청군관), 東學兼敎授(동학 겸 교수), 서학 겸 교수, 중학 겸 교수, 文任(문임 : 예문관 제학), 별군직청, 부제학, 西壁(서벽 : 의정부 參贊), 승지, 銀臺(은대), 비변사, 비변사 낭청, 司祿(사록), 사인(의정부 舍人), 의정부 낭청, 糧餉廳(양향청) 낭청, 옥당(홍문관원), 太倉(태창 : 광흥창원), 전랑(이조 銓郞), 翰苑(한원 : 예문관 檢閱), 전한(홍문관 典翰), 通信院(통신원), 湖當(호당 : 독서당) 선생안 등이 있고, 호조의 판서·참판·참의·당상·낭청 선생안, 선혜당상·낭청 선생안이 전하며, 유사한 것으로 경연의 문신명부인 傳經文臣案(전경문신안) 등도 있다.

지방관원의 명부로는 관찰사 명부인 觀察使先生案(관찰사선생안)·道先生案(도선생안)이 있고, 수령을 대상으로 한 府先生案(부선생안)·邑先生案(읍선생안) 등이 있다. 여기에는 수령의 전·후임 관직·품계·본관·교체사유·치적까지 기록된 경우도 많아 지방제도 연구에 중요한 자료가 된다.

특히 《慶州府先生案(경주부선생안)》·《安東先生案(안동선생안)》 등은 고려 후기부터 조선 전기의 수령들의 이임 사항을 수록한 희귀한 자료이다. 이외에 지방의 향리층들도 선생안을 만들었는데, 향리의 전통이 강했던 경주·안동 지역에서 戶長(호장)·鄕(향)·上詔文(상조문)·講武堂(강무당) 선생안 등이 발견되고 있다. 이것은 당시 향리가문 간의 세력변동과 향리직의 운영 실태를 보여주는 자료로 지방행정체계와 향리체계를 밝히는 데 중요한 자료가 되고 있다.

이들 자료는 규장각·국립중앙도서관·지방도서관 등 각처에 별도로 전하거나 邑誌(읍지)의 官案(관안) 또는 宦蹟(환적)조에 수록되어 전하며, 일부지역에서는 영인본으로 출간하고 있는 것도 있다.

그러나 선생안들은 작성 연대나 수록시기, 기록의 충실도에 있어서 각각 큰 차이가 있다. 일부 선생안은 임진왜란 전의 기록은 소실된 경우가 많았던 것 같고, 지방 선생안은 읍의 형세에 따라 차이가 심하다. 해당 인물이 누락된 경우도 많으므로 이용시 관련 官撰(관찬) 자료와의 대비가 요구된다.

일반적으로 지방의 읍선생안은 당해 鄕校(향교)에서 작성하는 것이 관례였던 것으로 생각되니 대부분의 향교에는 한말까지의 선생안을 보존하여 오고 있음에서 알 수 있다. 그러나 충주의 경우 현재 전하는 선생안이 없다. 몇몇 지역은 邑誌(읍지) 등에 기록되어 있는 곳도 있으나 충주의 각종 地誌類(지지류)에는 보이지 않는다. 아마도 임진왜란 전까지 작성하다가 향교의 燒失(소실)과 더불어 이후에 작성하지 않았던 것으로 믿고 싶다.

그러나 충주는 신라시대에는 小京(소경)을 설치 운영하였으며, 고려시대부터는 목(牧)으로 역할을 하였다. 조선시대에는 목으로서 충청도 관찰부가 있었던 매우 큰 고을이었으므로 어느 시기에 어느 목민관이 와서 어떠한 역할을 하였는지 관심이 간다. 그래서인지 2001년도에 편찬된 《忠州市誌(충주읍지)》에는 《朝鮮王朝實錄(조선왕조실록)》 등 기본 자료를 중심으로 하고, 여러 곳에 흩어져 있는 선정비 등을 조사하여 상권의 말미인 4장을 「관안(선생안 등)」이란 독립된 장을 설정하여 역대 목사의 명단을 정리하고자 하여 관심을 보이고 있다.

또한 같은 해 具玩會(구완회) 교수는 충주는 큰 고을임에도 "읍지에 덧붙이거나 별도로 전하는 선생안이 없다. 따라서 연대기 자료나 전국적으로 작성된 몇몇 관안류, 또는 연대기를 통하여 그 일부를 복원할 수 있을 뿐"이라고 하면서 정조대에서 헌종연간까지 수령의 임용을 기록한 《百六案(백육안)》을 중심으로 몇몇 "보조자료를 통하여 '충주선생안'을 일부나마 복원"하고자 한다고 하면서 〈『百六案』을 통해 본 朝鮮 純祖代의 忠州牧〉(《中原文化論叢》 5, 충북대학교 중원문화연구소, 2001. 9)이란 논문을 발표한 바도 있다. 구 교수는 이 논문 중에서 "2백명 남짓한 충주목의 선생들을 찾아낼 수 있었다"(주, 4)고 하였으나 그 내용을 알 수 없다.

이상의 사실들은 충주가 관심이 가는 큰 고을임에도 역대의 목사 등 지방장관의 任免(임면)을 기록한 선생안이 없음을 안타깝게 여기며 이에 관심을 기울이고 일부나마 복원하여 보고자 하는 열정에서 우러나온 것임을 알게 하는 노력에 인한 것이라 하겠다.

여하간 관심을 갖고자 하는 일이며 처음으로 정리하고자 한 자료로서 의미가 크다. 그러나 이에도 누락된 부분이 있음을 보고 이를 보다 충실한 선생안을 복원하기 위한 필요를 느끼어 《承政院日記(승정원일기)》 등을 참고하면서 비교적 정밀한 조사를 하다 보니 많은 부분 보완을 하게 되었다.

《忠州市誌》(2001)에 수록된 수와 같은 시기인 2001까지 새로 조사한 바를 대조하여 보면 다음과 같다.

시　　대	충주시지	보충한 수	비　고(出典)
신라(통일)	3	3	삼국사기
고려시대	14(-5)=9	19	고려사, 동국여지승람, 실록
조선시대	127(-10)=117	343	실록, 승정원일기, 백육안 등

일제 강점기	7	14	
소 계(1)	136	379	
광복후(군정)	3	4	기타
정부수립후(군수)	7	6	
시·군(충주시장)	29	29	
시·군(중원군수)	25	26	
통합·충주시장	4	4	
소 계(2)	68	69	
총 계	204	447	

《충주시지》에는 조선시대의 목사로 127명을 조사하여 수록하고 있다. 이에 비해 새로이 조사한 자료는 그 3배수나 되는 343명이나 되고 있다. 더욱 《충주시지》에 수록한 자료는 소략한 점도 있으나, 수록된 127명 중 水運判官(수운판관), 巡相(순상, 순찰사로 관찰사), 연풍군수 등을 포함한 부분이 눈에 띄는 등 의심케 하고도 있다.

이에 따라 광해군 이전은 《조선왕조실록》을 중심으로 하고, 그 이후는《승정원일기》를 바탕으로 조사하여 복원을 위한 노력을 하였다. 또한 정조·순조·헌종 전반부까지 기록한 《百六案(백육안)》 등도 중복되는 일이기는 하나 참조하였다. 《승정원일기》에 의한 조선 후기에 오면서는 임명과 이임의 사실을 확인하는 기록 등이 있어 비교적 정밀하게 조사가 이루어졌다고 생각된다.

附 : 《忠州市誌》에는 기록되어 있으나, 出典(출전)을 확인할 수 없는 애매한 분들은 제외하였으니 다음에 참고로 적어둔다.

고려 : 柳珣 : 출전을 확인하지 못함.

孟思誠/柳珣/沈德符/金士衡 : 이상 4명은 《신증동국여지승람》의 [本朝]조에 있어 조선 초기에 기입.

조선 : 李士寬(조선초) : ? / 鄭誠謹(성종 20): 성종실록에는 海州牧使임.

安鴻(명종 21) : 명종실록 21. 6. 16일조에 淸州牧使로 되어 있음.

任義伯(효종) : 水運判官임. / 金祖淳(정조말, 헌종 5) 2곳 있으나?

閔致庠(고종 7) : 沈相薰(고종) : 모두 巡相, 즉 觀察使임.

李敏濟(1903) : 연풍군수임. / 尹錫弼(광무·융희) : 일제시기의 군수임.

2. 地名의 變遷

충주는 우리나라의 남북으로 통하는 중심부에 위치하고 있는 중요한 길목이며, 동서로는 한강에 접하고 있어 수운이 함께하여 예부터 사통팔달의 교통의 중심지로 크게 역할을 하여오고 있었다. 이에 아울러 좋은 철의 산지로 관심을 갖게 하는 요충이기도 하였다.

따라서 일찍부터 주변의 세력들은 이곳을 장악하기 위한 치열한 각축의 장으로 싸움이 그치지 아니하였으며 여러 차례 주인이 바뀌기도 하였던 지역이다. 분명한 기록이 없어 알 수는 없으나, 삼국시대까지 여러 다양한 지명으로 불리게 되었던 것은 지리적인 여건에 의해 주인이 자주 바뀌는 과정에서 이루어진 것이 아니었나 생각도 된다.

이러한 자연 환경적 여건에서 오는 인문적인 변화도 허다하여 일찍부터 중요한 역사적인 사건과 관련하여 기록에 오르고 있다. 또한 기록에는 나타나지 않으나 사람들이 생활하였던 흔적도 선사시대부터 다양한 형태로 곳곳에 남기고 있어 관심의 대상으로 조사되고도 있다. 지명에 있어서 여러 시대에 따라 많은 이름이 사용되어 왔던 시기를 상고하기 위해 필자는 《충주의 지명변천고》라 하여 발표한 바도 있다. 다음에 그 개략을 정리하면서 시대마다 관리 운영하였던 지방장관의 실상을 살펴보고자 한다.

이 지역에 불리었던 지명을 시대순에 따라 추정하여 본다면 마한시대와 백제의 초기에는 娘子城(낭자성)·未乙省(미을성)이라 불리다가, 백제가 지배하면서 娘子谷城(낭자곡성)이라고 칭하게 되었다고 본다. 또한 이를 약칭한 것으로 보이는 娘城(낭성)은 탄금대 지역으로 한정되어 전해 온 것이 아닌가 생각된다. 그러다가 언젠가부터 薍長城(완장성, 託長城)으로 불리게 되었다고 보인다.

5세기 중엽 이후 고구려가 남진통일정책을 수행하면서 충주를 비롯하여 남쪽으로 백제지경과 신라의 동해안가인 영덕·평해까지 확보하고 점령지에 모두 고구려식 지명을 부여할 때 충주를 國原城(국원성)이라 명명하였다. 국원성이라 이름한 것은 나라의 중심이며 서울 國內城(국내성)에 다음한 副都(부도)라는 뜻으로도 해석된다. 아울러 이곳을 확실한 고구려의 영역임을 다지기 위한 忠州高句麗碑(충주고구려비, 국보 제205호)를 세우는 등 이 지역의 중요성을 인식하고 남진통일의 전진기지화로 다지고자 하였다.

이에 백제와 신라는 동맹하여 고구려에 대응하게 되고 실지회복을 위한 공동전선을 펴서 551년에 전 한강유역에서 고구려 세력을 북쪽으로 밀어 올렸다. 그리고 신라는 곧 백제를 한강 이남으로 밀어내고 전 한강유역을 확보하였다. 그리고 557년에 국원성을 小京(소경)으로 승격시키고 이듬해에는 경주의 귀척자제와 6부의 호민을 國原小京(국원소경)으로 이사시켜 살게 하였다. 이는 실질적인 소경 즉 副都(부도)로서의 역할을 담당하도록 조치한 것으로 의미가 있다.

신라의 이와 같은 조치는 고구려가 전날 남진통일의 기지화로 삼았던데 대해, 이곳을 대륙으로 통하는 외교의 길목으로 선진문물의 교역중심으로 함과 동시에 고구려를 제압하여 통일을 이루려는 전진기지로 삼고자 한 것이라고 생각되니 충주지역이 갖는 역사지리적인 중요성을 입증하는 것으로 보아야 할 것이다.

따라서 이 지역에서의 삼국 간의 싸움은 끊이지 않았으며, 신라는 이 지역을 중심으로 한 전 한강유역을 확보하려는 노력의 결과 삼국을 통일하게 되었다고 본다.

삼국을 통일한 신라는 새로 편입된 고구려와 백제지역을 아울러 각기 3개주씩 전국을 9개주로 나누고, 또한 고구려와 백제지역에 각기 2개, 가야지역에 1개의 소경을 설치하여 5소경을 설치 운영하였으니 9州(주) 5小京(소경)의 제도이다. 이때 국원소경은 中原小京(중원소경)으로 개칭하였다. 대체로 이 시기를 685년(신문왕 5) 경으로 본다.

그리고 군현제도가 정비 확정된 757년(경덕왕 16)에는 中原京(중원경)이라 하였으니 소경의 명칭인 서원경·남원경·북원경 등으로 보아 中原京(중원경)은 역시 나라의 중심 고을이라는 의미를 부여하고 있음이 분명하다. 신라는 또한 이곳에 中央塔(중앙탑, 충주탑평리7층석탑, 국보 제6호)을 세웠으니 중앙탑이라는 이름의 유래에서 추정하여 이 탑은 지리적 요건을 감안하고, 3국민의 화합과 제도 및 통일을 기념하는 상징물로 세운 것으로 보아야 한다.

고려왕조는 후삼국을 통일하고 940년(태조 23)에 전국의 주·군·현의 이름을 고치면서 중원경을 忠州(충주)라고 개칭하였다. 충주란 破字(파자)하면 역시 中心(중심) 고을이라는 뜻이다. 따라서 忠州府(충주부)니, 中州(중주)라고 표현하고도 있었다. 그리고 983년(성종 2)에는 전국의 12주에 牧(목)을 설치할 때 忠州牧(충주목)이 되었다. 이 후 절도사니 안무사 등으로 개칭되기도 하였으나, 1012년(현종 3)에 다시 牧(목)으로 된 이후 계속 이어져 조선시대로 넘어오게 되었다.

그러나 중요한 지역의 사건과 관련하여서는 승격도 되고 강등도 되었으니 몽고의 침입이 극심하였던 1253년(고종 40)의 큰 싸움에서 이긴 공으로 1254년에 충주목은 國原京(국원경)으로 승격된 일도 있었다. 또한 충주를 別號(별호)로 성종(982~997) 때에 大原(대원)이라 하였으며, 전하는 바에는 충렬왕 3년(1277)에 蘂城(예성)이라 하였다고도 한다.

조선시대에 들어와서도 忠州牧(충주목)으로 지속되어 왔다. 그러나 지역에서의 불미스런 사건과 관련하여 강등된 일이 몇 차례 있었다. 나라에 반하는 역모사건이나, 인륜에 어긋나는 강상사건이 발생한 지역이라 하여 강등되어 충주목이 예성부·유신현·충원현 등으로 바뀐 적이 있으나 10년을 한하여 회복되는 등 하였으니 根幹(근간)의 변화없이 지속되어 왔다.

3. 忠州의 장관, 牧使

충주지역은 지리적으로 우리나라 중앙부의 중요한 자리에 있어 일찍부터 역사 무대에 오르게 되었으며, 주변의 여러 세력들이 이 지역을 확보하려고 각축을 벌

이던 곳으로 싸움이 그치지 않은 곳이었다. 따라서 주변에는 고장을 지키려는 관방시설도 많이 있다. 이런 시설도 주인이 바뀔 때마다 보완하여 고치는 등 흔적을 조사과정에서 알게 되었다. 이와 같이 변화가 잦았던 곳이기 때문에 이 지역을 다스리는 首長(수장)도 보통사람으로는 어려움이 많았을 것으로 짐작된다.

1) 신라시대

변화가 많았다고 보이는 백제시기에 대한 기록은 없어 분명한 지명과 다스렸던 수장의 이름을 알 수 없다. 다음으로 남진 통일을 계획하고 5세기 중엽에 등장한 고구려는 국원성이라 명명하고 충주고구려비를 세우는 등 강력한 지배력을 과시하였다. 그러나 당시 지배자들의 무덤으로 추정되는 두정리(충주시 이류면) 고분군을 남기고는 있으나, 그 주인을 알 수 없어 아쉬움이 있다.

6세기 중엽에 한강유역을 석권한 신라는 557년(진흥 18)에 국원을 小京(소경)으로 승격시키고 경주의 실력가들을 옮겨와 살게 하는 등 관심을 보이는 가운데에 565년(진흥 26)에 아찬 春賦(춘부, 6두품)를 보내어 국원을 지키게 하였으니 이 지역에 처음으로 알려진 장관으로 관심이 간다. 충주에는 이 시기의 지방장관 등 실력자들의 무덤으로 추정되는 거대한 봉분을 자랑하는 누암리 고분군(사적 제463호)이 조사되고 있어 관심이 간다.

삼국사기에는 이후 충주지역의 장관으로 통일전쟁기인 668년(문무왕 8)에 국원의 仕臣(사신)으로 대아찬 龍長(용장)이 활동하고 있었음을 기록하고 있다. 그리고 신라 하대의 어수선하였던 시기에 일어난 김헌창의 난후 828년(흥덕 3)에 정무에 능한 金陽(김양)을 중원의 大尹(대윤)으로 보내왔음을 기록하고 있어 중요한 시기마다 유능한 장관(진골신분)을 파견하고 있음을 알게 한다. 모두 지역의 중요성에 감안한 것으로 본다.

2) 고려시대

고려는 건국 초기인 940년(태조 23)에 신라가 부여하였던 중원경을 忠州(충주)로 개칭한 이후 오늘에까지 지속적으로 사용하여 오고 있다. 그러다가 983년(성종 2)에 牧(목)으로 되었다. 그러나 995년에 절도사, 1012년에 안무사로 개칭하였다가 1018년(현종 9)에 다시 목으로 된 이후 말기까지 변화없이 장관으로 牧使(목사)가 파견되는 지역이 되었다.

《고려사》에는 충주의 장관인 牧使(목사)로 파견된 분들로 9명이 기록되고 있을 뿐이다. 또한 《신증동국여지승람》(충주목)의 名宦(명환)조에 9명을 기록하고 있으나 중복되는 분도 있다. 그러나 목사의 직함을 갖는 분은 4명이며, 기타는 司祿(사록)·判官(판관) 또는 山城防護別監(산성방호별감) 등으로 지역을 대표하는 직임을 표하고 있다. 따라서 《고려사》에 보이는 동종의 직함과 副使(부사) 등도 더 추가하였다.

《조선왕조실록》에 고려시대의 목사로 추정되는 3명을 추가하였으니 權鑄(권주)·卞玉蘭(변옥란)·成汝完(성여완)이다. 이들은 1397년(조선 태조 6) 이전의 卒記(졸기)에 충주목사를 역임하였다고 하였다. 이 중에 변옥란은 庚申(경신, 1380, 우왕 6)년의 간지가 있어 시기를 알 수 있었으나, 기타는 시기적으로 보아 고려 말기로 추정되어 처리한 것이다.

그러나 부임하여 활동하던 시기를 알 수 없는 애매한 기록도 있어 정확한 순위에는 약간의 오차가 있을 것으로 본다.

또한 《충주시지》(2001)의 관안(선생안)에 고려시대의 목사로 기록한 柳珣(유구)·孟思誠(맹사성)·沈德符(심덕부)·金士衡(김사형)은 《신증동국여지승람》(충주목)에 조선시대[本朝]의 名宦(명환)으로 기록되고 있어 조선시대로 옮겼다.

이와 같이 하여 정리하고 보니 고려시대 충주의 장관은 목사를 비롯하여 모두 19명이 조사되고 있다. 혹여 개인 소장의 문집 등에 더 있을 확률이 있다고 보이니 계속 관심을 갖고 찾는다면 추가될 수 있으리라고 본다.

3) 조선시대

조선시대에는 고려의 제도를 계승하여 충주는 처음부터 牧(목)으로 목사가 파견되었다. 또한 역대 왕의 실록인 《조선왕조실록》을 편찬하면서 목사의 부임 등을 기록하고 있으나, 조선초기의 기록은 없다. 다만 《동국여지승람》 등 지리지의 名宦(명환)조에 일부나마 기록하고 있어 참고가 된다.

앞서도 언급하였듯이 충주의 先生案(선생안)은 전하여지는 것이 없다. 그러나 2001년도에 《충주시지》를 편찬할 때 실록을 중심으로 하여 선생안을 복원하여 수록한 바 있다. 조선시대의 목사로 127명을 찾아 수록하였다. 매우 관심이 가는 일이었다. 그러나 관심을 갖고 살피다 한 두 문집에서 보충이 가능함을 확인할 수 있었다. 그러다 보니 보충의 필요함에 생각이 미쳐 《승정원일기》를 살펴보았다. 의외로 충실한 자료임을 알 수 있으나, 워낙 방대한 양에 대한 조사라서 매우 시간이 요하는 작업이었다. 물론 일부는 인터넷을 통하여 검색할 수 있었으나, 純祖(순조) 20년 이후는 수록되지 않았으므로 미련하게 일일이 살피기 시작하였다.

《승정원일기》가 仁祖(인조) 이후부터 있으므로 그 이전은 실록을 기본으로 하고, 이후는 《승정원일기》를 중심으로 한 것이다. 또한 정조에서 헌종연간은 정리된 《百六案(백육안)》이 있어 참고를 하는 등하여 작업을 진행하였다. 많은 부분 임명시기와 퇴임의 기록을 찾을 수 있어 선생안으로서의 완벽을 기할 수 있었다고 생각된다.

조사하는 과정에서 느낀 바는 충주는 특수한 지역으로 목사를 아무나 보낼 수 없는 지역임을 알게 되었으니 다음의 글이 떠오른다.

> 『충주는 남방의 요충지를 질러 막은 곳에 자리 잡았다. 지역이 넓고 호구가 많으며, 이 때문에 공문서가 구름처럼 쌓이고 빈객이 모여들어서 참으로 현명하고 지혜로움이 남보다 뛰어난 인재가 아니면 그 번잡한 것을 다스릴 수 없다.』

고 한 鄭麟趾(정인지)의 記文(기문)이다. 또한 洪貴達(홍귀달)은,

> 『중원은 남북의 요충이다. 서울에서부터 남쪽으로 가는 사람이 배를 타고 육지로 달려 中原(중원)에 모여 길이 갈라져 두 고개(조령과 죽령)를 넘어 이내 목적지에 도달하고, 남쪽에서부터 북쪽으로 가는 자도 또한 두 고개를

경유하여 중원에 모여서 다시 물과 육지를 경유하여 서울에 도달하는데, 만일 남북의 손님이 서로 만나게 되면 官舍(관사)가 수용하지를 못하고, 본도의 三使(삼사)는 벼슬이 높아서 품계가 같은데 혹 동시에 이르면 관사를 정해 대접하는 것이 실로 어렵다. 이것은 고을을 다스리는 자가 오래 불편하게 여기는 바였다』고 하였다.

(《신증동국여지승람》; 충주목조)

충주는 지리적으로 요충에 위치하고 있으며, 지역이 넓고 인구도 많아 목사로서의 업무량이 많아 유능한 자가 아니면 다스리기에 어려움이 있다는 말이다. 따라서 매번 목사를 임명할 때면 신중한 선정이 요구되었던 것임을 알 수 있다. 따라서 임기가 되어 마땅히 목사를 차출할 때에 吏曹(이조)에서 자주 주청하는 말로,

『충주는 호서지방의 큰 고을이며 생산되는 물산도 많아 번화하고, 땅이 넓으므로 평소 다스리기 어렵다고 일컬어지니, 불가불 인재를 잘 골라 差任(차임)하여야 합니다. 他道(타도)에서 명성과 실적이 있는, 이미 임기가 찼거나 아직 차지 않은 수령을 아울러 疑網(의망)하는 것이 어떻겠습니까?』

하고 이에 따른 인물을 추천하였던 것이 일반이었다.

이미 임명이 되었다 하더라도 牧民官(목민관)으로 자질이 부족하면, 遞差(체차)할 것을 주청하는 일도 있는데, 그 원인을 보면,

『충주는 땅이 넓고 백성이 조밀하므로 ○○○은 다스릴 곳이 아닙니다.』(성종 9년 1월 15일),

『충주는 인물도 많고 일도 번잡한 곳이므로 그의 才器(재기)로는 감당할 수 없습니다.』(중종 24년 7월 16일조)

또한 『충주 목사 이식(李植)은 글은 잘하지만 정사를 다스리는 재주는 부족한데 처음 큰 고을을 담당하게 되어 일마다 소홀하기 일쑤라고 합니다.』(인조 6년 1월 18일) 등의 이유로 교체된 일도 있었다.

이에 반하여 치적이 있으면 임기가 되더라도 仍任(잉임)시키는 일도 있었으니, 비변사에서 농정(農政)에 관심을 두고 주청하기를,

『충원 현감(忠原縣監) 이진(李袗)은 치적이 도내에서 으뜸이어서 온 고을이 편안하고 선정이 멀리까지 소문났습니다. 그들을 사농(司農)과 소부(少府)로 부르는 것이 승진의 은전을 베푸는 일에 진실로 합당합니다마는 이러한 때에 신구 수령을 맞고 보내는 폐단 또한 적지 않아 수십 명의 농민들이 수십 일 동안 도로를 왔다갔다 하며 시간을 보내게 될 것입니다. 한 사람의 농부가 농사를 못 지으면 열 사람이 굶주리게 되는 것입니다. 이것으로 따져 본다면 굶주리는 백성의 수가 얼마나 많겠습니까. 두 고을의 수령을 이미 출대(出代)하셨지만 지금에 있어서는 변통하여 한 고을에 은혜를 베푸는 것이 작은 일이 아닌 듯합니다. 이진을 잉임시키소서.』

하여 부수찬으로 임명한지 하루 만에 치적을 들어 유임시킨 사례도 있다(효종 1년 6월 21일).

지역에서 逆謀(역모)나 綱常(강상)사건이 발생하여 충주목이 강등되어 芮城府(예성부)·維新縣(유신현)·忠原縣(충원현)으로 되면, 목사도 현감으로 강등되는 현상이 여러 차례 있었다. 순조 24년 윤 7월 14일에 金芝淳(김지순)은 충원현감으로 임명되어 왔다가 동 26년 1월 2일 충주목으로 복호(復號)되면서 충주목사로 승진되고 있는 사실이 《승정원일기》에 기록되고 있으며, 아울러 충주박물관에는 이를 증하는 김지순의 敎旨(교지)가 전하고도 있다.

4) 목사의 재임기간

조선시대 수령의 임기는 출근일수가 900일(2년 반, 30개월, 당상관) 내지는 1,800일(5년, 60개월, 당하관)을 채워야 갈리게 되었다(《經國大典》吏典, 外官職). 매우 긴 기간이라고 생각된다. 그러나 실제에 있어서는 위의 기간이 잘 지켜지지를 못하고 자주 교체되었음을 알 수 있다. 심지어는 부임도 하기 전에 새로운 수령을 임명하는 예도 있었다.

조사된 내용에서 보면, 전임자와 새로 발령된 순위로 보면 후임자의 임명이 전임자의 퇴임으로 볼 수도 있겠으나, 실제에 있어서는 누락된 분도 있을 것으로 보아 믿기 어려운 점도 있다. 《승정원일기》 이전의 기록은 더욱 그러하다. 따라서 당사자의 任免(임면)이 분명한 기록을 중심으로 살펴볼 때 20개월을 넘게 근무한 목사의 수는 30명에 불과하였다. 이 중 50개월이 넘는 분이 2명 있었으니 숙종 40년(1714) 6월 21일에 제수된 鄭覺先(정각선)이 숙종 44년(1718) 10월 24일에 신병이 있다고 하여 罷黜(파출)되었으니 53개월(윤달이 있음)이 된다. 그리고 고종 때의 趙秉老(조병로) 목사이다. 고종 3년(1866) 11월 26일 부평부사에서 충주목사로 와서 59개월만인 고종 8년(1871) 8월 21일 상주목사로 전임되어 갔으니 최장수의 목사로 기록된다. 조병로 목사는 충주읍성을 개축하고 축성비를 세웠으니 관아 안에 있다. 또한 《충주읍지》도 편찬하여 당시의 사정을 기록으로 남기고 있으며, 가금면 가흥리에는 永世不忘碑(영세불망비)가 세워지고 있기도 하다.

短命(단명)으로 부임도 하지 못한 분도 여럿 있음을 본다. 1개월 미만의 목사가 15명이 있다. 이들에 대한 몇몇 사례를 들어보면 다음과 같다.

정재악(鄭載岳)은 숙종 7년(1681) 3월 20일에 忠原縣監(충원현감)으로 제수받았으나, 다음날 이조에서 충청도감사와 相避(상피) 관계에 있다고 하여 改差(개차)하였다. 숙종 8년(1682) 3월 9일 임명된 沈楫(심즙)은 병이 중하여 12일만인 21일에 파출되었다.

경종 4년(1724) 2월 8일 洪重禹(홍중우)를 목사로 삼았으나, 6일 만인 12일에 吏批(이비)에서 壯奴(장노)가 경내에 있다고 하여 개차하였다. 그리고 2일 후인 14일에 申穀(신곡)을 임명하고, 또 4일 후인 18일에 沈仲良(심중량)을 임명하고 있으나 어떠한 이유에서 자주 바꾸었는지는 기록이 없어 알 수 없다.

영조 4년(1728) 6월 10일, 옥천군수 林世謙(임세겸)을 충주목사로 삼았다가, 9일 후인 29일에 다시 옥천군수에 잉임시키고, 洪龍祚(홍룡조)를 충주목사로 삼았다가 7일 후인 7월 6일에 파출하고 있다.

순조 19년(1819) 윤4월 3일 洪義敬(홍희경)을 충원현감으로 삼았다가, 5일 만인 8일에 전임자인 鄭組榮이 성심으로 많은 일을 잘 다스린다고 하여 잉임시키고 있으며, 순조 22년(1822) 6월 10일에 李魯集(이노집)을 충원현감으로 삼았다가 3일 만인 24일에 충원현감이 대궐에 있다고 하여 尹鼎植(윤정식)으로 대신하였다.

순조 27년(1827) 10월 12일에 李鼎臣(이정신)을 충주목사로 삼았다가 13일 후인 25일에 우부승지로 임명하였다.

고종 31년(1894) 8월 25일에 4년간 근무하였던 충주목사 閔泳綺(민영기)를 兵房(병방)으로 삼고, 27일에 朴世秉(박세병)을 충주목사로 임명하였다. 그러나 15일 후인 9월 12일에 의정부에서 충주의 백성들이 匪賊(비적)들의 시끄러움을 잠재울 수령이라며 하소연하여 잉임토록 하였으나, 8일 후인 20일에 민영기 목사가 신병을 이유로 체직을 청하자, 21일에 다시 전임자인 박세병을 특별히 제수하고 당일로 하직토록 하여 임지로 떠나게 하였다.

이상의 사례 등으로 보아 수령들의 임면에 있어서 상피, 신병, 승진, 민원 등으로 자주 개차되었던 혼잡상도 있었음을 알 수 있었으며, 임명이 되고 임지에 부임하는 기간이 한두 달 걸리는 예도 있어 실제 부임하지 않은 수령들도 많았음을 알 수 있다.

또한 이와 같은 잦은 인사로 인하여 고종 34년(1897, 건양 2) 3월 19일에 음성군수 李能燮(이능섭)이 충주군수 署理(서리)로 역할한 예도 있다. 이 무렵의 충주군수는 徐相肅(서상숙)으로, 3월 4일에 임용되었으니 임지에 부임하지 못하자 서리로서 사건을 처리한 것은 아닐지 생각된다.

4. 守令들의 善政碑

충주의 수령으로 와서 치적이 있으므로 지역민들에 의한 善政碑(선정비)·不忘碑(불망비) 등이 세워지고 오늘에 전하는 것이 여럿 있으니 이 중에는 충주목사 외에 관찰사(순상), 수운판관 등이 섞여 있다. 이들의 비석은 사람들의 왕래가 빈번하였던 큰길가에 집중적으로 세워져 있으니 향교 앞, 달천교 옆, 동양면 면소재지 옆, 신니면 용원저수지 옆 등에 있으며 가금면 가흥리 삼거리에는 7기나 즐비하게 세워져 있어 비들거리라는 이름마저 붙여져 있다.

이들의 비석들은 근년에 와서 도시의 확장과, 도로의 확포장공사 등에 의하여 관리 소홀로 옮겨 보존되지를 못하고 매몰되거나 파괴되어 없어진 것들도 있다. 여러 기록을 살펴보니 충주관내에 30기가 넘게 있었음을 알 수 있다. 개중에는 같은 목사의 비가 3~4개씩 세워진 것도 있다. 다음에 세워진 시대 순에 따라 정리하여 본다.

1) 朴 祥　善政碑/위치?/비문?/立碑 연도?/중종 19(1524) 9. 재직 《蘂城春秋》(p. 416)에 선정비가 있었는데 지금 所在不明이라 하였다.

2) 金祖淳　永世不忘碑/行牧使 金公祖淳永世不忘碑/헌종 5(1839) 재직? 《蘂城春秋》(p. 421)에 철도부설시 충인동 대성자동차부 지리에 옮겨 세웠던 것이 뒤에 市街 확장시기에 破毁되었다고 하였다.

3) 兪碩柱　善政碑/단월동?/牧使兪公碩柱淸德善政碑/헌종 8(1842). 7. 立碑로 《蘂城春秋》(p. 420)에 위와 같이 있으나, 현재 확인할 수 없다.

4) 李 蹊　淸白吏碑/위치?/비문?/立碑 연도?/철종 10(1859). 5. 목사로《蘂城春秋》(p. 419)에 淸白吏碑가 있었는데 지금 所在不明이라 하였다.

5) 閔炯植　善政碑/가금면 가흥리?/行牧使 閔公炯植愛民善政碑/고종 27년(1890)에 목사로 《蘂城春秋》(p. 420)에 고종 30(1893) 성내동에 비각과 함께 세웠으나, 병신년(1896) 유인석 의병의 충주성 진입시에 비각이 소실되자 비석만 가금면 가흥리로 옮겼다고 하였으나 현재 확인할 수 없다.

6) 李 植　善政碑/교현동 향교 앞
비문 : 行牧使李公淸德善政碑/崇禎 4(1631, 인조 9)

7) 李國憲　善政碑/① 신니면 신덕저수지 동쪽 둑밑→용담사로 옮겨져 변조됨/비문 : 牧使李公國憲淸德愛民善政碑/辛未(1691, 숙종 17)

② 용관동 산19/마애비로 마멸이 심하게 되자, 壬申(1992)에 마애비 밑에 새로 복원하였다.

비문 : 牧使李公國憲愛民善政碑/庚午, 辛未(1690-91, 숙종 16-17)

③ 노은면 수룡초등학교 서북쪽 논둑

비문 : 牧使李侯國憲愛民善政碑/연도는 마멸로 알 수 없음.

8) 嚴　纘　善政碑/달천동 달천대교 옆/

비문 : 牧使嚴侯纘淸德恤民善政碑/甲戌(1694, 숙종 20)

9) 金始嬉　善政碑/동량면 조동리 동량초등학교 앞 향토유물원/

비문 : 縣監金公始嬉善政碑/乾隆 4(1739, 영조 15)

10) 鄭景淳　善政碑/가금면 가흥리 비들거리/

비문 : 牧使鄭侯景淳撫恤船人善政碑/崇禎紀元後 3 戊戌(1778, 정조 2)

11) 李采淸　不忘碑/달천동 달천대교 옆/

비문 : 牧使李侯采淸愛民永世不忘碑/嘉慶 7(1802, 순조 2)

12) 李光憲　善政碑/달천동 달천대교 옆/

비문 : 行牧使李公光憲淸德愛民善政碑/嘉慶 19(1814, 순조 14)

13) 趙秉老　不忘碑/가금면 가흥리 비들거리/

비문 牧使趙公秉老永世不忘碑/同治 庚午(1870, 고종 7)

14) 李正魯　不忘碑/① 가금면 가흥리 비들거리/

비문 : 牧使李公正魯永世不忘碑/光緖 丙子(1876, 고종 13)

② 동량면 조동리 동량초등학교 앞 향토유물원/

비문 : 行牧使李公正魯永世不忘碑/光緖 3(1877, 고종 14)

③ 달천동 달천대교 옆/

비문 : 行牧使李侯正魯愛民善政碑/丁丑(1877, 고종 14)

④ 금가면 유송리 반송나루/

비문 : 行牧使李侯正魯愛民善政碑/光緖 丁丑(1877, 고종 14)

15) 鄭泰好　不忘碑/가금면 가흥리 비들거리/

비문 : 行牧使鄭公泰好站船草弊永世不忘碑/?(1885, 고종 22 ?)

16) 李□□ 淸德碑/신니면 견학리 학성/

비문 : 牧使李侯□□淸德愛□□?/ ?

17) 선정비로 추정되는 石碑/이루면 장성리 노원/裏面 비문 : 萬曆伍年 丁丑九月初一日 立(선조 10년, 1577)

1997년까지 엎어져 있었으나 고속도로 출구를 조성할 때 없어졌음.

일제 강점기 이후의 군수에 대한 치적비도 있으니 다음과 같다.

1) 徐晦輔 善政碑/① 성내동 관아공원내/

비문 : 郡守徐侯晦輔愛民善政碑 / 明治 44(1911)

② 신니면 송암리 산1 신덕저수지 옆/

비문 : 郡守徐公晦輔永世不忘碑 / 明治 44(1911)

2) 全錫泳 不忘碑/교현동 향교 앞/

비문 : 正五位勳六等行忠州郡守全公錫泳永世不忘碑/昭和 11 (1936)

3) 鄭喜澤 善政碑/교현동 향교 앞/

비문 : 忠州郡守鄭喜澤善政碑 / 단기 4291(1958)

이 외에 충청도 관찰사의 불망비 등도 있으니 다음과 같다.

1) 閔致庠 不忘碑/가금면 가흥리 비들거리/

비문 : 巡相閔公致庠永世不忘碑 / 同治 庚午(1870, 고종 7)

2) 南一祐 不忘碑/① 단월동 신촌마을/

비문 : 觀察使南公一祐永世不忘碑 / ?(光緖 9, 1883, 고종 20)

② 수안보면 안보리 대안보(당시는 연풍현)/

비문 : 觀察使南公相國一祐永世不忘碑 / 光緖 9(1883, 고종 20)

3) 沈相薰 頌德碑/소재지?/《蘂城春秋》(p. 417)에 忠州牧使가 되어 와서 善

政하고 淸白吏錄에 오르고 頌德碑가 있었는데 지금 所在不明이라 하였다. 충주목사라고 하였으나, 고종 22년(1885)에 觀察使였음으로 관찰사비라고 본다.

이외에 현 충주관내이기는 하지만 전날 연풍현에 속하였던 수안보면에도 縣監·군수의 선정비가 다음과 같이 있다.

1) 鄭羲河 善政碑/수안보면 수회리 681-7/비문 : 縣監鄭侯羲河淸德善政碑 / 戊午(1738, 영조 14)
2) 徐有惇 不忘碑/수안보면 수회리 산 58-1/비문 : 縣監徐公有惇善政不忘碑 / 己未(1799, 정조 23)
3) 李敏濟 不忘碑/수안보면 안보리 대안보/비문 : 行郡守李公敏濟永世不忘碑 / 癸卯(1903, 광무 7)

선정비는 옛 관아의 입구나 사람들이 많이 다니는 큰 도로변에 세웠으니 일종의 광고비라 하겠으며, 흔히 不忘碑(불망비)·善政碑(선정비)·施惠碑(시혜비)·追慕碑(추모비) 등의 이름을 붙이고 있다. 대부분 이들의 비는 지방 수령들의 치적이나 세도가를 칭송하는 종류로 한때 크게 유행되어 지탄을 받는 탐관들의 비도 세워진 예가 있어 한때 국법으로 금지한 적도 있었으나, 국가의 통제를 받지 않았으므로 조선 후기에 와서는 많이 세워졌으니 한 풍속처럼 되었던 것이다.

고려 충렬왕 때의 良吏(양리) 崔碩(최석)이 昇平府使(승평부사)에서 임기가 차 내직으로 들어갈 때, 고을 사람들이 말 여덟 필을 주었다. 이는 고을에서 부사가 전임할 때 선물로 주는 관례였다고 하나 백성들을 착취하는 수단이었던 것이다. 최석은 말없이 집으로 돌아와 짐을 푼 뒤에 도중에 낳은 새끼 망아지까지 아홉 필을 되돌려 주면서 탐욕이 없었음을 말하자, 고을 사람들은 감격하여 송덕비를 세우고 八馬碑(팔마비)라 하였다. 이후부터 이런 폐단이 근절되었으나, 이것이 우리나라에서는 처음으로 세워진 선정비라고 하겠다.

이러한 선정비가 조선시대에 들어오면서는 많이 늘어나 明宗(명종) 때에는 고을마다 4~5개는 있었던 것 같다. 《松溪漫錄(송계만록)》(權應仁 지음)에,

『고을 원[邑宰]이 정치를 잘하여 실적이 있는 사람은 백성들이 비를 세워 덕을 기록하여 그가 갈려 간 뒤에 백성이 생각한다는 것을 표시하는 것인데, 근래 列邑(열읍)에서 비가 없는 고을이 적다. 간혹 한 고을에 네댓 개의 비가 있기도 하니, 세상에 善政(선정)이 많은 것을 알 수 있다. 駱村(낙촌 朴忠元 ; 1506~1581)이 遠接使(원접사)로 갔을 때, 길 주변에 비석이 坡州(파주)에서 義州(의주)까지 끊이지 않은 것을 보고, 땅에 엎어버리라고 명령하고 말하기를, "중국 사신이 이유를 물으면 무슨 말로 대답하겠는가?" 하였다. 한 역졸이 말을 몰고 가다가 작은 돌을 치고 말하기를, "너는 왜 불행하여 비석이 되지못하고 길에서 밟히는가?" 하니, 그 조롱함이 이와 같다.』

하였다는 기록이다. 선정비의 참뜻이 사라지고 허욕을 채우는 악습으로 이용되고 있음을 비유한 말이라 생각된다. 임기 중에 세우는 사례도 있으며, 한 수령의 것이 여러 개 서 있는 현상도 볼 수 있으니 말이다.

Ⅱ. 地方行政制度의 變遷

1. 개 요

지방행정제도란 중앙정부가 지방을 다스리기 위하여 마련한 제도로서 행정구역의 설정과 밀접한 관련이 있다. 행정구역은 국가에 있어서 영토의 개념으로 통치의 기반이며, 행정조직의 기본이라고도 하겠다. 따라서 국가운영의 여러 제도 중 가장 오랜 역사를 지니고 있으며, 이에 더하여 주민생활의 터전으로 오랜 역사와 더불어 합리적이고 능률적인 국가목표를 추구하고 自治(자치) 기능을 구현하면서 주민의 복지증진에 기여해 오고 있다.

따라서 행정제도는 역사의 전개와 함께 지역 주민의 생활환경 등의 변화에 따른 새로운 수요에 대처해 나가기 위한 사회의 현실에 적응해 가면서 보다 발전적인 제도로 변천되어 온 것이다.

고구려의 5부제, 신라의 9주 5소경, 고려의 10도제, 조선의 8도 제도 등은 시대와 사회여건에 따른 변화였다고 할 것이며, 그 밑에는 일반적으로 군·현의 제도를 마련하였으며, 그 말단에는 촌락이 있었던 것이다. 조선시대에는 5가작통의 제도와 향약이 실시되고 있었으니 모두가 주민의 복지를 위한 제도를 구현하고자 하였음을 알게 한다.

오늘의 우리나라 지방행정제도를 확립하게 된 것은 1958년 대한민국헌법의 제정 공포와 동 헌법에 의해 만들어진 지방자치법이 1949년에 발효된 때부터라고 볼 수 있다. 그러나 실제에 있어서는 代議制的(대의제적) 지방행정이 실시된 1952년의 제1차 지방선거실시 후의 일이라고 하겠다.

이는 우리나라에 있어서 근대적 의미의 지방행정 즉, 지방자치제도가 도입된 것은 광복 후 대한민국이 수립되면서 부터라고 할 수 있기 때문이다. 물론 대한

민국이 수립되기 이전에도 근대적 의미의 지방행정제도와 유사한 것이 없었던 것은 아니다.

조선시대의 순수한 민간단체로서 조직된 鄕約(향약)의 제도와, 지방 수령에 대한 지방행정의 자문기관이었다고 하겠으며 동시에 행정감찰의 기능까지도 담당하였던 鄕廳(향청) 등의 역할은 근대적 의미의 지방자치와 유사한 기능을 갖고 있었다고 할 것이다. 더욱이 갑오경장 이후 시행된 제도는 비록 일제에 의해 강제로 규제(規制)된 속에서 이루어진 것이기는 하지만 근대적 지방행정제도라고 할 수 있을 것이다.

따라서 우리는 1895년의 갑오경장을 근대적 의미로서 지방제도의 시발점이라고 보는 것이 일반적인 견해이다. 이는 서구문명이 낳은 근대적 지방행정제도가 우리나라에 도입된 것이 갑오개혁이라고 볼 수 있기 때문이다.

왜냐하면 조선시대에도 향약이나 향청의 기능이 근대적 의미로서 지방자치의 일면을 갖고 있었다고는 하겠으나, 일반적으로 조선왕조는 강력한 중앙집권적 관료체제를 바탕으로 통치조직이 운영되었으며, 전 국토가 국유제에 기초한 봉건적 토지소유 관계로 인하여 중앙집권적 정치체제를 강화하고 그에 의한 관료계급이 전국적인 지배망을 확립하고 있었다. 즉 지방행적구역은 국가와 군주를 위하여 설치된 외관(外官)이 있는 곳이며, 그 외관은 국왕의 위임을 받은 대리인으로 지방에 나아가 봉건영주처럼 절대적 권력을 행사하였던 것이다.

따라서 우리나라의 지방행정제도의 변천과정은 갑오경장을 전후로 크게 대별할 수 있다고 하겠다. 다음에 시대별로 특징을 개관하면서 변화되어온 바를 살펴보고자 한다.

2. 고 대(삼국시대)

우리나라 역사상 최초로 성립된 나라는 古朝鮮(고조선)이다. 그러나 이 시대의 地方制度(지방제도)가 어떠하였는지에 대하여는 기록이 없어 알 수 없다. 지방제도에 관한 최초의 기록으로는 夫餘(부여)의 지방행정구역이라고 할 수 있는 四

出道(사출도)를 들 수 있을 것이다. 사출도는 諸加(제가), 즉 여러 부족장이 관할하였는데 그 관할 호수가 크고 작은 것의 차가 수천 호에서 수백 호에 이르고 있다고 함에서 보아 체계적으로 정비되지 못하였던 것으로 보인다. 따라서 부여에서는 제가, 즉 여러 부족장이 제각기 그들의 지배하에 있는 호족과 下戶(하호, 노예)들을 다스렸던 것으로 본다. 이로 미루어 보아 당시의 여러 부족연맹체에서는 이와 같은 제도가 일반적으로 행하여졌다고도 생각된다.

이후 고구려·백제·신라의 삼국이 성립되고 왕권중심의 새로운 국가체제가 정비되면서 지방제도도 변화를 가져오게 되었다.

고구려에서는 태조왕(53~146) 때에 왕권이 크게 강화되고, 고국천왕(179~196) 대에는 畿內(기내)의 5부족을 확대하여 전국을 5部(부)로 나누었다. 그리고 부 밑에는 여러 城鎭(성진)이 딸려 있었으며 이 성들이 지방통치의 중심이 되었다. 각부의 지방장관은 褥薩(욕살 : 도독, 태수와 같음)이라 하였으며, 그 소속하에 있는 城主(성주)는 處閭近支(처려근지) 또는 道使(도사 : 刺史와 같음)라 하여 그 밑에 각 관리가 있어 사무를 나누어 맡아 보았다. 이러한 제도는 군사적인 성격을 강하게 띠었던 것으로 삼국이 공히 같았다. 한편 장수왕 15년(427) 평양천도 이후에는 옛 수도인 國內城(국내성)과 漢城(한성 : 지금의 載寧)의 두 別都(별도)를 두어 三京(삼경)의 제도를 마련하였다.

백제의 지방제도는 그 초기인 한성시대는 기록이 없어 알 수 없으나, 《梁書 양서)》에 의하면 문주왕 원년(475) 熊津(웅진 : 공주) 천도 후에 22擔魯(담로)의 제도가 있었음을 알 수 있다. 이는 중국의 郡縣(군현)과 같은 것으로 왕의 자제와 종족으로 나누어 다스리게 하였다고 하였다. 그러나 성왕 16년(538), 泗沘(사비 : 부여)로 천도한 뒤에는 제도에 큰 변화를 보였으니, 22부의 중앙관서와 함께 5부, 5方(방)의 지방제도가 새로이 마련된 것으로 본다. 수도의 5부에는 각부에 500명의 군대를 두었으며, 지방의 5방에는 각방의 장관을 方領(방령)이라 하고 2품관인 達率(달솔)로 임명하였으며, 각 방령은 1.200명 이하 700명 이상의 군대를 통솔하고 또 각 방밑에는 10군 혹은 6~7개 군이 딸려 있었다. 군에는 郡將(군장) 3인을 두되 4품관인 德率(덕솔)로 임명하였다. 방과 군은 행정구역인 동시에 순수한 군사적 임무를 띠고 있었으므로 각 성진은 험준한 산에 의거한산성이었다.

신라의 지방제도는 고구려와 백제에 비하여 그 형성시기가 늦었다. 《삼국사기》에 의하면 지증왕 6년(505)에 처음으로 州·郡·縣(주·군·현)의 제도를 정하고 悉直州(실직주 : 지금의 삼척)에 군주(軍主)를 두었다고 하였다. 그러나 신라의 지방제도는 비약적인 영토의 확장에 따라 점진적으로 확립되어간 것으로 생각되니, 이후 법흥왕 12년(525)에 沙伐州(사벌주, 上州 : 지금의 尙州)가 설치되고, 뒤이어 진흥왕이 낙동강과 한강유역으로 진출하면서 여러 개의 주를 신설하게 되는 것으로 미루어 알 수 있다.

신라의 주는 군사작전상 필요에 따라 주의 치소[州治]를 옮기고 있는 것이 특징이다. 진흥왕 14년(553)에 설치한 新州(신주, 경기 광주)의 경우 진흥왕 18년(557에 北漢山州(북한산주, 서울)로, 29년(568)에 南川州(남천주, 경기 이천)로, 진평왕 26년(604)에 다시 북한산주로 옮기고 있음에서이다. 실직주·사벌주·比沙伐州(비사벌주, 下州)·比列忽州(비열홀주) 등도 여러 차례 옮기고 있다.

이상에서와 같이 삼국의 지방제도는 모두가 군사적인 성격이 강했으며, 城(성)을 중심으로 하고 있었으니 고대국가로서 각기 통일을 위한 정복전쟁을 수행한 때문이었던 것이다.

또한 이와 같은 지방행정조직과는 별도로 삼국은 각기 小京(소경)제도를 설치 운영한 점에 주목된다. 고구려의 경우 앞서 언급한 바 3京(경)제를 운영하였으며, 백제의 경우도 웅진과 익산을 別都(별도)로 경영한 흔적이 있으며, 신라에서는 지증왕 15년(514)에 阿尸村(아시촌)에 소경을 설치한 이래 진흥왕 18년(557)에 國原(국원 : 지금의 충주), 선덕여왕 8년(639)에 하슬라(강능)에 각각 소경을 설치하고 그 장관인 仕臣(사신, 또는 仕大等)을 중앙에서 파견하였다. 특히 신라의 소경은 주와 군이 軍政的(군정적) 성격이었음에 반해 소경은 지방의 정치적·문화적 중심지로의 성격이 강했으며, 주군을 견제 감시하는 기능도 있었던 것으로 추측된다.

신라는 삼국을 통일하면서 확대된 영토와 늘어난 인구를 하나의 국토, 하나의 민족으로 다스리기 위한 실질적인 통일을 위하여 신라와 가야지역에 3주, 옛 고구려지역에 3주, 옛 백제지역에 3주 등으로 안배하여 행정구역을 개편하였으니 신문왕 때 완성된 9주와 5소경의 제도이다.

이에 충주는 漢山州(한산주, 漢州)에 속한 中原小京(중원소경, 中原京)이 되었으며, 春賦(춘부 : 진흥 26, 565)·龍長(용장 : 문무 8, 668)·金陽(김양 : 흥덕 3, 828) 등이 각각 중원을 다스렸다는 기록이 《삼국사기》에 보인다.

〈신라의 9주 5소경〉

9 州				5小京 (現地名)	領 屬 地理志(景德王 16년조)	
舊 領	州 名	改 稱 名 (景德王 16년)	現地名		郡	縣
新 羅 伽 倻	沙伐州	尙 州	尙 州	金官京(金海)	10(10)	31(30)
	良 州	良 州	梁 山		12(12)	40(34)
	青 州	康 州	晋 州		11(11)	30(27)
高句麗	漢山州	漢 州	廣 州	中原京(忠州) 北原京(原州)	28(27)	49(46)
	首若州	朔 州	春 川		12(11)	26(17)
	河西州	溟 州	江 陵		9(9)	26(25)
百 濟	熊川州	熊 州	公 州	西原京(淸州) 南原京(南原)	13(13)	29(29)
	完山州	全 州	全 州		10(10)	31(31)
	武珍州	武 州	光 州		15(14)	43(44)
계	9			5	120(117)	305(293)

9주의 제도는 지방통치의 기본으로 주 밑에 군, 군 밑에 현이 각각 딸려 있다. 주의 장관을 처음에는 軍主(군주)라 하였다가 태종무열왕 때에 都督(도독)으로 고쳤다가 신문왕 때에 總管(총관)이라 하고, 주의 장관은 眞骨(진골)로 임명하여 정치적으로 중요한 의미를 지니고 있음을 알게 한다. 장관의 칭호는 초기의 군정적인 호칭에서 행정적인 명칭으로 바뀌어 갔음을 알 수 있으니 정치적인 변화에 따른 것이라 하겠다. 군의 장관은 太守(태수), 현은 그 격에 따라 少守(소수) 또는 縣令(현령)이라 하고 중앙으로부터 임명되었다.

주·군·현 밑에는 村(촌)이라는 작은 행정구역이 있었으며, 村主(촌주)의 관할

아래 있었다. 촌주는 그 지방의 토착세력 중에서 임명되고, 중앙으로부터 파견된 행정기관의 통제를 받았다. 그리고 각주의 鄕吏(향리, 鄕豪)들을 통제하기 위하여 그들의 자제를 상경 유수케 하는 上守吏(상수리)제도를 실시하기도 하였다.

또한 주·군·현 밑에는 일반 촌과는 구별되는 특수행정구역으로 鄕(향)·部曲(부곡)·所(소) 등이 있었다. 유래는 확실치 않으나 전쟁포로, 반역죄인이나 반란이 거듭된 향읍 및 특수한 생산노비들의 집단거주지로 이들은 촌민들과 달리 천민들이었다.

발해의 지방제도는 전국을 5京(경), 15府(부), 62州(주)로 편성하였다. 5경은 上京(상경, 龍泉府)·中京(중경, 顯德府)·東京(동경, 龍原府)·南京(남경, 南海府)·西京(서경, 鴨綠府)으로 이들은 왕족이나 고구려 계통의 지배귀족들의 필요에 의해 설치된 것으로 생각된다. 15부는 지방행정의 중심적 위치를 차지하고 있었으며 그 아래의 62주를 통할하고 있었다. 62주의 장관은 刺史(자사), 그 아래 현의 장관은 縣丞(현승)이었다.

3. 고려시대

고려시대의 지방제도는 성종(981~997)과 현종(1009~1031) 대에 이루어진 것이라고 하겠다. 그러나 이에 앞서 혼란스러웠던 후삼국을 통일한 건국 초기에 각 지방 호족들의 효과적인 관리를 위한 필요에 따라 부분적으로 제도를 마련하였던 것으로 본다. 事審官(사심관)과 其人(기인)제의 설치와 西京(서경 : 평양)의 적극적인 경영과, 태조 13년(930)에 天安都督府(천안도독부)를 설치하고, 후삼국을 통일한 직후 후백제의 수도 完山(완산, 지금의 전주)에 安南都護府(안남도호부)를, 23년(940)에는 신라의 수도 경주에 安東大都督府(안동대도독부)를 두었음에서 알 수 있다. 이들은 군사적 거점으로 필요에 따라 군정적인 조치를 취하였던 것으로 체계적인 제도의 정비는 아니었다. 그러나 태조 23년(940)에 전국 군현의 이름을 고치었으니, 이는 장차 제도정비에 대비한 사전 조치라고 보인다. 이때 中原(중원)이 忠州(충주)로 개칭된 것이다.

본격적인 지방제도의 정비는 성종 2년(983)에 처음으로 전국에 12목(牧)을 설치하고 임시출장관인 今有(금유)와 租藏(조장)의 제도를 폐지하고 상주관인 牧使(목사)를 파견하여 소관 주·군·현의 향직을 감독케 하면서 비롯되었다. 12목은 楊州(양주)·廣州(광주)·忠州(충주)·淸州(청주)·公州(공주)·晋州(진주)·尙州(상주)·全州(전주)·羅州(나주)·昇州(승주)·黃州(황주)·海州(해주)이다.

성종 6년(987)에는 經學博士(경학박사)와 醫學博士(의학박사)를 각 1인씩 보내어 지방교육을 담당하게 하였으며, 한편 유교적 교양이나 醫術(의술)이 있는 인재를 중앙에 천거하도록 하였다.

성종 12년(993)에는 12목과 개경과 서경에 常平倉(상평창)을 두어 물가조절의 기능을 맡아보게도 하였다. 또한 이 해에 주·부·군·현과 驛路(역로)에 公須柴地(공수시지)를 지급하였다. 이는 성종 2년 6월에 주·부·군·현과 館(관)·驛(역)에 田地(전지)를 지급한 사실을 감안하면 성종 12년에는 지방 각 관아의 경비지출을 위한 公廨田柴(공해전시)의 법이 정비되었음을 알 수 있다. 이러한 사례를 통하여 성종은 그 2년부터 10년 간에 걸쳐 꾸준하게 지방제도를 정비하여 지방행정기능을 강화하였다고 본다.

성종 14년(995)에는 당나라의 제도를 모방하여 처음으로 전국을 10道(도)로 나누어 10도제를 실시하였다. 10도의 명칭은 關內(관내)·中原(중원)·河南(하남)·江南(강남)·嶺南(영남)·嶺東(영동)·山南(산남)·海陽(해양)·朔方(삭방)·浿西(패서)이다. 이 10도의 제도는 지속적이고 효율적으로 운영된 것 같지는 않다. 그리고 12목에 節度使(절도사)를 두어 군사적인 면을 크게 강화하였으니 목을 폐지하고 군을 두었다는데서 알 수 있다. 이때 충주목은 昌化軍(창화군)이라 호하였다.

또한 12절도사와 아울러 7都團練使(도단련사)·11단련사·21防禦使(방어사)·15刺史(자사) 등 지방관제가 새로 마련되었다. 이러한 체제의 개편은 군정적인 지방행정을 통하여 호족세력을 통제하므로 중앙집권을 강화하고자 하였던 것으로 보인다. 그러나 10년 뒤인 목종 8년(1005)의 재정비과정에서 12절도사·4도호부와 東西北界防禦鎭使(동서북계방어진사)·현령·鎭將(진장) 만을 두고 그 나머지 관찰사·도단련사·단련사·자사는 모두 혁파하였다.

현종 3년(1012)에 12절도사를 없애고 5도호·75(7?)道安撫使(도안무사)를 두었다. 그리고 현종 9년(1018)에 대폭적인 정비를 하였으니 4도호·8목체제로 개편하고, 56지주군사(知州郡事)·28진장·20현령을 설치하였다. 이로써 중앙의 행정력이 군·현의 행정단위까지 침투하게 되었다고 본다. 그러나 지방관이 파견되지 않은 屬郡(속군)·屬縣(속현)이 335현 중 305개소나 되고 있다. 이런 곳에 지방관의 파견은 오랜 기간에 걸쳐서 점차적으로 이루어졌다고 본다.

이 외에 서경(평양)·동경(경주)·남경(양주)에 留守官(유수관)을 두었으니 개경과 더불어 고려의 중앙정치제도에 큰 몫을 차지하고 있었다. 이는 4도호부·8목과 함께 지방통치의 근간이었다.

또한 고려에서는 남쪽의 행정지역에 5道(도 : 楊廣·慶尙·全羅·西海·交州), 북쪽의 군정지역에 동·서의 兩界(양계)로 크게 나누어 5道兩界(도양계)의 제도를 실시하였다. 양계지방은 국방상 중요성 때문에 고려초기부터 兵馬使(병마사)를 장관으로 하는 군정적 체제로 운영하였다. 그러나 5도의 성립시기는 분명하지는 않지만 고려 중기 이후로 볼 수 있지 않을까 한다. 또한 각도에 파견되었던 按察使(안찰사)가 도의 행정책임자였는지 아니면 감찰의 기능을 띠고 파견된 외직이었는지 분명하지 않지만 이 제도는 조선시대 관찰사제도의 선구적 역할을 하였음은 분명하다.

고려 말기에는 경기지방과 5도 양계에 都觀察黜陟士(도관찰출척사)가 파견되었다. 이로서 고려는 전국 각도가 다 같이 도관찰출척사의 통제아래에 들게 되어 단일적인 행정조직으로 편성되게 되었다. 조선시대의 8도제는 이를 기반으로 성립된 것이라고 생각된다.

이에 따라 忠州(충주)는 목으로서 楊廣道(양광도)에 속해 있었으며, 충주목에는 괴산군·음성현·장연현·장풍현·음성현·청풍현과 知事郡(지사군)으로 原州(원주)가 소속되어 있었다.

지방의 토착세력들은 통치상 매우 큰 비중을 가지고 있었다. 이들은 지방관이 설치되기 전에는 그 관할지역을 독자적으로 지배하고 있었다. 그러나 성종 2년(983) 12목이 설치되면서 지방 鄕吏職(향리직)을 개정하여 총무부격의 長(장)인 堂大等(당대등)을 戶長(호장), 그 아래의 대등을 부호장, 郎中(낭중)을 戶正

(호정), 원외랑을 부호정, 집사를 史(사)로 하고, 兵部(병부)를 司兵(사병)이라 하고, 그 아래의 병부경을 兵正(병정), 筵上(연상)을 부병정, 維乃(유내)를 兵史(병사)로, 倉部(창부)를 司倉(사창)이라 하고, 그 아래의 창부경을 倉正(창정), 부창정, 倉史(창사) 등으로 고치고, 성종 6년(987)에는 鄕村(향촌)의 우두머리인 大監(대감)·弟監(제감)의 호를 村長(촌장)·村正(촌정)으로 고쳐서 직접 향촌의 말단행정까지 중앙에서 관할하게 되었다.

성종 14년(995)의 12절도사로의 개편도 지방 토착세력의 통제책이었으며, 현종 9년(1018)의 대대적인 지방제도의 개편도 이를 보다 구체화한 것이었으며, 이후 문종(1046~1083) 대까지의 여러 시책은 지방 세력을 鄕職(향직)으로 편제하여 중앙 행정력의 통제를 받도록 하였던 것이니 모두 중앙집권화에 따른 조치라 하겠다. 그러나 지방관이 파견되지 않은 많은 속군·속현은 여전히 지방 세력의 지배하에 있었던 것으로 보인다.

여기에 또한 특수 행정구획인 鄕(향)·所(소)·部曲(부곡)의 제도가 있다. 이는 신라시대부터 있어 왔으며 고려시대에는 전국 각처에 널리 존속되고 있었다. 이들 지역에도 지방관은 파견되지 않았다. 따라서 이들의 지배력도 중앙의 행정력이 아니라 지방 세력이었다. 이러한 지방 세력을 통제 관리하기 위한 조치로 事審官(사심관)제도와 其人(기인)제도가 고려초기부터 말기까지 있었던 것은 지방 세력을 어떻게 효과적으로 관리하고 활용하느냐에 대한 과제였던 것으로 본다.

4. 조선시대

1) 8도 관찰제

조선시대의 지방제도는 고려시대의 제도를 이어받아 이를 발전시키는 방향으로 정비되어 갔다. 우선 조선시대 지방행정의 최고단위는 8도(道)의 제도이다. 8도의 정비과정을 보면 태종 13년(1413)에 종래의 西北面(서북면)을 平安道(평안도)로, 16년(1416)에 동북면을 咸吉道(함길도)로 개편함으로서 비로서 8도

체제를 갖추게 되었다. 즉 전국을 京畿(경기)·忠淸(충청)·全羅(전라)·慶尙(경상)·江原(강원)·黃海(황해)·咸鏡(함경, 永安)·平安(평안)의 8도로 구획하고 그 장관인 觀察使(관찰사, 종2품)를 파견하여 다스렸으니 지방통치조직을 8도 관찰제로 일원화하여 중앙집권적 체제정비를 하였다.

충청도는 고려 공민왕 5년(1356)에 양광도에서 忠淸道(충청도)로 개칭되어 조선왕조로 넘어왔다. 그러나 양광도의 이름이 계속 나오는 것으로 보아 병용되어 온 것 같다. 태조 4년(1395)에 양주와 광주를 경기에 속하게 하고, 충주·청주·웅주·홍주를 합하여 충청도라 하고, 충청도 관찰사를 충주에 두어 충청도의 수부로 하였다. 그러다가 임진왜란 후인 선조 35년(1602)에 공주로 이전하였다.

도(道)의 밑에는 부(府) 6, 大都護府(대도호부) 5, 牧(목) 20, 都護府(도호부) 74, 郡(군) 73, 縣(현) 154로 행정 구획을 설치하고, 府尹(부윤, 종2품)·대도호부사(정3품)·牧使(목사, 정3품)·도호부사(종3품)·郡守(군수, 종4품)·縣令(현령, 종5품) 또는 縣監(현감, 종6품) 등의 수령을 파견하였다. 이들은 모두 도의 하부조직으로 행정권한상으로는 상호 대등한 관계에 있으며, 다만 부임하는 외관(지방관)의 품계에 차이가 있을 뿐 관찰사의 관할 아래에 있었다. 그러나 이들 수령에게는 鎭管體制(진관체제)에 의하여 戰時(전시)에 대비하여 兼帶(겸대)하는 군사적으로 상하의 계통이 있었다.

한편 수도인 漢城府(한성부)와 고려의 수도였던 開城府(개성부)는 중앙에서 직할하는 京官職(경관직)으로 삼아 지방관제와 구별하였으며, 후기에는 왕실 호위의 필요상 廣州(광주)·江華(강화)·水原(수원)도 이에 준하는 경관직으로 편제하였다.

이와 같은 지방조직에는 주·부·군·현의 賞罰(상벌)적인 名號(명호)의 昇格(승격)이나 降等(강등) 등도 있었다. 지역에서 역적이나 綱常(강상)에 어긋나는 행위 즉, 혈육 간에 살상행위자가 나오면 해당 지역의 邑號(읍호)를 부에서 군으로, 목에서 현 등으로 강등하기도 하고, 반대로 왕비의 출신 고을 등은 승격되기도 하였다. 이러한 연유로 道(도)의 명칭이 바뀌기도 하였으니 이는 중앙권력에 의해 악을 징계하는 뜻으로 조종을 받고 있었던 것이다. 그러나 이런 경우 강등된 지역은 대개 10년을 기한으로 다시 복구되었으니 기본 제도는 말기까지 유지되었다. 그러나 승격된 지역은 변화없이 유지되었다.

충주의 경우 중종 35년(1540)에 아비를 죽이려한 사건이 일어나 충주목이 강등되어 예성부(芮城府)로, 충청도는 청공도(淸公道)로 개호된 일이 있으며, 이후 충주목이 유신현(維新縣)·충원현(忠原縣) 등으로, 충청도는 공홍도(公洪道)·공청도(公淸道)·청홍도(淸洪道) 등으로 계수관(界首官)의 머리자를 바꾸면서 여러 차례 개칭한 일이 있었다.

중앙에서 지방관이 파견되지 않은 현 이하의 자치적 조직으로 면(面) 혹은 방(坊)·사(社)와 그 밑에 이(里)·촌(村)·동(洞) 등이 있었다. 한편 고려말까지 존속하였던 향(鄕)·소(所)·부곡(部曲) 등의 특수행정구역은 태종 13년(1413)의 지방 제도개편으로 없어졌다.

8도에 파견되는 관찰사(觀察使)는 도의 최고 행정책임자로 일명 감사(監司)라고 하며 방백(方伯)이라고도 하였다. 종2품관으로 임기는 1년(뒤에는 2년)으로서 도의 행정·사법·군사관계 업무를 통괄하고, 도내의 각 수령을 감독하는 권한을 가지고 있었다. 처음에는 민정(民政)만을 맡아보았으나, 태종 이후 병마절도사를 감독하게 되면서 병사(兵使)와 수사(水使)를 겸하게 되어 군정(軍政)까지 겸하게 되었다. 또한 감영(監營)이 있는 곳의 부윤(府尹)이나 목사(牧使)를 겸하는 경우가 많게 되면서 그 권한이 더욱 커졌던 것이다.

관찰사는 지방 행정보좌관으로 중앙에서 파견되는 經歷(경력, 종4품)·都事(도사, 종5품)·判官(판관, 종5품)·敎授(교수, 종6품) 등을 거느리고 있었으며, 이밖에 기술직의 審藥(심약, 종9품)·檢律(검율, 종9품) 등이 있었다.

수령(守令)은 관찰사 예하의 부윤(사)·목사·군수·현령·현감 등 지방관의 총칭이다. 수령 중 품계가 가장 높은 것은 종2품의 府尹(부윤)으로서 관찰사와 격이 같았으며 관찰사가 이를 겸하기도 하였다. 부윤을 둔 곳은 평양·경주·함흥·의주·광주 등이며, 대도호부사는 안동·강릉·영변·창원·영흥이었다.

牧使(목사)는 대개 행정구획의 州(주)로 되어 있는 곳으로 忠州(충주)·淸州(청주) 등 20곳에 두었다. 목사는 원래 정3품직이지만, 보다 높은 품계를 가진 사람이 임명되는 경우도 있어서 정2품일 경우는 領牧使(영목사), 종2품의 경우는 判牧使(판목사)라고 하였다.

都護府使(도호부사)는 府使(부사)로 약칭되던 수령으로서 전국에 74곳에 두었으며, 郡守(군수)는 73곳에 두었다. 현령은 큰 현, 현감은 작은 현의 수령으로서 전국에 154곳에 이른다.

수령의 임무는 農業(농업)의 장려, 戶口(호구)의 확보, 貢賦(공부)의 징수, 교육의 진흥, 軍丁(군정)의 수비, 부역의 균등, 소송의 간결, 鄕吏(향리)의 부정방지 등이었다. 그리고 지방향리의 교생지도를 위하여 부와 목에는 敎授(교수), 군과 현에는 訓導(훈도)를 두었다. 교수는 문신으로 임명하고, 훈도는 생원과 진사 중에서 선임하였다. 이밖에 교통행정을 전담하는 察訪(찰방), 驛丞(역승), 渡丞(도승) 등을 두었다.

각급 수령의 임명에 있어서 해당 품계가 높고 職(직)이 낮으면 行(행)이라 칭하고, 품계가 낮고 직이 높으면 守(수)라 칭하는 行守法(행수법)이 적용되었다. 또한 지방관은 법적으로 임기가 규정되어 있었다. 관찰사는 1년(뒤에는 2년), 수령은 5년(뒤에는 3년)을 원칙으로 하였다.

이와 같은 임기제는 지방관에 대한 토착화를 막기 위한 통제책에 의한 것이었다. 즉 장기 복무로 인한 지방 세력화를 막기 위한 조치였던 것이다. 더욱 수령은 그의 本鄕(본향)이나 田莊(전장)을 가지고 있는 지방에는 부임할 수 없도록 하였으며, 관찰사와 수령의 사이에도 相避制(상피제)를 적용하여 같은 도에 족친의 동시 부임은 법적으로 금하였다.

관찰사와 수령은 중앙관제의 6조를 본떠 吏(이)·戶(호)·禮(예)·兵(병)·刑(형)·工(공)의 6房(방)으로 나누고 그 사무는 토착인인 吏屬(이속)들로 맡게 하였다. 6방 중에도 이방·호방·형방이 중심이 되어 그 首吏(수리)를 三公兄(삼공형)이라고도 하였다. 특히 호방의 수석인 戶長(호장)은 수령이 없을 때 그 직무를 대행하기도 하였다. 이들 이속을 衙前(아전)이라고 하였다. 이들 이속 이외에 軍官(군관)·捕校(포교) 등 경찰업무에 종사하던 이속들도 있었다.

〈六房의 事務分掌〉

戶長－民戶의 總察, 官奴婢의 출입, 柴炭 등의 事務掌理

吏房－人事, 出張命令 및 庶務를 分掌

戶房－收稅, 均役, 戶口, 農事屯田, 官牛, 司倉, 各穀, 市直, 堤堰, 會計 등의
事務掌理

禮房－箋文, 祭祀, 禮節, 賓客, 儒生, 改印, 官敎, 帖文, 敎文, 文陰官의 履歷,
醫院 등에 관한 事務掌理

刑房－裁判, 形具, 罪囚, 監獄 등에 관한 事務分掌

工房－工匠, 營繕, 公用地 등에 관한 事務分掌

2) 향청(鄕廳)과 향약(鄕約)

한편 수령의 지방행정을 보좌하는 기관으로 鄕廳(향청)이라는 자치기관을 두었다. 임원인 鄕任(향임)에는 그 지방의 유력자인 鄕班(향반)이 임용되었다. 조선 초기에는 留鄕所(유향소, 또는 鄕所)라 하였으나 한때 수령과 대립하여 중앙집권에 역행하는 경향이 있어서 폐지되었다가, 성종 20년(1489)에 이를 개혁하여 鄕廳(향청)이라 하였다. 그리고 장을 鄕正(향정) 또는 座首(좌수)라 하고 그 다음으로 別監(별감)을 두어 체제를 정비하였다. 이들의 임기는 2년으로 그 지방의 士人(사인) 신분층 중 덕망이 높은 사람으로 선거에 의해서 수령이 임명하도록 되어 있었다. 향임도 6방을 나누어 맡았다. 좌수는 이방과 병방을, 좌별감이 호방과 예방을, 우별감이 형방과 공방을 맡는 것이 통례였다.

향청은 수령에 다음가는 관아라 하여 貳衙(이아)라고도 하였으며, 청사가 대부분 군청사의 문밖에 있으며, 백성들은 이 청사에만 출입하고 직접 군수가 있는 청사에는 갈 수 없었다. 따라서 이들 吏屬(이속)을 衙前(아전)이라고 불렀던 것이다.

군의 청사에 출입하여 군수와 접촉하고 그 급사를 하는 자를 通引(통인) 또는 知人(지인)이라 하였으며, 군내의 영리한 소년을 뽑아서 이에 임용하였는데 모두 이속의 근친들이었다. 이들 통인은 장차 세력있는 吏胥(이서)가 되는 자들로 대개 세습적이었다. 세력있는 이서의 근친자는 통인을 거쳐서 6방의 장이 되었다. 따라서 군내에 있어서 이서의 세력은 뿌리를 뽑기가 어려웠다.

조선시대의 俗謠(속요)에 '江流不轉石(강류부전석)'이라는 말이 있었다. 이는

군수는 강물 흐르듯 오늘은 있으되 내일은 없는 몸이지만, 이서는 지방의 토착자로 돌과 같이 구르지 않는다는 뜻의 풍자하는 말이다. 따라서 군수를 배척하고자 할 때에는 읍내의 기생에게 이 속요를 연회석상에서 부르게 하면 군수는 배척되는 것이었다. 군수에게 위협하는 하나의 무기이기도 하였다.

향청과 아울러 京在所(경재소) 혹은 京所(경소)라는 기관이 있었다. 지방의 연고자가 서울에 있으면서 상호 연락을 꾀함과 동시에 향소와 수령을 견제하기도 하였다. 이 기관의 임원으로는 堂上(당상)·別監(별감) 등이 있었다.

향청과 경재소가 양반 신분층을 중심으로 운영한데 대하여 향리신분층이 운영하는 연락기관으로 서울에서 지방관청의 편의를 돕는 京邸吏(경저리), 혹은 京主人(경주인)이라는 것이 있었으며, 각 지방관청과 감영을 연락하는 營邸吏(영저리), 혹은 營主人(영주인)도 있었다.

한편 향청과 밀접한 관계를 맺고 있었던 鄕約(향약)이 있었다. 이는 행정기구가 아니며 순수한 민간 자치단체로서의 기능을 하여왔다. 조선 중기 이후 향청의 활동이 부진하자 이를 보강하기 위하여 실시된 것이 향약이다. 향약의 모체는 宋(송)나라의 섬서성 藍田(남전)의 呂(여)씨 문중에서 일가친척은 물론 향리 전체를 교화선도하기 위해 만든 呂氏鄕約(여씨향약)이다. 이를 뒤에 朱子(주자, 熹)가 가감 증보하여 《주자대전》에 실었으므로 우리나라에는 고려 말 주자학이 전래되면서 알려지게 된 것으로 본다. 그러나 시행되기는 조선 태조가 7년(1398)에 그의 향리인 豊沛鄕(풍패향)에 鄕憲(향헌)을 제정하여 실시케 한 것이 처음이다. 그러나 유향소가 폐지되면서 대신하여 향약의 실시가 불가피하게 되었다고 본다. 그리하여 중종 때 조광조 등의 진언으로 향약이 지방의 유학자들 사이에 보급되게 되었다.

여씨향약은 4대강령으로 1. 德業相勸(덕업상권), 2. 過失相規(과실상규), 3. 禮俗相交(예속상교), 4. 患難相恤(환난상휼)이 있으나, 향민의 일상생활에 가장 긴요한 과실상규와 환난상휼에 치중하였다. 그러나 우리의 고유한 풍습과 민정에 알맞은 향약의 필요를 느껴 명종 11년(1556)에 李滉(이황, 退溪)이 禮安(예안, 지금 安東) 군수로 있을 때 예안향약을 만들어 실시하였으며, 선조 4년(1571) 李珥(이이, 栗谷)가 청주목사로 있을 때 西原鄕約(서원향약), 선조 10년

(1577)에 해주향약을 만들어 시행하면서 이에 영향을 받아 전국 각지에 널리 보급되어 갔다.

향약은 행정적 성격의 기구는 아니었으나, 善行(선행)을 한 자는 지방관을 거쳐 조정에 알려 표창하고, 惡行(악행)한 자는 처벌하는 등 상당한 힘을 가지고 있었다. 향약은 주현을 단위로 하는 것이 원칙이었으나 지방에 따라서는 소규모로 지역적 규모를 좁혀서 시행한 洞約(동약)·洞稧(동계)·統稧(통계) 등과 같이 지방주민들의 地緣(지연) 단체로서 지방공통적인 사업을 추진하기 위해 시행된 계들도 있으며, 각종 稧(계)와도 연계된다.

3) 말단 행정조직과 자치제도

官治(관치) 행정기관은 주·군·현에서 그치고 그 이하의 행정조직으로는 지방자치의 성격을 띤 面(면, 혹은 社·坊)이 있으며, 면 밑에는 里(리, 또는 洞)가 있고 이 밑에 統(통)이 있었다. 면의 장은 風憲(풍헌)·約正(약정)·執綱(집강)·面任(면임)·坊首(방수)·坊長(방장)·社長(사장)·檢督(검독)·都評(도평)·里正長(이정장)·官領(관령) 등으로 그 명칭이 많았으며, 그 아래의 里(이, 또는 洞·村)장도 里正(이정)·洞首(동수)·尊位(존위)·約首(약수)·領座(영좌)·座上(좌상)·頭民(두민) 등이라고도 불렀다. 통의 장은 統首(통수)라 하였다. 이들이 하던 일은 주현의 행정명령을 백성들에게 전달하여 알리고, 조세의 납부를 지휘하는 등 지방관청의 심부름이 주였다. 그런데 이들은 향청의 좌수·별감의 천거에 의해 수령이 임명하도록 되어 있어 수령의 관할이라기보다는 향청 또는 향약의 계통을 이루는 것이라 할 수 있다. 그리고 각 戶(호)로부터 춘추 두 번에 걸쳐 곡식을 거두어 보수를 치렀다.

한편 서울의 漢城府(한성부)는 성 안을 동·서·남·북·중의 5부로 나누고, 그 밑에 방을 두었다. 지방의 리와 서울의 방 아래에는 五家作統(오가작통)의 조직이 있었다. 5호를 1통으로 하고 統主(통주)를 두었다. 지방은 5통을 리라 하고, 몇 개의 리로서 면을 만들었다. 지방의 각 면에는 勸農官(권농관)을, 서울의 각 방에는 管領(관령)을 각각 두었으니 戶口(호구)를 파악하고, 이웃끼리 서로 돕는 자치적인 조직을 갖추는데 목적이 있었다.

갑오경장 이후 지방행정에 반영하고자 주민의 의사를 묻는 鄕會制度(향회제도)가 있었다. 1895년(개국 504, 고종 32) 11월 3일에 의정부 奏本(주본)으로 반포된 〈鄕會條規(향회조규)〉와 〈鄕約辦務規定(향약판무규정)〉은 군·면·리에서 시행하도록 하였으니 이는 지방 주민으로 하여금 공공사무의 처리에 참여할 수 있게 한 조치로 우리나라에 있어서 근대적 의미의 지방자치의 시작이라고 하겠다.

향회는 군회(대)·면회(중)·이회(소)의 대중소가 있었는데 군회는 군수와 각 면의 執綱(집강) 및 각 면에서 公選(공선)한 2명으로 구성하고, 면회는 집강과 면내의 각 리의 尊位(존위) 및 각 리의 공선 2명, 리회는 존위와 리내의 각호 1명으로 구성하였다.

향회에 부의할 상황은 ① 교육, ② 호적 및 地籍(지적), ③ 위생, ④ 社倉(사창), ⑤ 도로 교량, ⑥ 殖産興業(식산흥업), ⑦ 공공의 산림·堤堰(제언)·洑(보)·港(항), ⑧ 제반 稅目(세목) 및 납세, ⑨ 흉년에 患難(환난)의 救恤(구휼), ⑩ 공공의 服務(복무), ⑪ 제반 契約(계약), ⑫ 新式令(신식령)의 정비 등 18항목에 이른다.

〈향약판무규정〉에 의하면 리에는 尊位(존위, 이장) 및 서기·頭民(두민)·하유사 각 1인을 두고, 면에는 執綱(집강, 면장) 및 서기·하유사·면주인 각 1인을 두고 업무를 보도록 하였다.

면의 사무를 관장하는 자로 풍헌·약정·권농·면주인 등이 있으며, 풍헌은 公錢(공전)을 영수하고, 약정은 軍布錢(군포전)의 수납을 맡았다. 권농은 농사를 맡았으며 각종의 役事(역사)에 종사하고, 면주인은 문서의 송달을 하였다.

4) 관찰제도의 특징

조선시대 지방제도는 팔도 관찰제를 중심으로 운영되었다. 이는 중앙집권적인 철저한 군현제도의 시행으로 왕권을 강화하고자 한데서 비롯된 것으로 그 특성을 말한다면 다음과 같이 크게 네 가지로 나누어 볼 수 있다.

첫째, 우리나라 역사상 처음으로 군현제도가 철저하게 실시되었다고 함이다. 고려시대 이래 조선 초기까지 중앙의 직접 지배권 밖에 있었던 속군·현이나 향·부곡 등을 모두 중앙의 직접지배를 받는 군·현으로 개편하므로 제도상 완전히 중앙집권적인 체제를 갖추게 되었던 것이다. 이와 아울러 고려시대의 다원적이던 지방통치조직을 八道觀察使制(팔도관찰사제)로 일원화한 것도 중앙집권적 체제정비에 따른 것이다.

둘째, 조선시대의 주·부·군·현 등 지방행정구획의 차등은 취락의 대소, 인구의 다과, 田結(전결)의 광협 등에 따라 정해지는 것이 통례였으나, 賞罰的(상벌적)인 성격의 名號(명호)의 변경도 없지 않았다. 가령 어떤 지방에서 역모나 반란, 또는 강상죄를 저지른 자가 나오면 해당 지방의 명호가 부에서 군으로, 군에서 현 등으로 격하되었고, 이와 반대로 왕비의 출신 고을 등은 그 邑號(읍호)가 승격되기도 하였다.

그러한 연유로 道名(도명)까지 바뀌기도 하였다. 이것은 읍호가 행정적 의미만을 가지고 있는 것이 아니라, 중앙권력에 의해서 정치적 조종을 받고 있었다는 사실을 말해주고 있는 것이다.

셋째, 관찰사·수령 등 모든 지방관에 대한 통제 정책이 마련되어 있었다. 처음에 관찰사의 임기를 1년간으로 제한한 것은 장기간의 재임으로 지방 세력화하는 것을 미연에 막자는 데 목적이 있었다. 또한, 수령은 그의 本鄕(본향)이나 田莊(전장)을 가지고 있는 지방에는 부임할 수 없게 하였으며, 관찰사와 수령과의 사이에도 相避(상피)제를 적용해 같은 도에 族親(족친)의 동시 부임을 법으로 금하였다. 이와 같은 조처는 모두가 토착세력화를 막자는 것이었다.

넷째, 토착세력이라 할 수 있는 향리에 대해 견제책과 아울러 포상책이 마련되어 있었다. 가령 비행을 저지른 향리는 元惡鄕吏(원악향리)로서 가차없이 처벌함으로써 그들의 발호를 막는 반면, 향리로서 문무과나 생원진사시에 합격한 사람, 특별한 軍功(군공)을 세운 사람 등에게는 집안의 鄕役(향역)을 면제해 주는 특혜를 베풀어 주었다.

말하자면 조선의 지방제도는 중앙집권적인 통치체제를 실현시키고자 하는 집권층의 의지가 강력하게 반영되어 있었다고 할 수 있다. 끝으로 조선의 지방제도는 시기에 따라 부분적으로 다소의 변경은 있었지만, 그 기본원칙은 갑오경장의 시기까지 유지되어 왔었다.

5. 갑오경장과 광무개혁

8도 관찰제도는 행정·군사·사법권을 아우른 권한을 왕으로부터 위임받아 500년을 이어오면서 조선왕조를 유지하여 왔다. 그러나 막강한 권력을 갖는 관찰사제도는 지방제도적인 성격을 엿볼 수 있으며, 또한 부·대도호부·목·도호부·군·현 등의 번잡함은 통일적이고 효율적인 행정을 꾀하기 어려운 점도 있었다. 그러다 보니 오랜 시간이 흐르면서 행정상에 폐단도 야기되고, 실무를 맡아오던 吏胥(이서) 층에 대한 보수가 없다보니 이에 따른 민폐가 극심하여 지방행정이 극도로 문란해져 갔다. 이에 따라 제도개혁의 필요를 요구하는 소리도 있어 왔다.

丁若鏞(정약용)은 그의 《목민심서》에서 지방관의 직책이 옛날의 諸侯(제후)와 같다고 하였으며, 《경세유표》에서는 부·목·군·현의 개정, 군·현 병합 등의 개혁 등을 주장한 바도 있었다.

사실상 이와 같은 제도가 조선초기의 사회실정에는 가장 알맞은 것이었다고 하겠으나, 19세기 중엽부터 새로운 선진사회와의 접촉이 이루어지면서 전통적 사회구조가 해체과정을 밟아가기 시작하였으며, 그 여파는 정치·경제·사회·문화 등 여러 분야에서 근대화에로의 전환을 자극하게 되었다. 비록 3일천하로 막을 내렸지만 고종 21년(1884)의 甲申政變(갑신정변)은 바로 근대화운동의 기치였음에 틀림이 없다.

이를 기틀로 일본의 강요에 의해 타율적으로 이루어지기는 하였으나 고종 31년(1894)의 甲午更張(갑오경장)은 근대화의 방향을 제시하고, 종래의 중국식 家産國家(가산국가)체제에서 서구식 近代國家(근대국가)체제로 전환하는 계기가 된 일대 변혁이었으니 내각의 각부와 지방관제에 이르기까지 대규모의 개혁이 이루어지게 되었다.

지방제도는 1895년 5월 26일(칙령 제98호)에 대대적인 개혁을 단행하였다.

태종 13년(1413) 이래 482년간을 습용해 오던 8도제를 폐지하고 23부제(府制)로 하였으니 종래의 도 이하의 부·대도호부·목·도호부·군·현 등으로 나누어져 있던 지방행정 구역은 통틀어 336개 군으로 폐합하였다.

그리고 부에는 觀察使(관찰사)를 두고 군에는 郡守(군수)를 두었다. 또한 종래의 지방행정이 모두 국왕 직속이었던 것을 관찰사는 內部大臣(내부대신)의 감독아래에 두고, 군수는 관찰사의 지휘감독을 받게 하는 근대적인 행정체계로 전환하였다. 이와 동시에 지방관의 권한도 대폭 축소하였으니, 군사권·조세징수권·재판권 등은 그에 관한 새로운 기구를 두고 지방관의 권한에서 제외시켰다. 또한 지방 이서들에 대하여도 행정력을 발휘하여 그 수를 정하고, 보수지급 규정도 마련하였다.

이때 종래의 충청도는 忠州府(충주부) 20군, 공주부 17군, 홍주부 22군으로 나누어 졌다. 忠州觀察府(충주관찰부)의 20개 군은 충주군·음성군·연풍군·제천군·청풍군·영춘군·단양군·진천군·괴산군·청안군·여주군·용인군·죽산군·이천군·양지군·원주군·정선군·평창군·영월군·음죽군 등으로 지금의 강원도 남부와 경기도 동남부 및 충청북도 북부지역의 광대한 지역이었음을 알 수 있다. 충주에는 조선 초기에 충청도의 수부로서 관찰사가 있었으나, 임진왜란 후 선조 35년(1602)에 공주로 옮겨갔다가 이때 다시 관찰사로 趙漢國(조한국)이 부임하게 되었다.

그러나 이 제도는 1895년 8월 20일(음력, 양력 10월 8일), 일인 낭인들에 의한 국모 시해사건(을미사변)으로 분개한 국민들의 항일의병운동 등 반일정서에 힘입어 고종은 이듬해(1896) 2월 11일 러시아 공사관으로 播遷(파천)하여 갑오경장과 을미사변으로 위축된 국가의 위상을 높이기 위해 제도의 일부를 옛날로 되돌리기 시작하였다. 23부제로 개편된 지방행정구역을 13도로 개편하고, 내각제를 의정부로 복구하였다. 그리고 1897년 2월 20일, 1년 만에 러시아 공사관에서 경운궁(지금 덕수궁)으로 돌아와서는 光武(광무)라 연호를 고치고, 10월 12일에 大韓帝國(대한제국)을 선포하는 등 왕권의 강화와 자주독립의 의지를 다지는 개혁을 하였으니 일러 光武改革(광무개혁, 1896~1904)이라 한다.

광무개혁으로 개편된 13도(고종 33년 : 1896. 8. 14. 칙령 36호)제는 종래의 8

도제에 바탕을 두고, 또한 지역의 중요성과 특수성을 고려하여 편성하였으니 다음과 같다. 경기도·강원도·황해도의 3도는 그대로 두고, 충청·전라·경상·평안·함경 등 5도는 남·북도로 분리하여 모두 13개도로 하고, 수도인 한성부는 정부 직할하에 두고 判尹(판윤)으로 관할케 하였다.

13도는 이를 다시 7부·1목·332군으로 세분하고, 각도에는 관찰사를 두고 부윤·목사·군수 등 지방관을 통괄토록 하였다. 廣州(광주)·개성·강화·인천·동래·덕원·경흥에는 부윤을, 제주에는 목사를 두고 각 부군에는 등급을 붙여 5등으로 나누었다. 각 등급에 따라 인원·봉급 및 경비를 구별하였다.

13도제의 개편은 옛날제도로 복귀하고 부와 목을 다시 두었다는 점에서 23부제와 차이가 있으나, 8도를 13도로 세분하여 행정의 능률을 꾀하고, 군의 단일화 체계를 유지하고 있었던 점에서는 갑오개혁기의 개혁방향을 계승하고 있었다고 할 것이다. 그리고 그 내용에 있어서도 지방관원의 임용절차와 보수규정, 面里(면리)의 운영 등에 있어서 23부제에 비하여 달라진 것이 많았으나 관찰사를 내부대신의 감독 아래에 두게 하고, 지방관의 권한을 대폭 축소하는 등의 기본정신에는 차이가 없었다. 즉 광무개혁기의 13도제는 옛날의 8도제에 바탕하고 있으나 그 운영내용에 있어서는 봉건적 성격을 탈피하고 근대적 성격의 중앙집권적인 지방제도를 확립하고자 하였던 것이다.

관찰사의 소관하에 있는 업무의 범위는 일반적인 官房業務(관방업무) 외에도 광범위한 업무까지 확대되었으나 사무분장을 위한 部省制(부성제)를 채택하지 않고 있다가 1907년 지방관 관제의 개정에 따라 각도에 內務部(내무부)와 警務部(경무부)를 두고 그 掌理(장리) 상황을 규정함으로서 財務(재무)와 軍事(군사) 외의 사무에 대한 부성제를 채택하게 되었다.

13도제로 개편되면서 종래의 충청도는 忠淸北道(충청북도) 17군과 忠淸南道(충청남도) 37군으로 나누고, 충청북도의 수부는 그대로 충주에 두고, 충청남도의 수부는 공주에 두었다. 충청북도의 관할 17개 군은 그 면적의 結數(결수)에 따라 4등급으로 구분하였으니 다음과 같다.

1등군(1만결 이상) : 충주군·청주군

2등군(7천결 이상) : (대상 없음)

3등군(4천결 이상) : 옥천군·진천군

4등군(2천결 이상) : 청풍군·괴산군·보은군·단양군·제천군·회인군·청안군·영춘군·영동군·황간군·청산군·연풍군·음성군

충주는 충청북도의 수부로서 새롭게 지방청으로 각광을 받게 되는 듯하더니 12년만인 융희 2년(1908) 5월 25일 칙령 제30호에 의해 충청북도 도청이 충주에서 6월 5일 청주로 옮겨갔다. 이후 청주는 오늘에 이르기까지 충청북도의 수부로서 크게 번영을 하게 되었으나, 충주는 일개 군으로 전락하여 빛을 잃게 되면서 오늘에 이르고 있다.

청주로 도청이 옮기게 된 사유는 충주는 각군의 물자를 집산하는 곳으로서 지리적 가치가 없으며, 도의 동북에 편재되어 있어 17개 군을 통어할만한 위치가 못되며, 청주는 경부선이 가깝고 정치·경제의 중심지로 가장 적당한 곳이라는 일인 서기관(神谷卓男)의 의견서에 의하여 결정된 것이라고 한다.

6. 일제 강점기

일제는 1910년 8월 22일 소위 한일합방을 조약하고, 29일 이를 공포하면서 대한제국을 조선으로 개칭하고 식민통치를 시작하였다. 이 당시의 지방행정제도는 복잡하였다. 본래의 지방행정기관은 도·부·군·면 외 일반 행정에서 분리하여 중요시에 재무감독국이 설치되어 그 하부에 재무서가 있어서 재무행정을 관장하였으며, 각도의 경찰사무는 합병 직전에 일제가 한국정부로부터 강탈하였던 까닭에 각도 관찰사의 소관이 아니라 각도의 헌병대장이 겸하는 각도 경무부장이 이를 장악하고 중앙의 경무총장에게 직속되어 있었다.

통감부시대에는 각처에 거주하는 일인에 관한 행정사무는 이사청에서 이를 장악하고 일인이 많이 거주하는 경성, 인천, 부산, 마산, 진남포, 평양, 군산, 목포, 원산, 대구, 신의주에는 거류민단이 조직되어 자치적으로 공공사무를 처리하고 있었다.

일제하의 지방제도는 1910년 9월 30일에 朝鮮總督府官制(조선총독부관제)와

동시에 지방관제를 發布(발포)하여 시행하였다. 그리고 1913년 10월에 府制(부제 : 12부(京城·인천·군산·목포·대구·부산·마산·평양·진남포·신의주·원산·청진)와 학교 조합령, 1915년 5월에 島制(도제), 1917년 6월에 面制(면제)를 제정하고, 1920년에 이를 보완·개정하고 아울러 조선학교비령과 朝鮮道地方費令(조선도지방비령)을 제정 시행하면서 기틀이 잡혀갔다.

이와 같은 제도의 대강을 보면, 종래의 관찰사의 명칭은 長官(장관)으로 칭하여 칙임관(勅任官)으로 하고, 조선총독에 예속하여 법령을 집행하고 관내의 행정사무를 관장하며 소속 관리를 지휘 감독하도록 하였다.

이와 같은 개정으로 전국을 13도로 정하고 각도에는 道長官(도장관)·장관관방 및 내무·재무의 2部(부)를 두고, 그 하부인 부와 군에는 각각 府尹(부윤)·郡守(군수)를 두어 奏任官(주임관)으로 보하고, 면에는 面長(면장)을 두고 判任官(판임관) 대우로 하였다.

또한 1913년 12월 29일 「도의 위치관할구역 및 명칭 위치관할구역」(조선총독부령 제111호)을 개혁하여 1914년 3월에 시행하였으니 종래의 전국 317군을 218군, 4,351면을 2,517면으로 통폐합하였다.

이때 충청북도는 종래의 17개 군이 10개 군, 114개 면으로 폐합되었으니 다음과 같다.

永同郡(영동군) 11면 : 황간군 일원, 영동군 일원, 경북 상주군 공서면의 능북리

沃川郡(옥천군) 11면 : 청산군 일원, 옥천군 일원

報恩郡(보은군) 10면 : 보은군 일원, 회인군 일원

淸州郡(청주군) 18면 : 청주군(청천면 제외) 일원, 문의군 일원, 청안군 서면

槐山郡(괴산군) 14면 : 괴산군 일원, 연풍군 일원, 청안군(서면 제외) 일원, 청주군 청천면, 충주군 감물면·율지면

堤川郡(제천군) 12면 : 제천군 일원, 청풍군 일원, 충주군 덕산면

丹陽郡(단양군) 9면 : 단양군 일원, 영춘군 일원

陰城郡(음성군) 9면 : 음성군(법왕면의 석원리, 두의면의 용산리 제외) 일원, 충주군 소파면·사이면, 경기 음죽군 동면의 노평리 일부, 하율면의 총

곡리 일부, 상율면의 팔성리 일부 및 석교촌 일부

鎭川郡(진천군) 7면 : 진천군 일원, 경기 죽산군 남면의 가척리·동주리

忠州郡(충주군) 13면 : 충주군(감물면·율지면·덕산면·소파면·사이면 제외) 일원

1917년 6월에는 面制(면제)가 공포되면서 교육사무를 제외한 모든 공공사무를 처리하도록 하였으니, ① 도로·교량·渡船(도선)·하천·제방·灌漑(관개)·排水(배수), ② 시장·조림·농사·양잠·축산, 기타 산업의 개량 및 해조·충 구제, ③ 水葬場(수장장)·屠場(도장)·상하수도·전염병 예방·오물의 처리, ④ 소방·수방, ⑤ 제증명·公簿(공부)·도면의 열람, ⑥ 기타 필요에 따라 조선총독의 허가를 받은 사항을 집행하고 위와 같은 사업을 위하여 면의 사업능력을 인정하였다.

일제는 1919년 3.1독립운동 이후 무단 정책을 버리고 회유책으로 지방자치제를 들고 나왔다. 8월에 도장관을 道知事(도지사)로 개칭하였으며, 1920년 7월에는 道評議會(도평의회)가 설치되어 도지방비 사업 및 예산에 관하여 도지사를 자문하고 공익에 관하여 의견을 제시하는 등 기능을 하였다. 또한 면제를 개정하여 지정면과 보통면으로 구별하고, 면장의 자문기관으로 面協議會(면협의회)를 구성하였다. 이때 충청북도에는 청주면이 유일하게 지정면이 되었다.

이 시기에 특기할만한 일은 1930년 12월에 지방제도를 개정하여 종전의 자문기관을 의결기관으로 바꾸었다는 사실이다. 이때에 지정면을 읍(邑)으로 승격시킴과 동시에 협의회를 邑會(읍회)라 하였다.

이때 전국은 41개 읍이었는데 지정면이던 청주면이 읍으로 자동 승격되고, 충주면이 승격되어 忠州邑(충주읍)이 되었다.

지방행정 조직은 역할기능에 따라 여러 차례 바뀌었으니 1934년 4월에는 13도·14부·218군·2島(도)·51읍·2,374면으로 각각 도지사·부윤·군수·島司(도사)가 행정을 담당하였다. 이 조직은 1945년 8월에 13도·16부·218군·2도·87읍·2,336면으로 되었으며, 이때 각 행정단위의 장이 담당하던 內務稅(내무세)의 사무는 230개소의 稅務署(세무서)에 넘겨지고, 도의 세무과와 부·군의 세무계는 폐지되었다.

여기에서 부기할 일은 郡(군)의 존재이다. 면의 기능이 다양함에 따라 군은 단순한 하나의 행정구역으로만 존속되고 있었다는 점이다.

7. 광복 후 미군정기

1945년 8월 15일 일본의 침략전쟁은 연합군의 승리로 막을 내리고, 우리는 광복을 맞이하게 되었다. 그러나 생각지 않은 북위 38도선을 경계로 이북은 소련군이, 이남지역은 미군이 진주하여 군정을 실시하게 되었다. 9월에 남한에 진주한 미군은 군정포고 제1호를 발하여 1948년까지 軍政(군정)을 시행하면서 서구식 행정제도가 도입되기 시작하였다. 그러나 미군정은 어디까지나 과도기이기 때문에 행정제도의 개혁은 최소한 필요부분에 한하였던 것이다.

그리고 미군정은 법령 제21호(1945. 11. 2)로 "모든 법률 또는 조선 구정부가 發布(발포)하고 법률적 효력을 가지는 규칙, 명령, 고시, 기타 문서로서 1945년 8월 9일 이전 실시 중인 것을 그간 이의 폐지된 것을 제외하고 조선군정부의 특수명령으로 폐지될 때까지 전 효력으로 존속함"이라 하여 종래 일본이 조선의 자주독립을 압박하고, 식민정책을 위해 제정 시행된 법령을 제외하고는 종래 일정치하에서 시행된 법령을 그대로 시행하였다.

그러나 법령 제60호(1946. 3. 14)로 지방회의를 해산하여 道會(도회)·부회·읍회 및 면 협의회와 각 군·島(도)의 학교평의회가 모두 소멸되었다. 이로서 도지사, 부윤, 읍, 면장은 국가의 지방행정기관으로서 지방단체인 도, 부, 읍·면의 의사기관인 동시에 집행기관으로서 군정이 명하는 바에 따라 사무를 처리하였다.

이에 앞서 부분적인 행정구역 조정과 지방 공공단체의 승격을 인정하였으니, 법령 제22호(1945. 11. 3)로 북위 38도선 이남에 접한 도·군·읍·면·촌의 관할구역을 조정하여 8도로 구분하였다. 1946년 7월 2일에는 법령 제94호로 전라남도의 관할이었던 제주도를 분리시켜 道(도)로 승격하고, 京城府(경성부)를 경기도에서 분리시켜 서울시로 개칭하고, 1시 9도제를 시행하였다. 10월에는 도를 개편하여 각도를 내무·농림·산업·공무·학무·노동·토목·보건후생의 8局(국)과 34課(과)로 조직하였다. 12월에는 서울시를 1처·6국·31과로 조직을 확장하였다.

이 기간 충청북도에서는 1946년 5월 13일(법령 제84호)에 청주읍을 淸州府(청주부)로 승격시키고 청주군은 淸原郡(청원군)으로 개칭하였다. 그리고 청주군 四州面(사주면)은 청주부를 둘러싸고 있는 청주분지에 위치한 지리적 관계로 면민에게 청주부의 교육시설을 사용할 권능을 부여하고 학교부과금을 청원군을 대신하여 사주면민에게 부과할 수 있게 하였다. 이 제도는 1962년 11월 21일(법률 제1175호)에 사주면을 청주시에 편입할 때까지 계속되었다.

도의 행정기구는 도지사 밑에 내무·재무·상공·학무·보건후생·토목국 등 7국과 그 밑에 30과를 설치하였다. 이밖에 도관재처, 도인사처, 도노동조정위원회, 도소방위원회 등이 있었다.

그리고 도지사·국장·과장에는 미군을 두고, 한국인의 장은 미군의 지휘를 받게 하는 이원제를 택하여 운영하였다.

8. 대한민국

1948년 5월 10일, 총선거를 실시하고 제헌국회를 개원하여 7월 17일 첫 헌법을 제정·공포하였다. 이에 따라 1948년 8월 15일 자유민주주의를 정치적 기본질서로 하는 대한민국정부의 수립을 대내외에 선포하여 오늘의 대한민국이 탄생되었다. 헌법에는 제8장에 지방자치 조항을 두어 근대적 의미의 지방자치제의 채택을 명시하였다.

1948년 11월 18일 〈지방행정기관 직제〉(대통령령 제32호)를 제정하여 지방자치단체의 기구가 마련되었다. 이때 도의 행정조직은 도지사 밑에 비서실과 내무·학무·사회·산업·경찰국을 두었다. 다만 경기·경북·경남·전남도에는 산업국 대신 농림·상공국을 두고, 제주도에는 내무국과 경찰국만을 두었다.

1949년 7월 4일에는 지방자치법을 제정·공포하였다. 이에 따라 지방자치단체의 종류를 도와 서울특별시 및 시·읍·면으로 하고, 서울을 서울특별시로, 부를 市(시)로 개칭하였다. 그리고 지방자치를 위한 지방의회의 첫 실시를 위한 선거일을 1950년 12월로 정했으나, 국내치안의 불안과 1950년 6월 25일 북괴의 남침으로 연기되어 1952년에 지방의원 선거를 통하여 처음으로 지방자치를 실현하였다.

1950년 4월에 도의 행정기구를 바꾸어 도지사 밑에 내무국·문교사회국·산업국·경찰국의 4국으로 크게 축소하였다. 그러나 6.25의 남침으로 인하여 도의 내무국에 병무과를 신설하였으니 시대적인 사정에 관련한 것이었다. 또한 6.25로 연기되었던 지방의회의원의 선거를 실시하였으니, 1952년 4월 25일에 시·읍·면의회의원, 5월 10일에는 도의회의원 선거를 실시하여 처음으로 지방의회를 구성하고 지방자치의 시대를 열게 되었다.

그동안 충청북도의 행정구역은 1949년 8월 13일에 옥천면과 증평면이 邑(읍)으로 승격되어 沃川邑(옥천읍)·曾坪邑(증평읍)으로 되었으며, 1956년 7월 8일에 법률 제389호로 충주읍을 忠州市(충주시)로 승격시키고 충주군은 中原郡(중원군)으로 개정하였다.

1960년 4.19의거 후 민주당정권이 수립되면서 11월 1일(법률 제563호)에 지방자치단체의 장인 도지사·시·읍·면장·동·이장의 직선제를 마련하였다. 그리고 12월 중 4차례에 걸쳐서 선거가 이루어졌으니, 12일에는 도의원 선거, 19일에 시·읍·면의원 선거, 26일에는 시·읍·면장 선거, 29일에는 최초로 도지사 선거를 실시하였다. 첫 민선 도지사에 민주당의 趙大衍(조대연)이 당선되어 명실 공히 주민자치에 의한 지방행정의 시대가 열리는 듯하였다.

그러나 지방자치 운영상 많은 결함과 시행착오를 만들어냈으며, 아울러 학생과 진보적 정치인들의 급진적 통일운동에 미온적인 대응으로 사회적 혼란을 수습하지 못하던 민주당 정부는, 1961년 5월 16일 군인들에 의한 혁명을 불러오게 되었다.

군사혁명위원회는 포고 제4호로 전국지방의회를 해산시키고, 9월 1일 지방자치에 관한 임시조치법을 제정하여 종래의 읍·면을 대신하여 군을 기초적 자치단체로 규정하였다. 그리고 지방자치단체장인 서울특별시장·도지사·시장·군수는 대통령 임명제로 하고, 지방자치법 중 의회의결을 요하는 사항은 도와 서울특별시는 내무부장관이, 시·군은 도지사의 승인을 얻어 시행하므로 차상급 기관에서 의회를 대행케 하여 사실상 지방자치제가 소멸되었다. 이때 충청북도의 자치단체는 2市(시) 10郡(군)이 되었다.

1963년 11월 1일 발전행정의 수요와 실적주의, 직업공무원제의 확립을 위한 임용, 시험, 신분보장 등으로 지방자치행정의 민주적이며 능률적 운영을 도모하기 위하여 지방공무원법을 제정·공포하여 지방공무원제도를 확립하게 되었다. 또한 교육법을 개정하여 시·도 단위의 교육자치제를 부활시켜 도교육위원회를 신설하고 시·군에는 시·군교육청을 두어 도교육위원회의 지휘감독을 받도록 하였다. 12월 14일에는 지방자치에 관한 임시조치법을 개정하여 부지사제를 부활하고, 교육업무가 독립됨에 따라 교육국이 폐지되었다.

1972년 10월 17일 유신체제로 들어서면서 1975년에 국가비상사태와 지역의 자연재난 발생에 능동적으로 대처하기 위해 도에 민방위국을 신설하였다. 그리고 민방위과와 소방과를 신설하여 관장토록 하였으니 경찰관서에 있던 민방공훈련과 소방업무가 지방행정기관으로 이관하게 되었다. 또한 새마을운동의 추진기능 보강과 과의 기능을 확대 조정하였다.

1979년 5월에 군청 소재지인 면과 인구 3만 이상의 면을 모두 읍으로 승격시켰다. 또한 1980년 4월 1일 제천군 제천읍이 시로 승격됨으로써 충청북도의 행정구역은 3시 10군 10읍 92면으로 되었다.

1980년대에 들면서는 소득의 향상과 도시화의 촉진에 따른 환경여건의 변화에 따라 1981년 10월 1일 행정 개혁을 하여 제2부지사제도(충북은 없었다)와 부군수제도를 폐지하였다. 그리고 課(과) 단위의 기구인 도시·지역경제·교통·환경분야의 과가 신설되고, 공보실과 문화재과를 문화공보담당관실로 통합하였으며, 1989년에는 문화예술 업무를 분리하여 문화예술과를 내무국에 설치하였다.

1988년 4월 6일에 지방자치법(법률 제4004호)을 제정하여 지방자치에 관한 임시조치법은 폐지되었다. 이 법은 1989년 12월 30일(법률 제4162호) 1차 개정하는 등 4차례의 개정을 거쳐 마침내 1991년 3월 26일에 시군의회의원 선거, 6

월 20일에는 도의회의원 선거를 실시함으로서 5.16으로 중단된 지 30년 만에 지방의회가 다시 열리게 되었다.

충청북도에서는 시군의회가 4월 15일 일제히 개원을 하고, 7월 8일 도의회가 원구성을 위한 임시회를 열면서 의정활동을 함으로서 풀뿌리 민주주의를 실천하는 지방자치시대의 막을 열게 되었다.

이어 1995년 6월에는 자치단체의 장을 직접 선출하는 선거를 치루고 7월 1일 취임을 하여 명실 자치의 시대를 활짝 열게 되었다. 충청북도의 민선도지사는 朱炳德(주병덕)으로 대한민국 건국 후 29대의 지사가 된다. 충주시의 민선초대 시장으로 당선된 李始鍾(이시종)이 취임하였다.

충청북도 행정구역 2010. 12. 01 현재

3市 9郡 14邑 89面 51行政洞 136法定洞 2,904행정리 1,388법정리 1,698統 5,753자연마을

忠州市 1邑 12面 12洞(26法定洞) 333行政里(136법정리) 420통 1,656班 744 자연마을

Ⅲ. 忠州의 地名變遷考

1. 序　言

충주에 대한 이름(지명)은 여러 시대를 거쳐 오면서 몇 차례 바뀌어 왔다. 오늘에는 흔히 忠州(충주)라고 부르고 있으나. 中原(중원)이라는 이름으로도 사용되고 있다. 이는 근년에 충주시의 외곽지역을 中原郡(중원군)이라고 하여 30여년간 사용하여 왔던 때문이라고 생각된다. 그러나 충주시내를 거닐다 보면 忠州(충주)·中原(중원)은 물론 충주의 옛 이름이었던 國原(국원)·大原(대원)·蘂城(예성)·忠原(중원) 등의 이름을 딴 學校名(학교명)이나 도로명, 商號(상호)를 많이 보게 된다. 모두가 이 지역을 아끼고 사랑하는 마음에서 애착을 갖고 고장의 옛 지명을 사용하려는 뜻으로 보아 반가운 일이라고 생각된다.

그러나 충주의 옛 이름은 이 외에도 未乙省(미을성)·薍長城(완장성)·託長城(탁장성) 등 여럿이 있었으며, 또한 충주로 비정되고 있는 지명으로 娘子谷城(낭자곡성)·娘子城(낭자성)·娘城(낭성)·獨山城(독산성) 등의 이름도 거론되고 있다. 그렇다면 이들의 이름은 어느 시기에 사용하였던 것이냐를 생각하게 된다. 하지만 대부분의 사람들은 그 사용 시기를 정확하게 이해하지를 못하고 있다. 사실상 정확한 시대를 알 수 있는 지명은 이 중에 몇 안 되고 있어 애매하다. 다음에 이해가 가능한 기록부터 살펴보면 대략의 시기는 짐작할 수 있을 것 같아 검토하여 보고자 한다.

충주의 지명으로 처음 보이는 기록은 《三國史記(삼국사기)》 地理志(지리지)(二)이다. 이에 의하면,

『中原京 本高句麗國原城 新羅平之 眞興王置小京 文武王時築城 周

二千五百九十二步 景德王改爲中原京 今忠州』

라 하였다.

즉, 中原京(중원경 : 충주의 통일신라시대의 이름)은 본래 고구려의 國原城(국원성)이었으나 신라가 평정하였다고 하였다. 그러나 이는 우리의 상식으로도 잘못임을 알 수 있다. 왜냐하면 충주가 본래부터 고구려지역이 아니었기 때문이다. 이러한 잘못을 몇몇 지리지에서는 부분적이나마 바로잡아 기록하고 있으니 이를 살펴보면 다음과 같음을 알 수 있다.[1)]

2. 國原城 이전의 地名

우선 삼국시대 이전에 우리나라의 중부와 남쪽지역은 三韓(삼한)지역이었다고 함은 역사에 기초적인 상식이 있는 분이면 짐작하리라고 본다. 다행하게도 이에 대하여 《新增東國輿地勝覽(신증동국여지승람)》 권14의 忠淸道(충청도)조에 충청도는 옛 馬韓(마한)의 지역이었다고 다음과 같이 기록하고 있다.

『忠淸道 古馬韓之域 高句麗百濟分據』

라 하여 충청도는 옛 마한의 지역이었으나, 고구려와 백제가 나누어 차지하였다고 하였음에서 알 수 있다. 그러나 《世宗實錄(세종실록)》 지리지에는 본래 백제

1) 忠州의 沿革을 알리는 자료로서는 《三國史記》 地理志·《高麗史》 지리지·《세종실록》 지리지와, 《新增東國輿地勝覽》·《輿地圖書》·《忠淸道邑誌》·《湖西邑誌》 등 地誌類와 일제하에서 작성된 《最近之忠州》·《忠州發展誌》·《忠州觀察誌》·《忠州發展史》와 광복 후 1970년대까지 작성된 《蘂城春秋》·《中原鄕土記》 등이 있다. 그러나 이 중 《輿地圖書》의 조선시대의 연혁에는 紀年의 오류가 약간 있음을 본다. 이후의 지지류는 이를 그대로 옮겨 같은 오류를 범하고 있으며, 일제하에서 작성된 연혁에는 삼국시대부터 오류를 범하고 있으며, 광복 후에 된 자료는 이를 그대로 옮기고 있다. 필자는 이를 바로잡고자 『忠州沿革의 잘못을 바로잡고자 함』(《예성문화》 14, 1993)을 고려시대까지 다룬 바 있다. 이는 그 후속조치로 종합정리하면서 《輿地圖書》 등 地誌類의 조선시대의 잘못된 부분을 교정코자 한 것이다.

의 지역이라고 하였으니 다음과 같다.

『忠淸道 本百濟之地』

라고 한데서 알 수 있다. 이는 마한의 지역에서 백제가 일어났으니 마한 이후의 사실을 기록한 것으로 보아야 할 것이다.

그렇다면 고구려 이전, 즉 마한·백제시대에는 충주를 무엇이라고 불렀는가하는 문제에 이르게 된다. 그러나 이에 대하여는 명쾌하게 대답을 할 만한 기록이 없다. 다만 《삼국사기》의 文武王(문무왕) 13년(673) 9월조에 보면,

『築國原城(古薍長城)』

이라고 한 기록에 관심이 간다. 신라는 문무왕 13년 9월에 국원성을 쌓았다고 하면서 註( )를 달아 국원성은 옛 '薍長城(완장성)'이었다고 하였다. 이때에 쌓은 성의 길이가 2,592보였다고 할 것이다.

고구려는 長壽王(장수왕) 15년(427)에 국내성에서 평양으로 도읍을 옮기면서 남진정책을 추진하였다. 이에 대응하기 위해 백제는 433년(濟, 毘有王 7·羅, 訥祇王 17)에 신라와 동맹관계를 맺기도 하였으니 羅濟同盟(나제동맹)이다. 그러나 장수왕은 63년(475) 이후 남진 통일정책을 추진하면서 지금의 충청남도 서해안의 아산만으로부터 직산·진천·도안·괴산·연풍·조령(실은 계립령)·죽령을 넘어 경상도의 동해안 영덕·평해에 이르는 선까지 확보하면서 백제와 신라를 위협하였다. 이에 백제와 신라는 위의 선에서 적극 저항하여 고구려의 남진 통일정책을 좌절시켰다고 본다.

고구려는 이와 같이 영역을 확대하고는 새로 편입된 모든 지역에 고구려식 지명을 부여하였으니 《삼국사기》 지리지의 '本高句麗(본고구려)'라 한 표기이다. 이 또한 고구려의 통일정책의 일환이었다고도 할 수 있다. 이때에 고구려에 의해서 붙여진 충주의 이름이 國原城(국원성)인 것이다.[2)]

2) 永樂 6년(396) 광개토왕의 한강변 공략 이후에 명명된 것으로 보려는 견해도 있으나 이 시기에는 보복적인 일시적 사업이었으며, 장수왕 63년(475) 이후는 통일을 위한

이와 같이 본다면 고구려 이전에는 薍長城(완장성)이라고 불리었을 것이라는 짐작이 간다. 또한 《삼국사기》 지리지(四)의 고구려조에 보면,

『國原城(一云 未乙省, 一云 託長城)』

이라고 하여 국원성은 '미을성' 또는 '탁장성'이라고도 한다고 하였다. 이 또한 국원성 이전의 이름이었음을 짐작케 한다. 그렇다면 국원성 이전의 이름으로 세 가지가 등장하고 있으니, 薍長城(완장성)·未乙省(미을성)·託長城(탁장성)이다. 그러나 《高麗史(고려사)》 地理志(지리지) 등 대부분의 地誌(지지)의 沿革(연혁)조를 보면,

『本高句麗國原城(一云 未乙省, 一云 薍長城)』

이라고 기록하고 있어 託長城(이탁성)이 빠지고 있음을 본다. 필자의 견해로는 《삼국사기》를 기록할 때 薍(완)자를 옮겨 쓰면서 일부에서는 略化(약화)하다가 託(탁)자로 잘못 쓴 것이 아니었나싶다. 글자의 모양새로 본 견해일 뿐이다. 이러한 예는 몇몇 있다(주6 참조).

다만 관심이 가는 것은 비교적 고증을 하여 기록하였다고 보이는 《大東地志(대동지지)》이다. 《대동지지》는 金正浩(김정호)가 《大東輿地圖(대동여지도)》를 작성한 후 고종 1년(1864)에 편찬한 지리지이다. 이의 충청도조에는,

『忠清道 號湖西 : 本馬韓之域 西漢之末百濟新羅分而有之(沃川·報恩·永同·黃澗·青山·懷仁·文義本新羅所拓 ○忠州·清風·丹陽·槐山·堤川·永春·延豊·清州·清安·鎭川·百濟南遷後 爲高句麗所至 陽原王七年入于新羅)』

라 하여 충청도는 본래 馬韓(마한)의 지역이었으나 前漢末(전한말)(25) 백제와 신라가 나누어 소유하였다고 하고, 그 지역을 註(주)로 표시하고 있다. 이 중 백제 지역이었던 북부지역은 백제의 남천, 즉 웅진으로 도읍을 옮긴 문주왕 1년

계획된 사업으로 고구려의 점령지역에 일괄 지명을 부여하였던 시기로 봄이 옳을 것이다.

(475) 이후 고구려의 지역으로 되었다가, 양원왕 7년(551, 진흥왕 12)에 신라로 들게 되었다고 하였다. 매우 근사한 기록이다. 또한 같은 책 忠州(충주)의 沿革(연혁)조에 보면,

『本任那國 後爲百濟所有稱娘子谷城(一云娘子城, 一云未乙省) 新羅眞興王十二年取之十八年置國原小京』

이라고 하여 충주는 본래 任那國(임나국)이었으나, 뒤에 백제가 소유하면서 娘子谷城(낭자곡성)이라고 불렀으며, 혹은 낭자성·미을성이라 하였다고 하여 벡제 시대의 이름을 기록하고 있어 관심이 간다.

여기에서 任那國(임나국)이라고 하는 문제가 제기된다. 이에 대하여 《東史綱目(동사강목)》 부록 地理考(지리고)에서는 신라 통일기에 활약한 중원경(충주) 沙梁(사량) 사람 强首(강수)가 스스로 任那加良人(임나가량인)이라고 한데서 충주가 곧 임나지역이었다고 한 것을 옮긴 것으로 본다. 강수전의 내용으로 보아 강수는 그 선대가 임나(대가야)지역에서 충주로 옮겨와 살게 된 것으로 보려는 입장도 있으나, 충주가 임나지역이었다고 보는 견해도 있다.[3)]

다만 여기에서 주목되는 것은 충주지역은 본래(마한시대) 娘子城(낭자성)·未乙省(미을성)이라고 불리던 것이 백제가 지배 관리하면서 娘子谷城(낭자곡성)이라고 하였던 것으로 생각된다. 종래에는 많은 분들이 娘子谷城(낭자곡성)을 淸州(충주)지역으로 보려는 견해가 있기도 하였다.[4)]

---

3) 申采浩:《朝鮮上古史》, p.229에서 『'任那加良'은 곧 '임나가라'니 임나가라가 충주에 遷都』한 것으로 보고 있으며, 김민수: 三韓의 성립과 변천에 관한 試論(《京畿鄕土史學》 10, 文化院京畿道支會, 2005)에서는 충주가 임나지역이라고 주장하고 있다.

4) 娘子谷城에 대하여는 종래에 청주로 보려는 견해가 많았다. 이는 《三國史記》 지리지 백제조에 「西原(一云臂城, 一云子谷)」을 (娘)臂城·(娘)子谷으로 보면서 娘子谷城이 청주라고 보려는 의도였다. 그러나 《大東地志》 淸州 沿革조에서 「本 百濟上黨(三國史百濟地志云 西原縣, 一云娘子谷城, 一云娘臂城者皆誤也 娘子谷城今忠州 娘臂城無所考」라고 하여 낭자곡성이 청주가 아니라 忠州라고 분명하게 지적하고 있다. 최근에 와서는 충주로 보려는 견해가 많아지고 있으니, 김현길:《中原의 歷史와 文化遺蹟》(1984, pp.28, 36), 金侖禹: 娘臂城과 娘子谷城(《史學志》 21, 1987)에서 충주로 보고 있다.

娘子谷城(낭자곡성)에서 파생되었거나 娘子城(낭자성)에서 유래하였거나 알 수는 없으나, 娘子谷城(낭자곡성)·娘子城(낭자성)·娘城(낭성)은 유사성으로 보아 줄인 말이거나 약칭하여 혼용되었던 것이 아닌가도 생각된다. 《삼국사기》 진흥왕 12년(551) 3월조에 娘城(낭성)의 河臨宮(하림궁)에서 진흥왕이 于勒(우륵)의 가야금을 듣는다는 기록이 있으니, 지금의 탄금대로 보고 있다.[5] 탄금대지역은 신석기시대부터 청동기시대를 거쳐 사람들이 생활하였던 유적지임이 현지의 조사과정에서 확인되었다. 특히 전 지역이 무문토기편의 산포지이기도 하며, 북쪽의 한강변에 연해서는 이 시기로 추정되는 탄금대토성이 있다. 따라서 당시대의 탄금대는 충주지역의 중심을 이루던 곳이 아니었나 생각되기도 한다.

이상에서 논한 바와 같이 지역의 이름이 다양하게 여러 가지로 불리게 된 것은 분명한 기록이 없어 알 수는 없으나, 지리적인 여건에 의해 주인이 자주 바뀌는 과정에서 이루어진 것이 아니었나 생각도 된다. 여하간 이를 시대순에 따라 추정한다면 馬韓(마한)시대와 백제시대 초기에는 娘子城(낭자성)·未乙省(을미성)이라 불리다가, 백제가 지배하면서 娘子谷城(낭자곡성)이라고 칭하게 되었다고 본다. 또한 이를 약칭한 것으로 보이는 娘城(낭성)은 탄금대지역으로 한정되어 전해온 것이 아닌가 생각된다. 그러다가 언젠가부터 薍長城(완장성 : 託長城(탁자성))으로 불리게 되다가 고구려의 남진 이후 國原城(국원성)으로 개칭되었다고 보는 것이 순서가 아닌가 하고 생각해 본다.

3. 國原城과 國原小京

고구려가 국원성이라고 한 의미는 그 이름으로 보아 나라의 중심이라는 뜻과 서울인 國內城(국내성)에 다음 한 副都(부도)라는 뜻으로도 보이니 충주를 매우 중요시하였음을 알 수 있다. 이에 대해 백제와 신라의 적극적인 대응 조치에 고구려는 충주지역을 확실히 다지기 위하여 忠州高句麗碑(충주고구려비, 국보 제

5) 娘城도 청주로 보려는 견해가 있었으나, 申采浩 : 《朝鮮上古史》 p.241에서 『娘城(今 忠州彈琴臺附近)』이라고 하였으며, 김현길 : 忠州地域의 歷史地理的 背景(《國史館論叢》 16, pp.114~117, 국사편찬위원회, 1990)에서고 충주지역으로 보고 있다.

205호)를 세우는 등 이곳을 중심으로 하여 또다시 기회를 보아 남진 統一(통일)을 완수하고자 前進基地(전진기지)로 삼으려고 하였던 것으로 본다.

이와 같은 상황에서 백제는 신라와의 동맹관계를 더욱 발전시켜 나갔으니 493년(濟, 東城王 15·羅, 炤知王 15)에는 신라에 청혼(婚姻同盟)을 하면서 공동작전을 수행하는 등 실지회복을 위한 부단한 노력을 하였다. 이러는 과정에서 고구려는 양원왕 4년(548) 정월에 백제의 獨山城(독산성)을 공격하였다. 백제는 전세가 불리하자 신라에 원병을 요청하였다. 신라에서는 朱玲(주령, 또는 朱珍(주진))에게 강병 3천을 주어 돕게 하니 주령장군은 밤낮으로 달려가 독산성 아래에 이르러 고구려병을 물리친 일이 있다. 여기에서 독산성을 충주로 비정하려는 견해가 있으니,[6] 이는 백제의 성왕이 한때 충주지역을 탈환하여 독산성이라 이름하였거나, 아니면 충주지역의 어느 한 城(성)을 의미하는 듯하다. 여하간 이는 3년 뒤에 올 한강유역에서 신라와 백제가 공동으로 고구려 세력을 완전히 한강 이북으로 밀어 올리는 대작전의 전초전이라고 할 것이다.

551년(濟, 聖王 29·羅, 眞興王 12) 초기에 백제는 신라와 가야의 힘을 빌려 한강의 하류지역을, 3월 이후에 신라는 한강의 중상류지역을 장악하고 고구려의 세력을 전 한강유역에서 완전히 북으로 물리쳐 올려 보내는데 성공하였다.

신라는 이에 그치지 않고 553년에 백제가 회복한 한강하류유역을 석권하여 전 한강유역을 장악하고, 백제의 옛 서울인 한성에 新州(신주)를 설치하여 한강 하류유역을 관리하였다. 그러자 신라의 배신에 분격한 백제의 성왕은 554년에 管山城(관선성, 지금의 沃川)을 공격하다가 전사하였다. 555년에 진흥왕은 북한산을 巡幸(순행)하고 拓定封疆(척정봉강)하고 北漢山巡狩碑(북한산순수비, 국보 제3호)를 세우는 등 한강하류유역을 다지면서, 557년에는 國原(국원)을 小京(소경)으로 승격시켰으며, 또한 新州(신주)를 폐하고 北漢山州(북한산주)를 두

6) 《朝鮮歷史地理》上, p.62(1913)에서 충주로 보고 있다 이를 원용한 듯. 이병도:《國譯三國史記》(1977) pp.57, 299에서 충주로 보고 있다. 이병도:《韓國史》(고대편, 을유문화사, 1959) p.502에서는 槐山으로 보고 있기도 하여 애매하다. 《忠淸北道誌》(1975) pp.50~552에서도 충주로 보고 있다.

※ 亂長城의 亂자를 託자로 잘못 썼다고 한 예와, 朱玲(신라기)의 玲과 珍(고구려·백제기)도 어느 한 곳은 잘못 옮긴 것으로 보이니 비슷한 예이기 때문에 추측이 간다.

었다. 이는 한강 이남의 백제보다 강북의 고구려를 의식한 대응조치라고 할 것이다. 이듬해인 558년에는 경주의 貴戚子弟(귀척자제)와 6부의 豪民(호민)을 國原(국원)으로 이사시켜 살게 하였으니 이 또한 실질적인 小京(소경, 副都)으로의 역할을 담당하도록 조치를 한 것으로 의미가 큰 것이다.

이와 같은 일련의 지속적인 한강유역에 대한 진흥왕의 배려는 신라로서의 꿈을 실현코자한 결과로 보아야 할 것이다. 이러한 조치는 사전의 짜여진 계획에 의한 실천으로 보아야 할 것이니, 551년 초에 백제가 한강하류유역을 확보한 후 3월에 진흥왕은 娘城(낭성)에 들려 于勒(우륵)의 가야금을 들으면서 장차 전 한강유역의 확보를 위한 굳은 마음을 다진 것으로 본다.[7]

더욱 국원에 소경을 설치한 것은 고구려가 이 지역을 중심으로 남진 통일의 전진기지화하였음에 반하여 신라도 이곳을 대륙으로 통하는 외교와 선진문물의 교역중심으로 함과 동시에 고구려를 제압하여 통일을 이루려는 전진기지로 삼고자 한 것이라고 볼 수 있으니, 忠州地域(충주지역)이 갖는 歷史地理的(역사지리적)인 중요성을 입증하는 것이라고 보아야 한다.

따라서 이 지역에서의 삼국 간의 분쟁은 끊이지 않았으며, 이러한 과정에서 신라는 이 충주지역을 중심으로 전 한강유역을 굳게 확보하려는 노력의 결과로 삼국의 통일을 이룩한 것이라고 보아야 할 것이다. 신라 삼국통일 원인의 하나인 것이다.

4. 小京의 設置와 變遷

신라는 한강유역을 확보하고는 대륙과의 직접적인 외교관계를 수립하고 대륙의 선진문물을 받아들이면서 비약적인 발전을 하여 갔으니 신라 中代(중대)의 문화를 창출하게 된 것이다. 바로 그 중심적인 역할을 담당한 곳이 국원소경이니 이곳은 대륙으로 통하는 門戶(문호)로서 신라의 서울인 慶州(경주)에 앞선 文物

7) 김현길 : 娘城의 봄(《忠州文學》 17호, 1999). 동 : 신라 眞興王과 于勒의 新歌(《忠州 彈琴臺》 2002). 동 : 신라 진흥왕과 우륵의 신가가 갖는 의의(《蘂城文化》, 28, 2008)

受容(문물수용)의 先進地(선진지)였다. 삼국통일의 주훈인 强首(강수)와 같은 인물이 이곳에서 배출되었다고 함은 우연한 일이 아닌 것이다.

한강하류유역에서 밀려난 백제의 원한에 찬 끈질긴 공세와 고구려가 이 지역을 다시 확보하려는 의지를 물리치고 이를 극복하기 위하여 신라는 부득이 唐(당)의 힘을 빌려서 백제와 고구려를 멸망시켰다. 그러나 당은 백제와 고구려지역을 그들의 관리하에 두고 신라마저 흡수하려는 야심을 보이자 신라는 대당제국을 상대로 7년간의 자주적인 統一戰爭(통일전쟁)을 수행하여 677년(문무왕 17)에 당의 세력을 대동강 이북으로 물리치고 그 이남의 지역에 대한 통할권을 확보하면서 비로소 삼국통일을 완수한 것이니, 신라 삼국통일의 역사적인 의의가 바로 여기에 있는 것이다.

삼국을 통일한 신라는 새로이 편입된 넓은 영토와 많은 인구를 효율적으로 관리 운영하기 위하여 지방의 제도를 크게 바꾸었으니 9州(주) 5小京(소경)제도이다. 이 제도의 개편은 정치적인 통일을 한 뒤에 오는 부작용을 없애기 위한 실질적인 통일정책에 의한 조치라고 본다. 《삼국사기》 지리지의 머리 부분에 『本國境界內(본국경계내)에 3州(주)(尙州·良州·康州)를 두고, 百濟國境內(백제국경내)에 3주(熊州·全州·武州), 옛 고구려의 남쪽지경에 3주(漢州·朔州·溟州)』를 두었다고 하였으며, 5小京(소경)도 고구려지역에 2, 백제지역에 2, 그리고 가야지역에 하나를 두고 있음에서 보아 새로 편입된 지역민들의 심리적 동요를 무마하기 위한 조치로 균등한 배분을 의미한다고 보기 때문이다.

이와 같은 제도가 완비된 것은 景德王(경덕왕) 16년(757)이라고 하였으나, 신라의 小京制度(소경제도)는 일찍이 智證王(지증왕) 15년(514)에 阿尸村(아시촌)에 처음으로 小京(소경)을 설치하였으며, 주·군·현 제도는 宣德王(선덕왕) 때 시작하여 삼국을 통일한 뒤에 주·소경을 늘려서 神文王(신문왕) 5년(685) 경에 대체로 통치의 기본방침이 정하여져 9주와 5소경 및 군현의 제도가 확정된 것이라고 본다. 경덕왕 때에는 모든 정치·행정·군사제도가 재검토되어 주·군·현의 이름이 두 자로 고쳐지게 된 것이라고 생각된다.

신라의 소경제도는 매우 특수한 제도라고 하겠다. 왜냐하면 州(주)의 밑에 있으면서 소경의 장관은 주의 장관과 대등하기 때문이다. 《삼국사기》 직관지 外官(외관)조에 의하면 주의 장관을 都督(도독)이라 하고 官位(관위)는 9등급인 級湌(급찬)으로부터 2등급인 伊湌(이찬)까지라고 하였으며, 소경의 장관은 仕大等(사대등, 仕臣(사신))이라 하고 그 관위는 급찬으로부터 4등급인 波珍湌(파진찬)까지라 하였기 때문이다. 소경의 장관은 주장관의 다음하는 사람이라 하여도 6부의 귀족이 임명되고 있으며, 소경은 주내에 있으면서도 중요한 존재인 독립된 행정구로서 속현을 갖고 있지 않는 것이 특징이다.

그동안 주와 소경에 대한 성격을 일반적으로 주는 군사적인 면을 중심한 지역에, 소경은 정치적·문화적인 중심을 이루는 입장에서 설치 운영되었다고 보려하였고, 또한 소경이 갖는 의미에서 王京(왕경)이 동남단에 치우쳐 있기 때문에 소경을 설치 운영하므로 보완하고자 한 의미로 이해되어 왔다. 그러나 이 외의 몇 가지 설치목적과 운영에 대한 문제가 있음을 본다. 우선 소경의 설치 순에 따라 기록을 옮기면서 살피기로 한다.

① 阿尸村小京 : 지증왕 15년(514) 1월에 설치. 7월에 6부 및 남쪽의 人戶를 이사시켜 충실케 하였다(安康 또는 咸安으로 비정).

② 國原小京(忠州) : 진흥왕 18년(557)에 설치. 진흥왕 19년 2월에 貴戚子弟와 6부의 豪民을 이사시켜 충실케 하였다. 경덕왕 16년(757)에 中原京으로 개칭하였다.

③ 北小京(溟州) : 선덕왕 8년(639) 2월에 何瑟羅州에 설치하고 沙湌 眞珠로 鎭守케 함. 태종무열왕 5년(658) 3월에 말갈과 連接하여 人民이 불편하므로 소경을 파하여 주로 삼고 도독을 두어 진수케 하였다. 지금의 江陵.

이상은 삼국통일 이전에 설치한 지역이다. 신라는 삼국을 통일한 직후에 소경을 더 설치하였으니 다음과 같다.

④ 北原小京(原州) : 문무왕 18년(678) 北原에 설치하고, 대아찬 吳起로 지키게 하였다.

⑤ 金官小京(金海) : 문무왕 20년(680) 5월에 加耶郡에 설치하였다.

⑥ 西原小京(淸州) : 신문왕 5년(685) 3월에 설치하여 아찬 元泰로 仕臣을 삼

고, 여러 주·군의 民戶를 옮겨 나누어 살게 하였다.

⑦ 南原小京(南原) : 신문왕 5년(685) 3월에 설치하고 여러 주·군의 民戶를 옮겨 나누어 살게 하였다.

위의 소경 중 ③의 북소경은 무열왕 5년에 파한 기록이 있으나, 신문왕 5년으로 5소경제가 확정된 것으로 볼 때 ①의 아시촌소경이 빠지게 된다. 이는 언제 파하였는지 알 수 없으나 적어도 신문왕 5년 이전으로 볼 수 있다. 따라서 5소경은 國原小京(국원소경)을 비롯하여 北原(북원)·金官(금관)·西原(서원)·南原小京(남원소경)이다. 앞서도 언급했지만 국원소경은 경덕왕 16년 제도의 정비과정에서 중원소경으로 개칭된 듯하나, 中原(중원)이란 호칭은 이보다 앞서 사용된 것으로 보이니 통일기에 활약한 强首(강수)의 열전에 이미 中原京(중원경) 沙梁人(사량인)이라 하였기 때문이다. 그렇다면 문무왕 18년에 方位的(방위적) 의미로서 북원소경을 설치하고, 신문왕 5년에 西原(중원)과 南原小京(남원소경)이 설치된 것으로 보아 문무왕 때부터 신문왕 5년 이전에 國原小京(국원소경)은 中原小京(중원소경)으로 개칭되었던 것으로 보아야 하지 않을까 한다.

5. 國原小京과 徙民政策

소경설치의 목적에 대하여는 기록이 없어 자세히 알 수 없다. 그동안의 연구에 따라 몇 가지 고려할 수 있으니 국원소경을 통하여 살펴보고자 한다.

우선 王京(왕경)에 대한 小京(소경)과의 관계이다. 이에 대하여도 자료는 없다. 다만 9주 5소경제가 확립된 결과를 통하여 볼 때 왕경인 慶州(경주)는 통일 이후 너무나 동남쪽에 치우쳐 있으므로 본격적인 소경설치를 한 것 같다. 국원소경을 제외하고는 모두가 통일 이후에 설치되었기 때문이다.

이에서 본다면 통일 이전에도 특수한 편입지역에 소경을 설치하였으나, 통일 이후에는 이를 다시 정비하려고 하였던 것이 아닌가 한다. 9주의 설치와 5소경의 배치가 모두 새로이 편입된 지역을 감안하고 이루어졌다고 보기 때문이다. 그러나 이와 같이 5소경이 설치된 뒤인 신문왕 9년(689)에 왕경을 達句伐(달구벌, 대구)로 옮기려고 하였으나 뜻을 이루지 못하였다. 이는 소경제가 완비되었으나 그래도 정치상의 어려움이 있어 遷都(천도)를 하려고 하였던 것으로 본다. 이에 대하여 신문왕이 專制主義的(전제주의적) 정책을 시도하기 위해 眞骨貴族(진골귀족)의 본거지인 경주를 벗어나려고 한 것이라는 견해도 있으나, 어쨌든 統治力(통치력)에 관계가 있었음은 분명하다.

다음으로 徙民政策(사민정책)이다. 진흥왕은 557년에 국원소경을 설치하고 그 이듬해에 경주지역의 왕실귀족 자제와 6부의 호민을 이사시켜 실질적인 소경으로서의 의미를 강화하려고 하였다. 이러한 사민정책을 뒷받침하는 것은 ①의 아시촌소경의 경우와 ⑥·⑦의 西原(서원)과 南原小京(남원소경)의 예에서도 알 수 있다. 신라는 새로 편입된 外地(외지)에 경주의 진골귀족들을 보내어 편입된 지역민을 관리하기 위한 목적과 아울러 실질적인 소경으로서의 의미를 다하게 하기 위한, 즉 지역문화의 중심지로서의 역할을 크게 하려고 하였던 것으로 본다. 이러한 사실을 들어 소경에는 정책적으로 피정복민을, 남쪽에서는 북쪽의 소경으로, 북쪽에서는 남쪽의 소경으로 이주시켜 토착세력의 분산을 시도하였다고 보려는 견해도 있으나 한 가지 사실을 모든 곳에 일률적으로 적용하고자 함에는 무리가 있는 것이 아닌가 한다.

그러나 소경설치 이전에 國原(국원)에는 가야의 악성 于勒(우륵)이 그의 제자 尼文(니문)과 함께 와서 살았으니 진흥왕의 배려에서 이루어진 것이다. 또한 强首(강수)도 임나가야 출신이다. 가야가 신라에 병합되자 강수의 先代(선대)는 국원으로 이주하였던 것으로 본다. 金生(김생)도 충주에 살았다. 그의 출계는 분명치 않으나 김생도 가야계로 보면서 이곳에 이주하여 왔다고 보는 견해도 있으나, 지나친 추론을 한다는 것은 고려해야할 일이라고 본다.

신라는 소경제도를 실시하면서 또한 왕경의 6부 제도를 적용하려고 하였던 것으로 본다. 왕경을 모방한 소경이라고 할 것이다. 강수가 중원경의 沙梁人(사량인)이라고 한 사량은 경주 6부의 沙梁(사량)과 통하며, 西原京(서원경)이었던 淸州(청주)의 상당산성 남문밖에서 수습된 기와편에 '㖨部(탁부)'·'㖨部屬(탁부속)'이라는 명문이 나오고 있어 추측이 간다.

이상에서 보아 신라의 소경은 阿尸村小京(아시촌소경)이 처음 설치되었으나, 본격적인 소경설치는 國原小京(국원소경)에서 비롯된다고 하겠다. 왜냐하면 5소경의 설치는 삼국통일 이후에 설치되고 있기 때문이다. 이와 같이 본다면 통일 전에 國原(국원)을 크게 중시하고 왕경에 버금가는 정치·군사·문화의 중심으로 삼으려 한 입지를 살려서 이 소경의 제도를 통일 이후에는 새로이 편입된 지역민을 의식하고 확대하여 5소경의 제도를 이룩한 것이라고도 생각된다.

6. 中原京시대의 忠州

통일신라의 지방제도가 완비된 것은 경덕왕 16년(757)이다. 이때에 국원소경이 中原小京(중원소경)으로 개칭된 것으로 《삼국사기》는 기록하고 있다. 그러나 앞서도 언급한 바와 같이 中原(중원)의 호칭은 이보다 훨씬 앞선 통일시기 이전부터 있었던 것으로 본다.

소경의 명칭을 볼 때 東(동)(原)京(경)만이 없을 뿐 西(서)·南(남)·北原京(북원경)에 중심이라고 할 中原京(중원경)이 설치된 것이다. 금관소경을 東原京(동원경)으로 보려는 견해도 있으나, 본래 신라에서는 이미 서울인 경주를 스스로 東京(동경)으로 호칭하고 있었음을 볼 때 고려의 여지가 없다고 본다. 여하간 中原京(중원경)은 소경 중에서도 중심적 위치에 있음이 분명하다.

충주에는 이 고장 중원을 상징하는 통일신라시대의 대표적인 中央塔(중앙탑)이 있다. 중앙탑은 충주 탑평리 7층석탑이라고 하여 국보 제6호로 지정된 巨塔(거탑)이다. 통일신라가 나라의 중앙인 이곳에 세웠다고 하여 중앙탑이라는 이름의 유래로 추정하여 이 탑은 신라 삼국통일의 기념탑인 동시에 통일의 기원탑이라고 할 것이다.[8] 중앙탑은 中原(중원)과 의미가 서로 통한다. 또한 이곳에 대한 정밀조사 결과 사찰이 없었음을 확인하였다.[9] 따라서 이 탑은 일반적으로 절

8) 김현길 : 中央塔의 建塔緣由에 대한 考察(《中原京과 中央塔》, 1992, 중원군)

9) 《中原塔坪里寺址 發掘調査報告書》(한국교원대학교 박물관, 1993)에서 절터의 유구를 확인할 수 없었으므로 이를 확인하기 위한 2차발굴까지 하였으니, 《'93 中原塔坪里遺

에 세웠던 탑이 아니라 어떠한 목적, 즉 통일을 기념하기 위해 세운 탑으로 보고자 함이 분명하다고 하겠다.

그러나 中原京(중원경)으로 개칭된 이후에도 《삼국사기》의 기록은 종종 國原(국원)이라고 기록하여 혼돈을 일으키고 있음을 본다. 다음에 관련기록을 시대순으로 옮겨본다.

헌덕왕 14년(822) 3월 웅천주도독 金憲昌(김헌창)의 난에 西原(서원)과 함께 國原(국원)지역도 흡수되었다. 그러나 이 난은 정부군에 의해 곧 평정되었다.

흥덕왕 3년(828) 정무에 능한 金陽(김양)을 中原大尹(중원대윤)으로 보내 왔다가 얼마 후에 武州(무주)도독으로 전출되었다.

효공왕 1년(897)에 梁吉(양길)이 國原(국원) 등 30여 성을 공취하였다.

효공왕 3년(899) 7월에 양길의 부하장인 弓裔(궁예)가 딴 마음을 먹고 있다고 하여 國原(국원) 등 10여 성주와 함께 궁예를 치다가 패하였다. 이듬해인 900년에 國原(국원)·菁州(청주)·槐壤(괴양)의 적수 淸吉(청길)·莘萱(신훤) 등이 궁예에 투항하였다.

이상의 제 기록은 당연히 中原(중원)으로 기록하여야 할 일이나 단 한 곳만이 중원이라 하고 모다 國原(국원)으로 기록하고 있어 혼란스럽다. 이는 오랜 기간 국원으로 사용해 오던 타성에서 오는 현상일 수도 있겠으나, 국원경이 통일 후 小京이 다섯으로 늘어남으로서 제2의 王都(왕도)에서 5소경의 하나로 격하되었으나, 국원소경은 5소경 중에서도 중원의 稱(칭)을 가지므로 역시 首位(수위)의 위치를 계속하게 되었다. 그러나 신라 말까지 계속 국원으로 표기하고 있음은 중원경은 5소경의 하나로 격하된 명칭인데 반하여 국원경은 제2의 왕도의 의미를 지닌 전통적 칭호인 까닭에 다른 지역과 구별하기 위한 특수지역임을 의미한 것이라고 볼 수 있지 않을까 한다.

蹟 發掘調査報告書》(한국교원대학교 박물관, 1994)이다. 그러나 결론은 p.114에서, '탑이 거대한 규모이므로 절터도 광대하였을 것으로 짐작되었으나 그 흔적도 남아있지 않았음'이라는 결과로 이 탑은 탑을 세울 목적으로 세운 탑이라는 데 의미가 크다고 본다. 1차 보고서는 寺址의 조사라 하였으나, 2차에서는 이를 뺀 것에도 의미가 있다.

7. 忠州로의 改稱

고려시대에 들어와서 태조 23년(940)에 전국의 지명을 고칠 때 中原(중원)은 忠州(충주)라는 이름으로 처음 바뀌어 오늘에 이르기까지 사용되어 오고 있다. 그러나 고려시대에는 간간히 中原(중원)이라고 기록하고 있음을 본다. 중원이라는 칭호는 이후 공식화한 일은 없으나 조선시대에도 자주 사용하고 있으니, 나라의 중심(앙)에 있다는 의식에서 오는 것이었다고 본다.

忠州(충주)도 사실상 破字(파자)하면 中心(중심)되는 고을이라는 의미를 갖고 있으나, 그래도 중원이 갖는 의미보다는 약하다고 보았던 것이 아닌가 한다. 이와 같은 의식은 中原府(중원부)니 中州(중주) 등으로 이해하려 한 사실에서도 알 수 있다. 충주로 개칭한 직후인 943년(태조 26)에 세운 동량면 하천리의 淨土寺址 法鏡大師塔碑(정토사지 법경대사탑비, 보물 제17호)와 현종 8년(1017)에 세운 淨土寺 弘法國師 實相塔碑(정토사 홍법국사 실상탑비, 보물 제359호)에는 中原府(중원부)라 하고, 현종 13년(1022)에 세운 제천 송계리의 獅子頻迅寺址石塔記(사자빈신사지석탑기)에는 中州(중주)라 새기고 있어 관심이 간다.

여기서 중원부는 공식적인 官府(관부)가 아니라 나말여초에 이 지역의 호족세력들에 의해 독자적으로 운용되었던 기구로 보이니, 법경대사탑비의 음기에 보이는 俗官(속관)으로 이해된다. 충주지역에는 이 무렵에 道官(도관)과 속관이 있었던 특수지역이었음을 말해주는 것이라고 하겠다.

고려시대의 변천을 보면, 성종 2년(983)에 牧(목)을 두었으니 忠州牧(충주목)이다. 성종 14년(995)에 節度使(절도사)를 두고 昌化軍(창화군)이라 이름하여 中原道(중원도)라 하였으니 전국을 10도로 정하였을 때이다. 이때 중원도는 지금의 충주와 청주를 비롯하여 剛州(강주, 진천)·歡州(환주, 천안) 등 13주 42현을 관장하였다.

또한 성종 때 大原(대원)이라고 하였으며, 뒤에 蘂城(예성)이라고도 불리었다. 대원에 대하여는 金遷浦(김천포), 즉 지금의 창동 일대를 大原郡(대원군)이라 하였다. 예성에 대하여는 전하는 바에 의하면 충렬왕 3년(1277)에 성을 개축

할 때 연화를 조각하여 축조하였다고 하여 붙여진 이름이라 하나 出典(출전)을 알 수 없다. 다만 당시에 만들었다고 추정되는 '연화문 성돌(신방석)'이 1978년 9월에 발견되어 충주박물관에 보존되고 있음을 말하여 둔다.

현종 3년(1012)에 절도사를 없애고 按撫使(안무사)를 두었다가 9년(1018)에 다시 牧(목)으로 하였으니 충주목이다.

고종 41년(1254)에 國原京(국원경)으로 승격되었다. 이는 전년인 고종 40년(1253)에 충주산성에서 김윤후 장군의 지휘로 몽고군을 물리친 공으로 이루어진 것이다. 지역민들의 의기를 보여준 쾌거라 할 수 있다. 그러나 얼마 후에 다시 목으로 된 듯하다.

이후 충주는 고려 말까지 충주목으로 지속되어 왔다. 충주목에는 소속된 군 1, 현 5에 知事郡(지사군) 하나가 있었으니 槐州郡(괴주군, 지금의 괴산)과 長延縣(장연현, 지금의 연풍)·長豊縣(장풍현, 지금의 장연)·陰竹縣(음죽현, 지금의 음성, 장호원)·陰城縣(음성현, 지금의 음성)·淸風縣(청풍현, 지금의 청풍)과 지사군으로는 原州(원주)이다.

8. 朝鮮時代의 變化

조선시대의 지방제도는 전국을 8道(京畿·忠淸·慶尙·全羅·黃海·江原·永安(咸鏡)·平安)로 나누고 그 밑에 府(부)·牧(목)·郡(군)·縣(현)을 두었으며, 그 밑에는 행정기구의 최말단 기관으로 面(면)을 두었다. 조선의 건국 초기의 충주는 忠淸道(충청도)의 首府(수부)로 관찰사가 있어서 忠州牧(충주목)을 비롯하여 청주·공주·홍주목 등 4목과 11군, 40현을 관할하였다.

충주목은 초기에 38개 면을 관내에 두었으니 《여지도서》(1759년, 영조 35, 己卯에 편찬)의 충원현[10]조에 처음으로 기록되고 있음에서 알 수 있다.[11] 이에 의

---

10) 忠原縣, 忠原鎭이라 한데서 忠州牧이 유수원의 복주로 강등된 시기이다. 《輿地圖書》 忠原縣誌는 1759년에 편찬되었다.

11) 面里제도는 《經國大典》에 규정되어 있는 것으로 보아 조선초기부터 있었던 것으로

하면 德山面(덕산면)·沙乙未面(사을미면)·甘勿內旀面(감물내며면)·栗枝洞面(율지동면)·佛頂面(불정면)·蘇坡面(소파면)·沙伊浦面(사이포면)·周柳等面(주류등면)·新石面(신석면)·申尼谷面(신니곡면)·德面(덕면)·金目洞面(금목동면)·孟洞面(맹동면)·所呑面(소탄면)·大鳥谷面(대조곡면)·沙多山面(사다산면)·川岐音面(천기음면)·枝內面(지내면)·法王面(법왕면)·豆衣谷面(두의곡면)·省洞面(성동면)·甘味谷面(감미곡면)·居谷面(거곡면)·福城洞面(복성동면)·老隱峴面(노은현면)·可興面(가흥면)·仰巖面(앙암면)·省台陽面(성태양면)·嚴政面(엄정면)·山尺面(산척면)·金生面(김생면)·加次山面(가차산면)·東良洞面(동량동면)·柳等谷面(유등곡면)·利安面(이안면)·金遷面(금천면)·南邊面(남변면)·北邊面(북변면) 등이다. 이들의 지역은 매우 넓어 오늘의 괴산군 북부와 음성군 북서부의 대부분 지역과 제천시의 서남부까지 포함되고 있다.

이러한 넓은 지역을 관할하여 오다가 1906년(광무 10)에 대대적인 개편을 단행하였으니 충주목이 충주군으로 되고, 종래의 38개 면이 25개 면으로 되었으니 다음과 같다.

南邊面(남변면)·北邊面(북변면)·周柳面(주류면)·栗枝面(율지면)·甘勿面(감물면)·德面(덕면)·金遷面(금천면)·柳等面(유등면)·乷味面(살미면)·薪石面(신석면)·可興面(가흥면)·山尺面(산척면)·利安面(이안면)·沙伊面(사이면)·加次面(가차면)·金生面(김생면)·仰巖面(앙암면)·蘇坡面(소파면)·老隱面(노은면)·德山面(덕산면)·申尼面(신니면)·嚴政面(엄정면)·蘇台面(소태면)·東良面(동량면)·福城面(복성면) 등이다.[12] 종전의 佛頂面(불정면)은 괴산군으로, 기타 맹동면·소탄면·대조면·사다면·천지면·지내면·법왕면·두의면·생동면·감미면·거곡면·금목면은 모두 음성군으로 편입되었다.

이와 같은 넓은 지역이기에 여러 가지 사건이 많이 일어나게 마련이었던 것 같

보이나, 실제에 있어서는 영조 때에 편찬된 《輿地圖書》의 坊里조에 처음으로 보이고 있어 참고된다.

12) 《韓國戶口表》(1907 政府財政顧問本部)에 의함. 이는 광무 10년(1907) 9월 24일 칙령 49호, 地方區域整理件의 頒布에 의한 내용이며, 당시의 면단위 戶口수를 조사 기록하고 있어 참고가 된다.

다. 이 지역에서 특히 국가에 반역하거나, 인륜에 어긋나는 綱常罪(강상죄)를 지은 자가 발생하면 지역을 격하시켜 충주목을 예성부니 충원현 등으로 강등시키고, 忠淸道(충청도)도 머리자인 忠(충)자를 빼고 淸洪道(청홍도) 등으로 바뀌게 되었다. 이와 같은 사례는 惡(악)을 징계하는 뜻으로 타에 시범을 보여 교훈으로 삼고자 한 일로 여러 차례 있었다.[13] 이러한 변이 있어 강등되면 대체로 10년을 기준으로 복호되었다. 그러나 같은 기간에 다른 界首官(계수관)에서 동일 유형의 사건이 일어나면 道名(도명)은 다시 바뀌게 되었다. 충주목에서의 변을 중심으로 한 사건을 다음에 기술하여 본다.

중종 34년(1539) 충주사람 劉石(유석)이 그 아비를 죽이려 한 일을, 原州(원주)에서 조사하여(본래는 원주에 살았음) 이듬해(1540)에 조정에 올렸기 때문에 7월에 충주목을 강등하여 芮城府(예성부)로 하고, 충청도는 界首官(계수관)의 머리자를 빼고 淸公道(청공도)라 하였다. 이 사건은 유석이 충주인이 아니라 원주인이라는 이유 등으로 조치가 부당하다는 여론에 의해 중중 37년(1542) 9월에 복구되었다.

명종 4년(1549)[14] 5월에 李洪南(이홍남)이 그 동생 李洪胤(이홍윤)이 역모한다고 고변하여 충주지역에 무고한 사람들이 많이 희생되었으며, 충주목은 강등되어 維新縣(유신현)으로, 충청도는 淸洪道(청공도)라 하였다. 이 사건은 무고로 드러나 18년 뒤인 선조, 즉위년(1567)[15]에 복구되고 이듬해에는 이 사건으

13) 《중종실록》 권93, 중종 35년 9월 6일조. 『大抵降號 所以示懲惡之甚 非法典所載』라 하여, 법전에는 없으나 읍호를 강등시키는 것은 악을 엄히 징계하는 뜻을 보이는 것이라 하고, 동:37년 9월 4일조에는 『追降所居原州邑號 且破瀦其家 以示亂賊極惡之人 雖時有久近 不可不正其刑』이라 하여 읍호를 강등하고, 집도 헐고 못을 파서 극악한 난적은 시일에 관계없이 형벌을 다룬다는 것을 보여주어야 한다고 하였다. 《숙종실록》 권27, 숙종 20년 9월 15일조, 南九萬의 上箚조.

14) 《명종실록》, 권9, 명종 4년 5월 21일(경인)조, 조선시대 忠州의 沿革을 잘 정리한 《輿地圖書》에는 '명종 5년'으로 기록되고 있어 잘못되었으므로 바로잡았다. 이후에도 紀年의 오류가 약간 있어 모두 바로잡고자 한다. 이후의 여러 지리지와 《藥城春秋》에는 모두 이 《輿地圖書》를 그대로 옮겨 놓았기 때문에 오류가 있게 마련이니 참고를 바란다.

15) 《輿地圖書》 등에는 명종 23년으로 되어 있으나, '선조 즉위년'이므로 바로잡았다. 《선조실록》 권1, 선조즉위년 10월 12일(계사).

로 죄를 입은 충주인이 모두 방면되었다.

광해군 5년(1613) 5월에 충주에 살던 柳仁發(유인발) 등의 역모사건으로 유인발이 복주되고, 충주목은 忠原縣(충원현)으로 강등되고 충청도는 公洪道(공홍도)라 하였다가 인조 원년(1623)에 復號(복호)되었다. 그러나 이는 李爾瞻(이이첨)이 도적의 괴수인 서얼 朴應犀(박응서) 등의 단순한 강도사건을 역모로 꾸며 인목왕후(선조의 비)의 아버지 金悌男(김제남)을 죽이고, 永昌大君(영창대군, 선조의 아들)을 蒸殺(증살)하였으니 유인발의 사건은 誣獄(무옥)이다.

인조 6년(1628) 1월에 柳孝立(유효립)의 역모사건이 일어났다. 그의 무리 일당은 모두 正刑(정형)에 처했으며, 그 무리 중 安執中(안집중)이란 자가 충주에 살았다고 하여 충주는 忠原縣(중원현)으로 강등되고, 충청도는 公淸道(공청도)라 하였다가 인조 15년(1637)에 복구되었다.

인조 22년(1644)에 沈器遠(심기원)의 逆獄(역옥)사건이 일어났다. 이들 무리는 모두 정형되었다. 이에 가담한 무리 중 蔡門亨(채문형)이 충주에 살았기 때문에 충주목을 강등하여 忠原縣(중원현)으로 하고, 충청도를 公淸道(공청도)라 하였다. 그러나 2년 뒤인 인조 24년에 공주에서 모반사건이 일어나자 공주는 공산현으로, 도명은 洪淸道(공청도)라 하였다. 10년 뒤인 효종 4년(1653)[16] 4월 10일에 복구되었다.

숙종 6년(1680) 4월에 충주의 私奴(사노) 俊益(준익)이 그 아비를 죽인 일이 있어 준익은 정형되고, 충주목은 忠原縣(중원현)으로 강등되고, 도명은 公淸道(공청도)라 하였다. 그러나 이듬해인 숙종 7년에 청주에서 謀逆祭文(모역제문)사건이 있자 청주는 서원현으로, 도명은 公洪道(공홍도)라 하였다. 10년이 지난 숙종 15년(1689) 1월에 충주목으로 복구되고, 도명은 忠洪道(충홍도)라고 하였으며, 8월에 충청도로 복구하였다.

영조 4년(1728) 청주에서 李麟佐(이인좌)의 난이 일어났다. 그의 여당인 李祖謙(이조겸)이 충주사람이라 하여 忠原縣(충원현)으로 강등되고 도명을 公淸

16) 《輿地圖書》 및 地誌와 《蘂城春秋》에는 '효종 5년'이라 하였다. 《효종실록》 권10, 효종 4년 4월 10일(을사).

道(공청도)라 하였다. 영조 14년(1738)[17]에 복구되었다.

영조 14년(1738)[18] 12월에 충주에 살던 長德(장덕)이 제 남편을 죽인 죄로 정형을 받고, 충주목은 忠原縣(충원현)으로 강등되고, 도명은 공홍도라 하였다. 영조 23년(1747)[19] 1월에 모두 복호되었다.

영조 31년(1755) 6월[20]에 沈鼎衍(심정연)의 獄事(옥사)가 일어났다. 이 옥사에 連累(연루)된 충주태생 柳壽垣(유수원)이 정형되고 충주목이 忠原縣(충원현)으로 강등되었다. 영조 41년(1765)에 다시 목으로 복구되었다.

순조 17년(1817) 4월에 蔡壽永(채수영)이 행상을 빙자하며 역적의 무리와 交結(교결)하여 모역한 사건으로 죄인이 충주에 살았다하여 4월 28일에 충주목이 忠原縣(충원현)으로 강등되고 충청도는 公淸道(공청도)라 하였다. 10년이 지난 순조 26년(1826) 정월에 복구되었다.

이상은 충주와 관련 사실만을 기술한 것이다. 이 외에 道名(도명)은 계수관인 청주·공주·홍주 등지에서 같은 유형의 사건이 발생할 때마다 바뀌었으니 그 수는 보다 많았음을 말해둔다(부 1 참조).

9. 23府와 13道의 설치와 忠州

고종 31년(1894, 甲午) 동학농민란이 일어나자, 이를 계기로 청일전쟁이 일어나는 등 어수선한 틈에 일본은 대원군을 내세워 민씨 일파를 몰아내고 김홍집의 혁신 내각을 조직하여 開國紀年(개국기년, 503)을 사용하는 등 강력한 내정개혁을 단행하였으니 甲午改革(갑오개혁)이다. 이듬해인 고종 32년(1895)에는

17) 《輿地圖書》등 地誌와 《藥城春秋》에는 영조 15년이라 하였다. 《영조실록》 권47, 영조 14년 1월 11일(갑자).

18) 《輿地圖書》등 地誌와 《藥城春秋》에는 영조 16년이라 하였다. 《영조실록》 권47, 영조 14년 12월 3(신사).

19) 《輿地圖書》등 地誌와 《藥城春秋》에는 영조 23년이라 하였다. 《영조실록》 권65, 영조 23년 1월 12(임인).

20) 《輿地圖書》등 地誌와 《藥城春秋》에는 영조 32년이라 하였다. 《영조실록》 권84, 영조 31년 6월 1일(계묘).

지방제도도 크게 개혁을 하였으니, 종래의 8도제를 폐지하고 전국을 23府(부)로 나누어 336개 군으로 하는 소지역주의를 채택하였다. 부의 장관은 관찰사라 하고, 군의 수령을 군수라 하였다.

이때 충청도는 충주부·공주부·홍주부의 3부로 나뉘어졌으며, 충주의 觀察府(관찰부)는 20개 군을 관장하였으니 충주군·음성군·연풍군·제천군·청풍군·영춘군·단양군·진천군·괴산군·청안군·여주군·용인군·죽산군·이천군·양지군·원주군·정선군·평창군·영월군·음죽군 등으로 지금의 강원도 남부와 경기도 동남부와 충청북도의 북부지역의 광대한 지역이었음을 알 수 있다. 충주에는 조선 초기에 충청도의 수부로서 관찰사가 있었으나, 임진왜란 후 공주로 옮겨갔다가 이때 다시 관찰사로 趙漢國(조한국)이 부임하게 되었다.

그러나 이 제도는 1년여 시행하다가 이듬해인 고종 33년(1896) 8월 14일에 칙령 36호로 23부를 13道로 바뀌었다. 이때에 종래의 충청도지역은 충청북도와 충청남도로 나누어지게 되었다. 그리고 忠淸北道(충청북도)의 수부는 충주에 그대로 머무르게 되었다. 당시의 충청북도는 17개 군을 관할하게 되었는데 군도 그 면적의 結數(결수)에 따라 4등급으로 구분하였으니 다음과 같다.

1등군(1만결 이상) : 충주군·청주군

2등군(7천결 이상) : (대상 없음)

3등군(4천결 이상) : 옥천군·진천군

4등군(2천결 이상) : 청풍군·괴산군·보은군·단양군·제천군·회인군·청안군·영춘군·영동군·황간군·청산군·연풍군·음성군

충주는 충청북도의 수부로서 새롭게 지방청으로 각광을 받게 되는 듯하더니 융희 2년(1908) 5월 25일 칙령 제30호로 충청북도 관찰부가 충주에서 청주로 개정법령을 공포하고, 6월 5일 도청을 청주로 옮겨 갔다. 이후 청주는 오늘에 이르기까지 충청북도의 수부로서 크게 번영을 하게 되었으나, 충주는 일개 군으로 전락하여 빛을 잃게 되면서 오늘에 이르고 있다.

당시 충주에서 청주로 관찰부가 옮기게 된 사유는 일개 일본인 서기관인 神谷卓男(신곡탁남)이란 자가 충주는 각군의 물자를 집산하는 곳으로서 지리적 가치가 없으며, 道(도)의 동북에 편재되어 있어 17개 군을 통어할만한 위치가 못된

다고 하고, 청주는 경부선이 가깝고 정치·경제의 중심지로 가장 적당한 곳이라는 의견서에 의하여 결정된 것이라고 한다.[21]

10. 邑內面에서 忠州邑으로

1910년 8월 29일 일제에 의한 병탄 이후 그들의 통치기구인 조선총독부의 산하에 들게 되었다. 동년 10월 1일 총독부령에 의해 도·부·군의 명칭과 관할구역이 공포되었으나 종전과 큰 차이가 없었다.

그리고 같은 날 총독부령 제8호로 「面(면)에 관한 규정」이 공포되었다. 원래 면은 조선 중엽부터 하나의 행정단위로 발전하여 왔던 것이다. 그러나 韓末(한말)에 이르기까지 면에는 지방관이 배치되지 않았으며, 그 명칭 또한 面(면)·社(사)·坊(방) 등으로 불리었으며, 그 長도 風憲(풍헌)·約定(약정)·執綱(집강)·面任(면임)·坊首(방수)·社長(사장)·檢督(검독)·都平(도평)·里正長(이정장)·管領(관령) 등 여러 가지로 불리었다.

그러나 면은 한말부터 하나의 지방행정구역으로 기능을 발휘하였고 광무 10년(1906)의 지방행정구역 정리와 함께 총 4,338面(면)으로 정비된 것이 1910년에 와서야 법적 근거를 갖게 된 것이다. 따라서 1910년 공포된 「조선총독부 지방관제」에 의하여 각 府(부)·郡(군)에 面(면)을 두고, 면에는 면장을 두되 부윤 또는 군수의 지휘감독을 받아 면내의 행정사무를 보조 집행하게 하였다.

그러다가 1913년 12월 29일 공포되고, 다음해인 1914년 3월 1일자로 시행하게 된 조선총독부령 제111호에 의해 「道(도)의 位置管轄區域及府郡(위치관할구역급부군)의 名稱位置管轄區域(명칭위치관할구역)」이 다시 조정되었다. 이를 계기로 道令(도령)과 道告示(도고시)에 의하여 面(면)과 里洞(리동)의 대대적인 개편이 추진되었으니 통폐합되는 것이었다.

이때의 忠州郡(충주군)은 종래의 감물면·율지면·덕산면·소파면·사이면을 제

21) 大熊彌三郞:《淸州沿革誌》 p.39, 1923. 神谷卓男의 '意見書': 이 부분을 번역한 자료로, 張基德 : 忠州觀察道의 移轉(《藥城文化》 7집, 1985)이 있다.

외한 일원으로 되었다. 감물면과 율지면은 괴산군으로, 덕산면은 체천군으로, 소파면과 사이면은 음성군으로 편입된 것이다.

그리하여 忠州郡(충주군)은 종전의 읍면을 통폐합하여 13개 면으로 되었다. 忠州邑(충주면)은 남변면과 북변면을 합하여 邑內面(읍내면)이라 하고, 나머지는 이류면(이안면·유등면)·신니면(신니면·신석면)·가금면(가흥면·금천면)·앙성면(앙암면·복성면)·금가면(김생면·가차면)·주덕면(덕면·주류면)·동량면·노은면·산척면·엄정면·소태면·살미면 등이다.

일제에 의한 지방제도는 여러 차례 조정되었으니. 1917년에 충주는 읍내면이 忠州面(충주면)으로 개칭되었다. 그리고 1930년 12월에 邑制(읍제)가 제정되고, 1931년 4월 1일 시행됨에 따라 충청북도에서는 청주와 함께 충주가 읍으로 되었으니, 忠州面(충주면)이 忠州邑(충주읍)으로 승격된 것이다.

일제에 의해 지방관제도 개정되어 시행되었으니, 종전에 觀察使(관찰사)인 道(도)의 수령을 1910년 9월 30일에 道長官(도장관)이라 하다가, 1919년 8월 19일에 다시 개정하여 道知事(도지사)로 하여 오늘에까지 사용하고 있다.

11. 忠州邑에서 忠州市, 다시 中原郡과 통합시로

1948년 8월 15일 정부수립 이후 우리는 근대적 지방 자치이념에 바탕을 둔 서구식 지방자치제도의 새 장을 열게 되었다. 1949년 처음으로 지방 자치법이 공포되고, 그 해 8월 15일에 시행되었다.

1956년 7월 8일, 법률 제389호에 의하여 忠州邑(충주읍)이 忠州市(충주시)로 승격되었으며, 忠州郡(충주군)은 中原郡(중원군)으로 개칭되었으니, 살미면·이류면·주덕면·신니면·노은면·앙성면·가금면·금가면·동량면·산척면·엄정면·소태면 등 12개 면을 관할하게 되었다.

忠州市(충주시)는 14개 동을 관할하게 되었으니, 성내동·충인동·교현동·용산동·지현동·역전동·호암동·단월동·달천동·봉방동·칠금동·연수동·목행동·안림동 등이다.

1963년 1월 1일 법률 제1176호(1962. 11. 21 공포)에 의하여 괴산군의 상모면이 중원군에 편입되어 13개 면으로 늘어나게 되었다.

이후 충주시와 중원군은 상호간에 독자적인 발전책을 모색하면서 성장을 거듭하여 갔으나, 1995년 1월 1일에 충주시와 중원군은 도시와 농촌의 복합형태의 시설치 등에 관한 볍률(제4774호, '94. 8. 3)의 시행에 따라 통합하여 새로운 충주시로 거듭 태어나게 되어 발전을 하면서 오늘에 이르고 있다. 밝은 내일의 희망찬 미래를 향하여 힘찬 걸음을 내딛고 있는 것이다.

〈부 1〉

조선시대 충청도·충주목의 명칭변천

(실)=《조선왕조실록》

시 기	변경 전	변경 후	관련근거 및 변경사유
1395년 (태조 4)	楊廣道	忠清道	(실)태조 3/6/23 도명 개칭
1505년 (연산군 11)	(충청도)	忠公道	○신증동국여지승람 충청도 비고(대동지지) (실)연산군 11/8/21 충공도 관찰사 인사 기록 (실)1506년, 중종 1/9/5 충청도로 회복(아산·평택·직산·진천 : 경기→충청도)
1540년 (중종 35)	(충청도)	淸公道 **(芮城府)**	(실)중종 35/7/15 충주목→芮城府(유석의 강상사건) (실)중종 35/8/1 도명변경 (실)1542, 중종 37/9/4 공청도(청공도?)→충청도로 회복
1549년 (명종 4)	(충청도)	淸洪道 **(維新縣)**	○명종 5는 잘못임(신증동국여지승람 충청도 비고) (실)명종 4/5/21 충주목→維新縣(이홍윤의 역모사건) (실)1567, 선조 원년/10/12→충주목(충청도로 회복)
1613년 (광해군 5)		公淸道	○동국여지승람 충청도 비고(대동지지)
		公洪道 **(忠原縣)**	(실)광해 5/5/20 공홍도 兵使(표현) ○여지도서→忠原縣(유인발 역모사건)/1567(인조 즉위년) 복호→忠州/→충청도?
1628년 (인조 6)	忠淸道	公洪道	○신증동국여지승람 충청도 비고(대동지지)
		公淸道 **(忠原縣)**	(실)인조 6/2/13, 도명변경기사 ○여지도서→忠原縣(유효립 역모사건)/1637(인조 15) 복호 →忠州/→충청도?

<table>
<tr><th>시 기</th><th>변경 전</th><th>변경 후</th><th>관련근거 및 변경사유</th></tr>
<tr><td>1644년
(인조 22)</td><td>忠淸道</td><td>公淸道
(忠原縣)</td><td>(실)인조 22/4/4, 도명변경기사
○여지도서→忠原縣(채문형 역모사건)/ 1653 (효종 4) 복호→충주
(실)효종 4/4/10→충주목/홍청도→충청도</td></tr>
<tr><td rowspan="2">1646년
(인조 24)</td><td rowspan="2">公淸道</td><td>洪忠道</td><td>○신증동국여지승람 충청도 비고(대동지지)</td></tr>
<tr><td>洪淸道</td><td>(실)인조 24/5/1 공주목강등→공산현
(역적출신지)</td></tr>
<tr><td>1651년
(효종 2)</td><td colspan="2">忠 洪 道</td><td>(실)효종 2/7/23 충홍도 기사</td></tr>
<tr><td>1656년
(효종 7)</td><td></td><td>公洪道</td><td>○신증동국여지승람 충청도 비고(대동지지)</td></tr>
<tr><td>1661년
(현종 2)</td><td>忠洪道</td><td>忠公道</td><td>(실)현종 2/윤7/10 충공도 기사(홍주목 강등)</td></tr>
<tr><td>1670년
(현종 11)</td><td></td><td>忠洪道</td><td>○신증동국여지승람 충청도 비고(대동지지)</td></tr>
<tr><td rowspan="2">1680년
(숙종 6)</td><td rowspan="2"></td><td>公淸道
(忠原縣)</td><td>○여지도서→충원현(준익의 살부사건)
(실)숙종 6/8/7 공청도 진천 폭우와 재해기사
(실)1689, 숙종 15/1/2 복호→충주/공홍도→忠洪道</td></tr>
<tr><td>公洪道</td><td>○신증동국여지승람 충청도 비고(대동지지)</td></tr>
<tr><td>1681년
(숙종 7)</td><td>公淸道</td><td>公洪道</td><td>(실)숙종 7/7/27 공청도를 공홍도로 개칭 (청주 강등→서원현, 박상한 복주) 1689(숙종 15/8/10 복호→청주/ 공홍도→충청도</td></tr>
</table>

시 기	변경 전	변경 후	관련근거 및 변경사유
1729년 (영조 5)		公淸道? **(忠原縣)**	○신증동국여지승람 충청도 비고(대동지지) ○여지도서→충원현(이조겸 역모사건) (실)1738, 영조 14/1/11, 복호→충주
1731년 (영조 7)		忠淸道	○신증동국여지승람 충청도 비고(대동지지)
1733년 (영조 9)		公洪道? **(忠原縣)**	(실)영조 9/4/22 공홍도 충원현 기사
1735년 (영조 11)	忠淸道	公洪道	(실)영조 11/5/1 충청도를 공홍도로 (충주, 청주 반역으로 강등)
1738년 (영조 14)		公洪道 **(忠原縣)**	(실)영조 14/12/3 장덕 지아비를 죽인사건 (실)1747, 영조 23/1/12, 복호→충주/공홍도→충청도
1746년 (영조 22)		洪忠道?	(실)영조 22/7/9 홍충도 기사
1755년 (영조 31)		? **(忠原縣)**	(실)영조 31/6/1, 유수원 역모사건→충원현 ○호서읍지 충주목, 1765, 영조 41, 복호→충주목
1777년 (정조 1)		洪忠道	○신증동국여지승람 충청도 비고(대동지지) (실)정조 1/9/8 홍충도 기사
1778년 (정조 2)	公忠道	洪忠道	(실)정조 2/7/30 도명 개호 기사(공주→공산현 : 대역죄인 심혁 탄생 고을), 정조 9년까지 홍충도?
1804년 (순조 4)	忠淸道	公忠道	(실)순조 04/10/27 도명 개호(청주목→서원현 : 죄인 한해옥 거주지) (실)1813, 순조 13/01/02, 복호→청주목/ 공충도→충청도

시 기	변경 전	변경 후	관련근거 및 변경사유
1817년 (순조 17)	忠淸道	公淸道 **(忠原縣)**	(실)순조 17/4/28 도명 개호/→충원현(강상죄인) (실)1526, 순조 26/1/2, 복호→충주목/공청도→충청도
1825년 (순조 25)		公忠道	○신증동국여지승람 충청도 비고(대동지지) 1834년(순조 34) 복호→충청도
1826년 (순조 26)	忠淸道	公忠道	(실)순조 26/10/27, 청주목→서원현 : 죄인 정상채 (실)1871, 고종 8/1/3 복호→충청도/→ 청주
1862년 (철종 13)	(충청도)	公忠道	○신증동국여지승람 충청도 비고(대동지지) (실)철종 13/8/7 공충도 기사
1895년 (고종 32)	忠淸道	忠州府 公州府 洪州附	(실)고종 32/5/26 지방제도 개정기사
1896년 (고종 33)	忠州府 公州府 洪州附	忠淸北道 忠淸南道	○신증동국여지승람 충청도 비고(문헌비고) (실)고종 33/8/4 지방제도 관제개정

※( ) 고딕체는 충주관련임

※신증동국여지승람 충청도 비고(대동지지·문헌비고) : 원본 《신증동국여지승람》에는 없는 내용이나, 《국역 신증동국여지승람》(민족문화추진회, 1969)에 첨가된 것이다.

忠州牧 先生案

1. 新羅時代
2. 高麗時代
3. 朝鮮時代
4. 日帝强占期
5. 大韓民國
   가. 軍政期
   나. 政府樹立 直後
   다. 市·郡 分離期
   라. 忠州市

1. 新羅時代

직위	성 명	본관	재 임 시 기	출전
仕臣	春 賦 춘 부		진흥 26년(565)[1]	사기
仕臣	龍 長 용 장		문무 8년(668)[2]	사기
大尹	金 陽 김 양		흥덕 3년(828)[3]	사기

1) 《삼국사기》 권4, 신라본기 제4, 진흥왕 26년, 8월조. 阿湌 春賦에게 國原을 지키게 하였다.

2) 《삼국사기》 권6, 신라본기 제6. 문무 8년 10월 25일조. 文武王이 褥突驛에 이르자, 國原의 仕臣 大阿湌 龍長이 사사로이 잔치를 베풀어 왕과 여러 侍從을 대접하였다.

3) 《삼국사기》 권44, 金陽 전. 흥덕왕 3년에 固城郡 太守가 되고, 이어 中原 大尹에 임명되었다가 얼마 후에 武州 都督으로 轉任되었는데, 가는 곳마다 政務를 잘 다스려 名聲이 있었다.

2. 高麗時代

직위	성 명	본관	재 임 시 기	출전
牧 使	**韓惟忠** 한 유 충	大興	인종 14년(1136)[1]	고려사
牧 使	**崔惟淸** 최 유 청	昌寧	의종 11년(1157)[2]	고려사
牧副使	**崔光鈞** 최 광 균		의종 24년(1170)[3]	고려사
牧 使	**任克正** 임 극 정	定安	의종(1147~1170)[4]	고려사

1) 《고려사》 권16, 인종 14년 5월 甲戌, 中軍兵馬使가 樞密院副使 韓惟忠이 國家의 安危를 생각지 않고 무릇 軍事의 機務를 動하여 방해를 하였다 하므로 忠州牧使로 강직시켰다.

2) 《고려사》 권90, 仁宗 大寧侯 暻 전. 의종 11년에 崔惟淸을 강직하여 忠州牧使를 삼고, 暻을 天安府에 流配하였다.

3) 《고려사》 권19, 의종 24년 4월 甲申, 忠州牧 副使 崔光鈞이 '지난달 28일에 竹杖寺에서 老人星에 제사지냈더니 그날 저녁에 壽星이 나타나 술잔을 세 번 올린 뒤에야 사라졌다'고 하니 왕이 크게 기뻐하고, 百官이 축하를 올렸다.

4) 《고려사》 권95, 任懿 전, 克正 조. 任克正은 戶部尙書로서 말이 鄭叙사건에 연루되어 梁州 防禦使로 강직되었다가 忠州牧使로 옮겨온 후에 卒하였다.

직 위	성 명	본 관	재 임 시 기	출 전
司 祿	李純祐 이 순 우	羽溪	의종[5]	승 람
牧使	鄭元獬 정 원 해		명종 20년(1190)[6]	고려사
牧使	皇甫沆 황 보 항		명종[7]	승 람 고려사
副使	于宗柱 우 종 주		고종 18년(1231)[8]	고려사
防護 別監	金允侯 김 윤 후		고종 40년(1253)[9]	고려사

5) 《신증동국여지승람》 명환 조. 李純祐는 毅宗朝에 과거에 장원급제하여 忠州司祿에 제수되었다. 《조선환여승람》 淸白 조에, 고려 때에 牧使로서 치적이 있었다고 하였다.

6) 《고려사》 권20, 명종 20년 9월 壬戌, 有司가 忠州牧使 前上將軍 鄭元獬를 彈劾하는 보고를 하여 물러나게 하였다.

7) 《신증동국여지승람》 名宦 皇甫沆조에, 林椿이 충주로 떠날 때의 送行序에 의해 李仁老 등과 忘年友로 교우하던 七賢의 하나인 皇甫抗과 동인임을 알 수 있다. 《고려사》 권74, 명종 6년(1176) 10월에 皇甫沆이 생원에 뽑혔다고 하였다.

8) 《고려사》 권103, 李子晟 전. 于宗柱는 고종 18년(1231)에 忠州 副使였다. 判官 庾洪翼과 매양 의견충돌이 있었는데 蒙古兵이 온다는 말을 듣고 城을 지킴에도 意見이 달랐다. 이에 于宗柱는 兩班 別抄를, 庾洪翼은 奴軍 雜類別抄를 각각 거느리고도 서로 시기하고 있다가 蒙古兵이 침공하자 宗柱와 洪翼, 兩班별초 등은 城을 버리고 도망가고, 오직 奴軍과 雜類만이 남아 힘을 合하여 적을 물리쳤다.

9) 《고려사》 권103, 金允侯 전. 金允侯는 고종 40년(1253)에 忠州山城防護別監으로 蒙古兵이 州城을 70여일 包圍하자 粮儲가 떨어지니 士卒을 督勵하며, '만일 힘을 다하여 적을 물리치면 貴賤할 것 없이 모두 官爵을 줄 것이다.'하고 官奴의 簿籍을 불사르고 적에서 빼앗은 牛馬를 나누어주어 독전하니 蒙古兵이 南進하지 못하고 북으로 물러났다.

직위	성 명	본관	재임시기	출전
牧使	**朴 恒** 박 항	春川	고종[10)]	고려사
牧使	**金 倫** 김 윤		충선[11)]	승 람
牧使	**金用卿** 김용경		충숙 16년(1329)[12)]	고려사
牧使	**鄭 幘** 정 책		충숙?[13]	승 람
牧使	**朴 曦** 박 희		공민 10년(1361)[14)]	고려사
司祿	**鄭道傳** 정도전	奉化	공민왕[15)]	승 람

10) 《고려사》 권106, 朴恒 전. 朴恒은 翰林院에 選補되고, 忠州의 수령[淬, 牧使]이 되어 善政하자 右正言으로 임명되고, 뒤에 慶尙 全羅 2道의 안렴사로 갔다.

11) 《신증동국여지승람》 名宦 조, "爲牧使", 《조선환여승람》淸白 조, 고려 때에 忠州牧使로서 治績이 있었다.고 하였다.

12) 《고려사》 권35, 충숙16년 9월 조, 前 忠州牧使 金用卿이 潘王을 따라 元에 머물었는데 그 妻가 義女婿인 別將 王之祐와 姦通한데 대하여 監察司에서 심문하니 모두 자복하였다.

13) 《신증동국여지승람》 名宦 조, 鄭幘이 忠州牧使로 나가서 정치하는 것이 엄하고 밝아 아전들이 감히 범하지 못하였다고 하였다.

14) 《고려사》 권39, 공민 10년 11월 조. 忠州牧使 朴曦가 공민왕이 홍건적의 난을 피해 복주(안동)로 가던 중 焚修院(坡州)에 이르자, 按兼使 安宗源과 함께 謁見하였다.

15) 《신증동국여지승람》 名宦 조, 고려 공민왕 때 司祿이 되었다.

직위	성　명	본관	재임시기	출전
牧使	卞玉蘭 변옥란	密陽	우왕 6년(1380)[16]	태조실록
牧使	崔雲海 최운해	通川	우왕 11년(1385)[17]	고려사
牧使	權　鑄 권　주	安東	고려 말[18]	태조실록
牧使	成汝完 성여완	昌寧	고려 말[19]	태조실록

16) 《태조실록》 태조 4년 1월 23일 戊午, 卞玉蘭의 卒記에, 奉翊으로 승급하여 淸州牧使로 나갔다가, 庚申년에 또 忠州牧使가 되었다고 하였다.

17) 《고려사》 권135, 우왕11년 10월 조. 忠州兵馬使
《고려사》 권114, 최운해 전, 倭가 原州·忠州·丹陽·堤川에 侵寇하자, 雲海가 助戰都兵馬使가 되어 여러 번 싸워 首級을 斬獲하여 바치자, 馬·彩帛을 하사하고 忠州牧使에 임명하였다.

18) 《태조실록》 태조 3년 1월 19일 戊午, 權鑄의 卒記에서 忠州牧使를 지냈다고 하였다. 고려말기로 추정된다.

19) 《태조실록》 태조 6년 1월 22일 乙亥, 成汝完의 卒記에서 忠州牧使를 지냈다고 하였다. 고려말기로 추정된다.

3. 朝鮮時代

가. 前期 : 太祖~光海君(실록을 중심으로)

직위	성 명	본관	재 임 시 기	출전
牧使	**沈德符** 심덕부	靑松	태조[1]	승람
牧使	**柳 珣** 유 구	晉陽	태조[2]	승람
牧使	**金士衡** 김사형	安東	태조[3]	승람
牧使	**河自宗** 하자종	晉州	태조[4]	승람
牧使	**朴 訔** 박 은	潘南	정종 2년(1400). 8. 4[5]	실록
牧使	**禹洪康** 우홍강	丹陽	태종 7년(1407). 6. 1[6]	실록

1) 《동국여지승람》 名宦 조, 牧使.
2) 《동국여지승람》 名宦 조, 牧使.
3) 《동국여지승람》 名宦 조, 牧使.
4) 《동국여지승람》 名宦 조, 牧使.
5) 정종 2년(1400) 8월 4일(병신), 左散騎常侍 朴訔을 忠州牧使로 삼았다.
6) 태종 7년(1407) 6월 1일(계미), 忠州牧使 禹洪康의 資級을 논함.

직위	성 명	본관	재 임 시 기	출 전
牧使	李中培 이중배		태종 10년(1410). 6. 1 7) 前牧使	실 록
牧使	朴道幹 박도간		태종 11년(1411). 6. 11 8) 故牧使	실 록
牧事	孟思誠 맹사성	新昌	태종 11년(1411). 윤12. 7 9) 동년 . 윤12. 19 10)	실 록
牧使	權 軫 권 진	安東	태종 13년(1413). 6. 5 11)	실 록
牧使	李義倫 이의윤		태종 15년(1415). 7. 12 12)	실 록
牧使	韓 雍 한 옹	谷山	태종 18년(1418). 1. 17 13)	실 록
牧事	鄭 尙 정 상		세종 즉위년(1418). 11. 4 14)	실 록
牧事	朴光衍 박광연		세종 7년(1425). 4. 2 15) 前牧事	실 록

7) 태종 10년(1410) 6월 1일(병신), 前 忠州牧使 李中培의 죄를 사함.
8) 태종 11년(1411) 6월 11일(경자), 故 忠州牧使 朴道幹
9) 태종 11년(1411) 윤12월 7일(계해), 孟思誠을 判忠州牧事로 삼았다.
10) 태종 11년(1411) 윤12월 19일(을해), 孟思誠을 恭安府尹으로 삼았다.
11) 태종 13년(1413) 6월 5일(임자), 忠州牧使 權軫 등이 충청도 提州[제천]에 모여 술을 마신 일로 憲司에서 탄핵하다.
12) 태종 15년(1415) 7월 12일(정미), 李義倫을 忠州牧使로 삼았다.
13) 태종 18년(1418) 1월 17일(무진), 判忠州牧使 韓雍의 죄를 논하지 말라고 명함.
14) 세종 즉위년(1418) 11월 4일(경술), 鄭尙을 判忠州牧事로 삼았다.
15) 세종 7년(1425) 4월 2일(신축), 前 判忠州牧事 朴光衍이 卒하여 전례에 따라 賻

직위	성 명	본관	재 임 시 기	출전
牧使	**金士淸** 김사청		세종 8년(1426). 10. 3[16]	실록
牧事	**尹 夏** 윤 하		세종 12년(1430). 11. 20[17]	실록
牧事	**柳孟聞** 유맹문	文化	세종 17년(1435). 9. 3[18]	실록
牧事	**金世敏** 김세민	慶州	세종 19년(1437). 10. 24[19] 세종 21년(1439). 9. 2[20]	실록
牧事	**南宮啓** 남궁계	咸悅	세종 21년(1439). 12. 2[21]	실록
牧使	**金仲誠** 김중성		세종 24년(1442)[22]	승람

儀를 주다.

16) 세종 8년(1426) 10월 3일(계해), 判忠州牧使 金士淸과 判官 金厚生이 권세에 아부하는 등 하여 벌하고 그 職牒을 거두었다.

17) 세종 12년(1430) 11월 20일(정사), 判忠州牧事 尹夏의 횡포에 대하여 職牒을 회수하고 지방에 부처하게 하였다.

18) 世宗 17年(1435) 9月 3日(辛未), 柳孟聞을 判忠州牧事로 삼았다.

19) 세종 19년(1437) 10월 24일(경진), 金世敏, 判忠州牧事가 되었다.

20) 세종 21년(1439) 9월 2일, 判廣州牧事로 나갔다.

21) 세종 21년(1439) 12월 2일, 南宮啓가 慶州府尹이 되었는데, 일찍이 判忠州牧事가 되어 고을 사람에게 뇌물을 받았다고 하며 인사의 부당함을 탄핵하다.

22) 《동국여지승람》 樓亭 조 : 鄭麟趾의 慶迎樓기에, 金仲誠이 功臣의 後嗣로 사무 처리의 재간이 능하여 士大夫들이 추앙하는 바이다. 여기에 목사로 나온 지 3년 만에 정사가 이루어지고 백성이 화목해졌으며 온갖 폐지되었던 것이 모두 새로워졌다고 치하하고 있다.

직위	성 명	본관	재 임 시 기	출전
牧使	任孝忠 임효충	豊川	문종 즉위년(1450). 12. 29[23)]	실록
牧使	閔 恭 민 공		문종 1년(1451). 1. 23[24)] 단종 즉위년(1452). 12. 11[25)]	실록
牧使	金 淡 김 담	禮安	단종 3년(1455). 4. 4[26)]	실록
牧使	韓瑞龍 한서룡		세조 2년(1456). 12. 25[27)]	실록
牧使	趙之唐 조지당		세조 12(1466). 8. 17[28)]	실록
牧使	尹龜山 윤귀산	淸州	성종 3(1472). 2. 28[29)]	실록
牧使	朴繼姓 박계성		성종 6(1475). 8. 16[30)] 성종 9(1478). 1.11[31)]	실록

23) 문종 즉위년(1450) 12월 29일, 忠州牧使 任孝忠과 判官 林繼中이 碑石을 끌어 나른다고 핑계하고 熟麻(누인 삼껍질)를 백성들에게 중하게 거두었다.

24) 문종 1년(1451), 1월 23일(계해), 충주목사 閔恭은 수령을 다섯 차례나 지냈고, 나이가 또 쇠모하여 그 백성들을 다스리는데 아침저녁으로 힘을 들여 수고할 수가 없다고 改差할 것을 청하였으나, 왕이 유임시켰다.

25) 단종 즉위년(1452) 12월 11일, 同知敦寧府使가 되었다.

26) 단종 3년(1455) 4월 4일(기묘), 충주목사 金淡에게 通政大夫를 더하여 주었다. 治效가 있으며, 老母가 경상도 영천에 있기 때문에 충주목사에 임명하였다.

27) 세조 2년(1456) 12월 25일(경신), 韓瑞龍을 判忠州牧使로 삼았다.

28) 세조 12년(1466) 8월 17일(병진), 趙之唐을 行忠州牧使로 삼았다.

29) 성종 3년(1472) 2월 28일(을미), 충주목사 尹龜山 등이 하직하다.

30) 성종 6년(1475) 8월 16일(임진), 朴繼姓을 通政大夫 行忠州牧使로 삼았다.

직위	성 명	본관	재 임 시 기	출전
牧使	**金瑞衡** 김서형		성종 9(1478). 1. 12[32)] 동년 . 1. 15[33)]	실록
牧使	**慶 俊** 경 준		성종 14(1483). 1. 30[34)] 성종 17(1486). 7. 3[35)]	실록
牧使	**金舜輔** 김순보		성종 17(1486). 7. 3[36)] 성종 19(1488). 5. 26[37)]	실록
牧使	**丘致崐** 구치곤	平海	성종 21(1490). 2. 28[38)]	실록

31) 성종 9년(1478) 1월 11일(갑술), 충주목사 朴繼姓은 군기를 연마하지 않아 계본에 의하여 파직하였다.
《조선방목》에는 朴繼姓의 姓자가 '性'으로 되어 있음.

32) 성종 9년(1478) 1월 12일(을해), 金瑞衡)을 嘉善大夫 行忠州牧使로 삼았다.

33) 성종 9년(1478) 1월 15일(무인), 經筵에서 지평 李世匡이, 충주는 땅이 넓고 백성이 조밀하므로 김서형이 다스릴 곳이 아니라고 하니, 遞差를 명하였다.

34) 성종 14년(1483) 1월 30일(계해), 충주목사 慶俊이 辭朝하니, 백성들의 일에 전념하라고 명하다.

35) 성종 17년(1486) 7월 3일(병오), 慶俊을 통정대부 掌隷院判決事로 삼았다.

36) 성종 17년(1486) 7월 3일(병오), 金舜輔를 통정대부 충주목사로 삼았다. 26일 辭朝하니, "무릇 守令이 된 자가 처음에는 다 백성을 사랑하려고 마음먹으나, 직무를 수행하게 되면 욕심을 마음대로 부리고 백성의 고통을 돌보지 않는 자가 많아지니, 국가에서 맡긴 뜻에 아주 어그러진다. 백성의 고락은 오로지 수령에게 달려 있으니, 내 말을 생각하여 그 직분을 다하도록 힘쓰라"고 하였다. 임명을 받고 23일 만에 출발한 것이다.

37) 성종 19년(1488) 5월 26일(기축), 義禁府에서 충주목사 金舜輔가 官糧을 다수 거둬들인 죄로 律에 의하여 決杖 90대에 徒 2년 반이며, 告身은 모두 빼앗고 盜官糧 3字를 刺字하고 贓案에 기록하는 데 해당한다고 하니, 전교하기를, 存留하게 하고 刺字하는 것은 면제시키도록 하라고 하였다.

38) 성종 21년(1490) 2월 28일(경술), 丘致崐을 通政大夫 忠州牧使로 삼았다.
《연려실기술》과 《국조방목》에는 丘致崐의 崐자가 '崑'으로 되어 있음.

직위	성 명	본관	재 임 시 기	출전
牧使	許 篁 허 황	陽州	성종 23(1492). 9. 12[39]	실록
牧使	朴 緇 박 치		성종 25(1494). 2. 12[40]	실록
牧使	崔 璘 최 린	海州	연산 9(1503). 7. 2[41]	일기
牧使	金 祐 김 우		중종 2(1507). 11. 2[42]	실록
牧使	李 龜 이 구	慶州	중종 11(1516). 6. 12[43]	실록 승람

39) 성종 23년(1492) 9월 12일(경진), 사헌부에서 許篁은 量田從事官으로서 忠州牧使에 제수되었는데, 이제 量田巡察使의 啓請으로 바꾸기를 명하였으니, 옳지 못하다고 부당함을 아뢰었으나 윤허하지 않았다.
《조선방목》에는 許篁의 篁이 '葟'으로 되어 있음.

40) 성종 25년(1494) 2월 12일(신미), 이조에 전교하기를, 청주와 창원에 築城한 뒤에 限年(5년) 안에 頹落하지 않으면, 그 때의 監築差使員 충주목사 朴緇와 정평부사 金叔演에게 전일의 전교에 의하여 賞을 더하게 하라고 하였다.

41) 연산군 9년(1503) 7월 2일(병인), 도감사의 계문에 대하여, 忠州牧使 崔璘과, 청주목사 尹璋은 공정하고 청렴하며, 부지런하고 조심하여 백성들이 생업에 안정된 것을 사람들이 다 아는 일이니, 상을 주더라도 좋다고 하였다.
《신증동국여지승람》 樓亭 淸燕堂 조, 洪貴達의 記文에, 崔侯(璘)가 객사를 짓고 누각의 이름을 청하자 淸燕이라고 지어주었다고 하였다.

42) 중종 2년(1507) 11월 2일(신축), 사헌부가 전일의 일을 아뢰되, 李耘이 吏曹郎官으로 覲親하기 위해 경상도로 가는 길에, 忠州에 들러서 牧使 金祐에게 "柳雲이 자네를 도태시키려 하기에 내가 말려 중지시켰네."하니, 김우가 유운에게 원망을 품었다 합니다. 유운이 그 말을 듣고 그 날짜를 상고해 보니, 병이 나서 仕進하지 않았던 때입니다. 그 후에 김우가 듣고 말하기를, "이운은 간사한 사람이 아닌가? 우리 邑을 지날 적마다 그의 얼굴을 본다." 하였다.

43) 중종 11년(1516) 6월 12일(임술), 관찰사가, 충주목사 李龜는 벼슬살이에 勤實

직위	성　명	본관	재임시기	출전
牧使	朴祥昌 박상창		중종 17(1522). 7[44]	陶淵明集
牧使	朴　祥 박　상	忠州	중종 19(1524). 9. 12[45]	실록
牧使	朴　稑 박　륙		중종 24(1529). 7. 5[46]	실록
牧使	崔　灝 최　호	海州	중종 24(1529). 7. 16[47]	실록
牧使	徐　厚 서　후	達城	중종 26(1531). 11. 21[48]	실록

하고 밖으로부터 요동되지 않고 民事에 전념한다고 알리자, 한 階資 올려주도록 하였다. 《동국여지승람》 樓亭 鄕射堂조, 서문 밖에 있다. 목사 李龜가 세웠다.

44) 중종 17년(1522) 7월, 《陶淵明集》 忠州牧版 卷末 跋文에 『皇明嘉靖元年壬午秋七月上澣 通訓大夫忠州牧使朴祥昌謹跋』이라 하였다(金榮振 : 忠北의 古印刷, 《청주대학교 박물관보》 4, 1991. p.19).

45) 중종 19년(1524) 9월 12일(계유), 도 관찰사가 치계하기를, 忠州牧使 朴祥은 청렴하고 근신하여 직분을 지키고 일을 다스리는 데에 숙달하였으며 마음을 써서 어루만지고 돌보아 백성이 혜택을 많이 받는다고 하자, 鄕表裏 1습을 주었다.

46) 중종 24년(1529) 7월 5일(무술), 헌부에서, 충주목사 朴稑은 재판에 공정성을 기하지 못하여 정실에 치우친 나머지 잘못 판결한 일이 많아 파직시키자고 하였으나, 윤허하지 않았다.

47) 중종 24년(1529) 7월 16일(기유), 대간과 헌부에서, 충주 목사 崔灝는 성품이 졸렬하고 많은 일을 처리할 만한 재능이 없다. 충주는 인물도 많고 일도 번잡한 곳이므로 그의 才器로는 감당할 수 없으니 체직시키자고 하였으나, 윤허하지 않았다.

48) 중종 26년(1531) 11월 21일(신미), 徐厚를 충주목사에 제수하였다. 史臣이, 서후는 부모를 효도로 섬기고 형제를 후대하였다. 祿俸은 어머니에게 맡겨 처리하게 하였으며, 의지할 곳이 없는 동생들과 한 집에 같이 거처하면서 생활을 함께 하였다고 논하였다.

직위	성 명	본관	재 임 시 기	출전
牧使	趙世英 조세영	豊壤	중종 30(1535). 7. 29[49]	실록
牧使	許 碾 허 년		중종 35(1540). 2. 19[50]	실록
牧使	魚泳津 어영진		중종 35(1540). 2. 19[51]	실록
牧使	安 瑋 안 위	順興	중종 37(1542). 윤5. 3[52]	실록
牧使	房好義 방호의	溫陽	중종 37(1542). 10. 17[53] 중종 38(1543). 10. 10[54]	실록

49) 중종 30년(1535) 7월 29일(무자), 대신들이 종친의 취학을 위해, 成均館의 교육을 소중히 여겨 外任에 있는 사람이라도 師儒가 될만한 사람은 모두 체직시켜 오게 하여 전날 趙世英도 외직에서 불려와 司成에 임명된 일이 있다. 지금 忠州牧使가 되었는데 목사와 같은 직임은 아무라도 다 할 수 있는 것이나, 司成의 직책은 반드시 敎誨를 담당할 만한 사람이라야 되니. 조세영을 체직하여 전대로 사성에 제수하기를 청하여 체직되었다.

50) 중종 35년(1540) 2월 19일(임오). 어제 政事에 충주목사 許碾을 鍾城府使에 제수했다.

51) 중종 35년(1540) 2월 19일(임오) 헌부에서, 魚泳津을 許碾에 대신하여 충주목사로 하였는데 무재가 있으니 오래 내지에 재직할 수가 없을 것이므로 체직하고 다른 합당한 사람으로 차임하기를 아뢰어 체직되었다.

52) 중종 37년(1542) 윤5월 3일(임자), 관찰사 鄭惟善의 書狀에, 忠州牧使 安瑋는 관직에 부지런하고 검소하였고 일 처리가 자세하고 익숙하여 진휼하는 일이면 다 講究하여 있는 힘을 다해 조치해서 때맞춰 구제했음으로 경내의 백성들이 굶어죽지 않았다고 하자, 加資하였다.

53) 중종 37년(1542) 10월 17일(계사), 비변사에서, "군관에 합당한 사람은 창졸 간에 다 알 수가 없으니, 武才가 있는 것이 분명한 사람은 다시 의논해 아뢰겠다. 그리고 방호의는 지금 忠州牧使로 있는데 갑자기 사변이 발생하면 대응할 수가 있는 인물이니, 체직시키기를 아뢰었다.

직위	성 명	본관	재 임 시 기	출 전
牧使	李若氷 이 약 빙	廣州	중종 38(1543). 10. 11[55)]	실 록
牧使	鄭 郁 정 욱	東萊 光州	명종 즉위(1545). 9. 9[56)]	실 록
牧使	徐 固 서 고	達城	명종 3(1548). 9. 25[57)]	실 록
維新縣監	李 致 이 치	德水	명종 4(1549). 5. 21[58)]	실 록
縣監	柳仲郢 유 중 영	豊山	명종 5(1550). 8. 7[59)]	실 록

54) 중종 38년(1543) 10월 10일(신사), 헌부에서, 충주목사 方好義는 탐욕스럽고 꺼리는 것이 없어 官庫의 물건을 버젓이 배로 날랐으니, 지극히 범람하여 하루라도 벼슬에 있게 할 수 없다고 하여 체직하였다.

55) 중종 38년(1543) 10월 11일(임오), 李若氷을 특별히 通政大夫에 加資하여 충주목사에 제수하였다.

56) 명종 즉위년(1545) 9월 9일(기사), 鄭郁은 충주 목사인데 윤흥의의 공초에 나온 까닭으로 체포하여 공초하였다.

57) 명종 3년(1548) 9월 25일(정유), 헌부에서, 忠州牧使 徐固는 본디 우매하고 무능하며 부임한 이후로 백성들의 일에 조금도 마음을 쓰지 않고 굶어 죽는 것을 앉아서 보기만 하고, 전혀 救活하지 아니하였으며, 또한 다스리는 일을 게을리 하여 오로지 하급 관리에게 맡겨 폐단을 끼침이 많으므로 온 지방이 원망하니, 하루도 관직에 둘 수 없다고 하여 체직하였다.

58) 명종 4년(1549) 5월 21일(경인), 李致를 維新縣監으로 삼았다. 이는 이홍윤의 옥사로 인한 것으로, 忠淸道를 고쳐 淸洪道로 만들고, 忠州를 강등시켜 維新縣으로 만들었다.

59) 명종 5년(1550) 8월 7일(무진), 헌부에서, 유신현감 柳仲郢은 긴요하지 않은 문서만 보내 역말편에 行移하여 별도로 다시 독촉한 뒤에야 비로소 고찰할 문서를 수송하는 등 중대한 일은 조금도 마음을 써 거행하지 않고 이와 같이 태만스럽게 하였으니 파직시켜 남은 무리를 경계하여야 한다고 아뢰어 파직시켰다.

직위	성　명	본관	재 임 시 기	출전
縣監	柳景深 유경심	豊山	명종 8(1553). 10. 23[60]	실 록
縣監	李　瓘 이　관		명종 12(1557). 2. 23[61]	실 록
縣監	金　適 김　적	羅州	명종 19(1564). 윤2. 11[62] 前縣監	실 록
牧使	李　選 이　선	永川	선조 16(1583). 2. 20[63]	실 록
牧使	吳　澐 오　운	高敞	선조 17(1584). 4[64]	松齋 詩集

60) 명종 8년(1553) 10월 23일(병신), 승정원에 전교하여, 維新縣監 柳景深은 폐단을 없애고 선정을 베푼다고 매우 가상히 여겨 鄕表裏 1습을 주어 포장하였다. 이는 관찰사 李夢亮의 천거에 의한 것이다.

61) 명종 12년(1557) 2월 23일(정미), 간원에서, 惟新縣監 李瓘은 자기의 殿最가 居中인 것을 분하게 여겨 감사 柳智善이 순찰차 그 고을에 이르자 무관한 일을 가지고 데리고 온 營吏에게 성을 내어 杖을 심하게 치려하므로 고을 아전들이 전에 없던 일이라고 일제히 말리었으나 끝내 영리의 아내를 잡아다가 매질을 심하게 함으로써 감사로 하여금 위협을 받아 말없이 물러가게 했다. 이관을 파직시켜 상관을 능멸하는 풍습을 징계하고, 유지선은 한 道의 주인으로 黜陟의 책임을 맡은 사람인데도 수령에게 위협을 받고 도리어 물러가서 병을 핑계로 呈辭하기까지 하였으니 크게 사체를 잃었으니 추고하기를 아뢰어 이관은 파직되었다.

62) 명종 19년(1564) 윤2월 11일(갑신), 헌부에서, 전 유신현감 金適은 官庫의 재물을 배로 실어다가 뇌물로 바쳐 출세하는 밑천으로 삼는 등 하였으므로 사유의 선발에서 삭제하기를 아뢰어 삭제되었다.

63) 선조 16년(1583) 2월 20일(계묘), 사간원에서, 충주목사 李選이 논박을 당한 이후로 병을 핑계하여 나오지 않고 있으니 파직시키라고 아뢰었으나 체임시켰다.

64) 선조 17년(1584). 4, 《松齊詩集》 忠州牧 版 卷末 跋記에 『時萬曆甲申孟夏下浣 水忠州牧使吳澐謹跋』이라 하였다(金榮振 : 忠北의 古印刷, 《청주대학교 박물관보》 4, 1991. p.20).

직위	성　명	본관	재임시기	출전
牧使	鄭姬藩 정희번	溫陽	선조 18(1585). 4. 16[65]	실록
牧使	金禮宗 김예종		선조 21(1588). 7. 12[66]	실록
牧使	李宗張 이종장	洪州	선조 25(1592). 4. 14[67]	수정 실록
牧使	李　沃 이　옥	延安	선조 25(1592). 7. 22[68]	실록
牧使	趙　熊 조　웅	漢陽	선조 25(1592)[69]	輿地 圖書
牧使	尹安性 윤안성	坡平	선조 26(1593). 윤11. 4[70]	실록

65) 선조 18년(1585) 4월 16일(정사), 충청좌도 어사(忠淸左道御史) 강신(姜紳)이, 충주목사 鄭姬藩은 정치를 까다롭지 않게 하였다는 것으로 입계하여, 정희번에게 鄕表裏를 내리도록 하였다.

66) 선조 21년(1588) 7월 12일(계해), 사간원이, 忠州牧使 金禮宗은 才局이 적합하지 못하다하여 체직되었다.

67) 《선조수정실록》 선조 25년(1592) 4월 14일(계묘), 임진왜란으로 왜군이 충주에 침입할 때 목사 李宗張이 신립과 함께 싸우다 전사하였다.

68) 선조 25년(1592) 7월 22일(기묘), 李沃을 충주 목사에 제수하였다.

69) 《輿地圖書》충원현 충신조, 趙熊이 임진왜란을 당하자 의병을 일으켜 적을 토벌할 때 體府에서 듣고 行在所에 알리니 特旨로 충주목사에 제수하였다. 그러나 官敎가 이르기 전에 전사하였다(特除忠州牧使官敎未到身已逝矣).

70) 선조 26년(1593) 윤11월 4일(갑신), 사헌부에서, 충주목사 尹安性은 사람됨이 거칠어서 撫恤할 생각은 하지 않고 형벌을 남용하여 원망을 사는데다가 蕩敗한 끝인데도 궁벽한 먼 마을에 집을 넓게 지어 편히 쉴 곳을 만들어서 인민들이 더욱 流散하게 하였으니 부당함이 막심하니 罷職하고 십분 가려서 차임하도록 청하였다.

직위	성 명	본관	재임시기	출전
牧使	元 愼 원 신		선조 27(1594). 8. 2[71] 前牧使	실 록
牧使	金明胤 김명윤	光州	선조 29(1596). 1. 24[72]	실 록
牧使	李光俊 이광준	永川	선조 32(1599). 5. 25[73]	실 록
牧使	金順命 김순명	江陵	선조 34(1601). 1. 13[74] 선조 35(1602). 1. 21[75]	실 록
牧使	鄭 逑 정 구	淸州	선조 35(1602). 1. 21[76]	실 록

71) 선조 27년(1594) 8월 2일(정미), 사헌부에서, 경원부사 元愼은 전에 충주목사가 되었을 때 助防將으로서 4개 군을 檢問하면서 刑殺이 지나치고 수탈을 일삼아 遺民으로 하여금 살 수 없게 하고, 적을 바라보면 제가 먼저 도망하였으니, 重鎭을 맡기자 物情이 해괴하게 여긴다고 하자, 체직되었다.

72) 선조 29년(1596) 1월 24일(신묘), 비변사에서, 鳥嶺과 竹嶺은 비록 충주목사 金明胤과 단양군수 徐希信이 있다 하더라도, 또한 그들만 믿고 우려하지 않아서는 안 될 곳이라 하며 대응책을 아뢰었다.

73) 선조 32년(1599) 5월 25일(임신), 李光俊을 충주 목사로 삼았다.

74) 선조 34년(1601) 1월 13일(임자), 충주목사 金順命의 呈에 '12월 25일 밤 2경 쯤에 붉은 빛이 처음에는 辰方에서 일어나더니 조금 후에는 또 亥方에서도 일어나 한동안 맞비치다가 진방에서 일어난 것은 남방을 거쳐 서방으로 점점 돌고 해방에서 일어난 것은 북방을 거쳐 동방으로 돌았다. 그대로 하늘을 가리우고 사방에 빛을 발하였는데, 불빛 같기도 하고 달빛 같기고 하여 사람 그림자를 볼 수 있을 정도였다가 오랜 후에 없어졌다.'고 하였다.

75) 선조 35년(1602) 1월 21일(갑인), 金順命을 사헌부 장령으로 삼았다.

76) 선조 35년(1602) 1월 21일(갑인), 鄭逑를 충주목사로 삼았다. / 雲谷書院誌

직위	성 명	본관	재임시기	출전
牧使	**黃 洛** 황 락	長水	선조 35(1602). 3. 27[77)]	실 록
牧使	**成好善** 성호선	昌寧	선조 35(1602). 4. 1[78)]	실 록
牧使	**趙存性** 조존성	楊州	선조 37(1604). 7. 3[79)]	실 록
牧使	**辛慶晉** 신경진	寧越	선조 38(1605). 1. 14[80)]	실 록
牧使	**禹伏龍** 우복룡	丹陽	선조 39(1606). 3. 10[81)]	실 록
牧使	**洪思斅** 홍사효		선조 40(1607). 윤6. 27[82)]	실 록
牧使	**李弘老** 이홍로	延安	선조 40(1607). 12. 20[83)]	실 록
牧使	**申應榘** 신응구	高靈	광해 즉위(1608). 3. 12[84)]	일 기

77) 선조 35년(1602) 3월 27일(기축), 黃洛을 충주목사로 삼았다,
78) 선조 35년(1602) 4월 1일(임진), 成好善을 충주목사로 삼았다.
79) 선조 37년(1604) 7월 3일(임자), 趙存性을 충주목사로 삼았다.
80) 선조 38년(1605) 1월 14일(기축), 辛慶晉을 충주목사로 삼았다.
81) 선조 39년(1606) 3월 10일(무인), 禹伏龍을 충주목사로 삼았다.
82) 선조 40년(1607) 윤6월 27일(무자), 洪思斅를 충주목사로 삼았다.
83) 선조 40년(1607) 12월 20일(무인), 李弘老를 충주목사로 삼았다.
84) 광해군 즉위년(1608) 3월 12일(기해), 申應榘를 충주목사로 삼았다.

직 위	성 명	본 관	재 임 시 기	출 전
牧使	朴東說 박동설	潘南	광해 즉위(1608). 9. 20[85]	일 기
牧使	張世哲 장세철		광해 1(1609). 1. 7[86] 광해 3(1611). 1. 14[87]	일 기
牧使	李 貴 이 귀	延安	광해 3(1611). 1. 20[88] 동년 . 1. 23[89]	일 기
牧使	李好義 이호의	全州	광해 4(1612). 1. 10[90]	일 기
縣監	李民寏 이민환	永川	광해 6(1614). 3. 4[91]	일 기

---

85) 광해군 즉위년(1608) 9월 20일(갑진), 朴東說을 충주목사로 삼았다.

86) 광해군 1년(1609) 1월 7일(경인), 張世哲을 충주목사로 삼았다.

87) 광해군 3년(1611) 1월 14일(을묘), 사간원이, 충주목사 張世哲은 사람이 까다롭고 망령되며 일처리가 전도된 데다가 형벌을 남용하여 인심을 많이 잃었다고 하여 파직되었다.

88) 광해군 3년(1611) 1월 20일(신유), 李貴를 충주목사로 삼았다.

89) 광해군 3년(1611) 1월 23일(갑자), 사헌부에서, 충주목사 李貴는 肅川府使로서 한 읍의 일을 조치한지 얼마 되지 않았는데, 다른 읍으로 옮기게 한다면 단지 피폐한 서방 땅을 장차 수습할 수 없게 될 뿐만 아니라, 두 읍 사이의 거리가 너무 멀리 떨어져 있어 전송하고 맞이하는 폐단 또한 다른 곳보다 심할 것이니, 그대로 근무하도록 하여 윤허되었다.

90) 광해군 4년(1612) 1월 10일(을사), 감사가, 충주목사 李好義는 부지런히 공무를 수행하였다고 하여 옷 한 벌을 하사하였다.

91) 광해군 6년(1614) 3월 4일(병진), 사간원이, 忠原縣監 李民寏은 사람됨이 범람한데다 성질도 탐욕스럽고 비루하여 오직 백성의 재물을 빼앗는 것으로 일을 삼고, 게다가 형장을 지나치게 쓰고 마음 내키는 대로 행동하고 꺼리는 바가 없어 온 경내의 사람들이 물과 불 가운데에 빠진 것처럼 여기고 있다고 하여 파직되었다.

직위	성 명	본관	재 임 시 기	출전
縣監	**姜翼文** 강 익 문	晉州	광해 7(1615). 3. 15[92]	일 기
縣監	**李景嚴** 이 경 엄	延安	광해 8(1616). 5. 30[93] 동년 . 6. 2[94]	일 기
縣監	**李尙恒** 이 상 항	全州	광해 8(1616). 6. 6[95]	일 기
縣監	**鄭文翼** 정 문 익	草溪	광해 8(1616). 6. 24[96]	일 기
縣監	**李敬輿** 이 경 여	全州	광해 9(1617). 4. 25[97]	일 기
縣監	**柳鼎立** 유 정 립	全州	광해 11(1619). 8. 10[98]	일 기

92) 광해군 7년(1615) 3월 15일(신유), 사헌부에서, 忠原縣監 姜翼文은 일찍이 대관 시종을 지낸 사람으로서 조정이 위임한 중책은 생각지 않고 벼슬살이를 삼가지 않으며 멋대로 징수하여 사욕을 채우는 등하니 잡아다가 국문하여 죄를 규명하도록 하였다.

93) 광해군 8년(1616) 5월 30일(기해), 사간 尹訒 등이, 충원현감 李景嚴은 나이 어린 文官으로 다만 본직에 제수해도 안 될 것이 없다는 것만 알고, 그의 아비가 현재 대명을 하고 있다는 사실은 생각지 못하고서, 함께 의논하여 서경을 냈던 것이니 체직을 청하다.

94) 광해군 8년(1616) 6월 2일(신축), 사간원이, 충원현감 李景嚴은 사람됨이 방자하여, 그의 아비가 待命을 하고 있는 때에 감히 부임할 꾀를 내었다고 하여 파직시켰다.

95) 광해군 8년(1616) 6월 6일(을사). 李尙恒을 충원현감에 제수하였다.

96) 광해군 8년(1616) 6월 24일(계해), 죄인 정문익이 공초하고 하옥되었다. 당시에 鄭文翼은 충원현감이었다.

97) 광해군 9년(1617) 4월 25일(기미), 李敬輿를 충원현감으로 삼았다.

98) 광해군 11년(1619) 8월 10일(경신), 柳鼎立을 충원현감으로 삼았다.

나. 後期 : 仁祖~純宗(승정원일기를 중심으로)

직위	성명	본관	재임시기	출전
牧使	鄭孝誠 정효성	晋州	인조 1(1623). 3. 20[1)] 인조 3(1625). 2. 12[2)]	실록 승정원
牧使	申 埈 신 준		인조 3(1625). 2. 18[3)]	승정원
牧使	李 植 이 식	德水	인조 5(1627). 9. 12[4)] 인조 6(1628). 1. 18[5)]	승정원 실록
牧使	權泰一 정태일	安東	인조 6(1628). 1. 19[6)]	승정원
縣監	李培元 이배원	咸平	인조 6(1628). 11. 12[7)]	승정원

---

1) 인조 1년(1623) 3월 20일(경술), 鄭孝誠을 충주목사로 삼았다.

2) 인조 3년(1625) 2월 12일(신묘), 충주목사 鄭孝誠을 戶曹參議로 삼았다. / 《승정원일기》에는 인조 3년 2월 13일(임진), 조에 동일기사가 있다.

3) 《승정원일기》 인조 3년(1625) 2월 18일(정유), 申埈을 通政大夫 忠州牧使로 삼았다.

4) 《승정원일기》 인조 5년(1627) 9월 12일(을해), 李植을 忠州牧使로 삼았다. / 1631년에 세운 善政碑(行牧使李公淸德善政碑)가 충주 향교 앞에 있다.

5) 《인조실록》 6년(1628) 1월 18일(경진), 金堉이 충청 좌도를 순검하고, 충주목사 李植은 글은 잘 하지만 정사를 다스리는 재주는 부족한데 처음 큰 고을을 담당하게 되어 일마다 소홀하기 일쑤라고 하며, 파직시켜야 할 것 같다고 하여 파직시켰다. 충주향교 앞에 1631년(인조 9)에 세운 善政碑가 있다.

6) 《승정원일기》 인조 6년(1628) 1월 19일(신사), 權泰一을 特旨하여 忠州牧使로 삼았다.

7) 《승정원일기》 인조 6년(1628) 11월 12일(기사), 李培元을 忠原縣監으로 삼았다.

직위	성 명	본관	재 임 시 기	출전
縣監	崔有淵 최유연	海州	인조 8(1630). 3. 4[8)]	승정원
縣監	宋興周 송흥주	鎭州	인조 9(1631). 5. 16[9)]	승정원
縣監	李昭漢 이소한	延安	인조 11(1633). 6. 4[10)]	승정원 실록
縣監	朴 遾 박 서	密陽	인조 11(1633). 10. 1[11)]	승정원
縣監	李起浡 이기발	韓山	인조 12(1634). 12. 26[12)]	승정원
縣監	李培元 이배원	咸平	인조 12(1634). 12. 26[13)] 인조 14(1636). 4. 27[14)]	승정원 실록

8) 《승정원일기》 인조 8년(1630) 3월 4일(갑신), 崔有淵을 忠原縣監으로 삼았다.

9) 《승정원일기》 인조 9년(1631) 5월 16일(기축), 宋興周를 忠原縣監으로 삼았다.

10) 《승정원일기》 인조 11년 6월 4일, 《인조실록》 11년(1633) 6월 4일(갑자), 헌부에서, 충원현감 李昭漢이 춘분 후 가족을 근지에 데려다 두었으니 해괴한 일이라 하여 推考하였다.

11) 《승정원일기》 인조 11년(1633) 10월 1일(경신), 忠原縣監 朴遾가 하직하였다.

12) 《승정원일기》 인조 12년(1634) 12월 26일(무신), 이비에서, 새로 제수한 李起浡은 신병이 있으므로 遞差하고 충원현은 물중지대한 곳이므로 隣近 守令 중에 聲績이 있는 사람으로 擬望하기를 청하여 윤허 받았다.

13) 《승정원일기》 인조 12년(1634) 12월 26일(무신), 李培元를 通訓大夫 行忠原縣監으로 삼았다.

14) 《인조실록》 14년(1636) 4월 21일(을미), 忠原縣監 李培元이 驪州·利川·竹山 등지에서 기승을 부리는 도적들을 계책을 세워 잡아서 참살했는데, 그 수가 매우 많았다. 일을 보고하자 가자하였다./《승정원일기》 14년 4월 27일(신축), 李培元을 가자하여 通政大夫 行忠原縣監이라 하였다.

직위	성 명	본관	재 임 시 기	출 전
牧使	李英達 이영달		인조 15(1637). 5. 28[15]	승정원
牧使	尹 墀 윤 지	海平	인조 15(1637). 6. 2[16]	승정원
牧使	尹順之 윤순지	海平	인조 16(1638). 6.25[17]	승정원
牧使	任 絖 임 광	豊川	인조 17(1639). 5. 22[18]	승정원
牧使	南斗瞻 남두첨	宜寧	인조 19(1641). 6. 23[19]	승정원
牧使	崔惠吉 최혜길	全州	인조 20(1642). 9. 26[20]	승정원
縣監	張自好 장자호	仁同	인조 22(1644). 4. 4[21]	승정원
縣監	尹 絳 윤 강	坡平	인조 22(1644). 7. 23[22]	승정원

15) 《승정원일기》 인조 15년(1637) 5월 28일(을미), 사헌부에서, 忠州牧使 李英達의 일을 啓達하나 不允하였다.

16) 《승정원일기》 인조 15년(1637) 6월 2일(기해), 尹墀를 忠州牧使로 삼았다.

17) 《승정원일기》 인조 16년(1638) 6월 25일(병진), 尹順之를 忠州牧使로 삼았다.

18) 《승정원일기》 인조 17년(1639) 5월 22일(무인), 任絖을 忠州牧使로 삼았다.

19) 《승정원일기》 인조 19년(1641) 6월 23일(정묘). 忠州牧使 南斗瞻이 謝恩하였다.

20) 《승정원일기》 인조 20년(1642) 9월 26일(계사), 崔惠吉을 忠州牧使로 삼았다.

21) 《승정원일기》 인조 22년(1644) 4월 4일(신유), 張自好를 忠原縣監으로 삼았다. / 채문형의 역모사건으로 충주목이 충원현으로 강등되었다.

직위	성명	본관	재임시기	출전
縣監	李 僩 이 한		인조 23(1645). 5. 11[23]	승정원
縣監	李 傑 이 탐		인조 24(1646). 4. 1[24]	승정원
縣監	徐貞履 서정리	大丘	인조 24(1646). 12. 26[25]	승정원
縣監	郭之欽 곽지흠	淸州	인조 26(1648). 7. 11[26] 인조 27(1649). 4. 3[27]	승정원
縣監	崔後憲 최후헌	海州	인조 27(1649). 4. 3[28]	승정원
縣監	李 袗 이 진	延安	인조 27(1649). 4. 26[29] 효종 1(1650). 6. 22[30]	승정원 실 록

22) 《승정원일기》 인조 22년(1644) 7월 23일(무신), 尹絳를 忠原縣監으로 삼았다.

23) 《승정원일기》 인조 23년(1645) 5월 11일(임진), 李僩을 忠原縣監으로 삼았다.

24) 《승정원일기》 인조 24년(1646) 4월 1일(정축), 備邊司에서 忠原縣監 李傑 등에게 忠原 등지의 군사를 거느리고 偵探하게 하도록 公淸監司 등에게 移文할 것을 청했다.

25) 《승정원일기》 인조 24년(1646) 12월 26일(무술), 徐貞履를 忠原縣監으로 삼았다.

26) 《승정원일기》 인조 26년(1648) 7월 11일(갑술), 郭之欽을 忠原縣監으로 삼았다.

27) 《승정원일기》 인조 27년(1649) 4월 3일(신묘), 忠原縣監 郭之欽을 罷職시켰다.

28) 《승정원일기》 인조 27년(1649) 4월 3일(신묘), 崔後憲을 忠原縣監으로 삼았다.

29) 《승정원일기》 인조 27년(1649) 4월 26일(갑인), 李袗을 忠原縣監으로 삼았다.

30) 《효종실록》 효종 1년(1650) 6월 21일(계묘), 忠原縣監 李袗을 부수찬으로 삼았다. / 6월 22일(갑진), 비변사에서, 忠原縣監 李袗은 치적이 도내에서 으뜸이어서 온 고을이 편안하고 선정이 멀리까지 소문났으니, 그들을 司農과 少府로 부르는 것이 승진의 은전을 베푸는 일에 진실로 합당하나, 이러한 때에 신구 수령을 맞고 보내는 폐단 또한 적지 않아 수십 명의 농민들이 수십 일 동안 도로를 왔다갔다

직위	성명	본관	재임시기	출전
縣監	**李時聃** 이시담	延安	효종 3(1652). 10. 13[31] 효종 4(1653). 3. 17[32]	승정원
縣監	**柳碩** 유석	晉州	효종 4(1653). 3. 3[33]	실록 승정원
牧使	**宋時烈** 송시열	恩津	효종 4(1653). 3. 21[34]	승정원
牧使	**李阿岳** 이아악		효종 4(1653). 5. 25[35]	승정원
牧使	**南翧** 남훤		효종 4(1653). 6. 1[36]	승정원
牧使	**朴安悌** 박안제	密陽	효종 4(1653). 9. 5[37]	승정원

하며 시간을 보내게 될 것입니다. 한 사람의 농부가 농사를 못 지으면 열 사람이 굶주리게 되는 것이니 이것으로 따져 본다면 굶주리는 백성의 수가 얼마나 많겠습니까. 수령을 이미 出代하셨지만 지금에 있어서는 변통하여 한 고을에 은혜를 베푸는 것이 작은 일이 아닌 듯하니 잉임시키기를 청하여 잉임되었다./《승정원일기》 효종 1년(1650) 6월 23일(을사)에 동일한 기록이 있다.

31) 《승정원일기》 효종 3년(1652) 10월 13일(신해), 李時聃을 忠原縣監으로 삼았다.

32) 《승정원일기》 효종 4년(1653) 3월 17일(계미), 충청감사의 서목에 충주목사 李時聃이 병세가 심중하여 말미를 받아 고향에 돌아가 還任하지 않아 파출을 청하다.

33) 《효종실록》 10권, 4년(1653) 3월 3일(기사), 암행어사의 서계로, 忠原縣監 柳碩 등 여섯 고을 수령이 파직당하였다./《승정원일기》에는 다음날인 3월 4일 기사에서 李衿(衫)이라 하고 재임 16朔이라고 하며 파직을 청함.

34) 《승정원일기》·《효종실록》 10권, 4년(1653) 3월 21일(정해), 宋時烈을 忠州牧使로 삼았다.

35) 《승정원일기》 효종 4년(1653) 5월 25일(경인), 李阿岳을 忠州牧使로 삼았다.

36) 《승정원일기》 효종 4년(1653) 6월 1일(을미), 南翧을 忠州牧使로 삼았다.

37) 《승정원일기》 효종 4년(1653) 9월 5일(정유), 朴安悌를 忠州牧使로 삼았다.

직위	성 명	본관	재 임 시 기	출전
牧使	元斗樞 원두추	原州	효종 6(1655). 4. 29[38)]	승정원
牧使	鄭繼胄 정계주	延日	현종 즉위(1659). 12. 26[39)]	승정원
牧使	沈 榥 심 황	青松	현종 1(1660). 8. 9[40)]	승정원
牧使	李天基 이천기	延安	현종 3(1662). 1. 21[41)]	승정원
牧使	李 襘 이 괴	延安	현종 5(1664). 6. 16[42)]	승정원
牧使	洪 瑑 홍 전	南陽	현종 5(1664). 6. 21[43)] 동년 . 9. 24[44)]	승정원 실 록
牧使	朴 烶 박 정	密陽	현종 5(1664). 9. 29[45)]	승정원

38) 《승정원일기》 효종 6년(1655) 4월 29일 (계미), 元斗樞를 忠州牧使로 삼았다.

39) 《승정원일기》 현종 즉위년(1659) 12월 26일(임자), 鄭繼胄를 忠州牧使로 삼았다.

40) 《승정원일기》 현종 원년(1660) 8월 9일(임진), 二房郎廳 沈榥을 忠州牧使로 삼았다.

41) 《승정원일기》 현종 3년(1662) 1월 21일(을미), 李天基를 忠州牧使로 삼았다.

42) 《승정원일기》 현종 5년(1664) 6월 16일(정미), 李襘를 忠州牧使로 삼았다.

43) 《승정원일기》 현종 5년(1664) 6월 21일(임자), 洪瑑을 忠州牧使로 삼았다.

44) 《승정원일기》·《현종실록》 9권, 5년(1664) 9월 24일(임자), 대사간 이진이, 금지된 소나무를 벤 일로 전 판윤 조형과 전 감사 조귀석이 이미 죄를 입었으니, 문서를 만들어 준 충주목사 洪瑑만이 그 죄를 면할 수는 없으니 파직하기를 청하여 파직되었다.

45) 《승정원일기》 현종 5년(1664) 9월 29일(정사), 朴烶을 忠州牧使로 삼았다.

직위	성 명	본관	재 임 시 기	출 전
牧使	李廷機 이정기	永川	현종 6(1665). 2. 18[46]	승정원
牧使	李星徵 이성징	延安	현종 7(1666). 10. 8[47]	승정원
牧使	李宜徵 이의징	全州	현종 9(1668). 2. 22[48]	승정원
牧使	鄭始成 정시성	延日	현종 9(1668). 2. 23[49]	승정원
牧使	慶 冣 경 취	淸州	현종 9(1668). 2. 29[50] 동년 7. 19[51]	개수실록 승정원
牧使	李河岳 이하악	龍仁	현종 9(1668). 7. 21[52]	승정원

46) 《승정원일기》 현종 6년(1665) 2월 18일(을해), 李廷機를 忠州牧使로 삼았다.

47) 《승정원일기》 현종 7년(1666) 10월 8일(을묘), 李星徵을 忠州牧使로 삼았다.

48) 《승정원일기》 현종 9년 2월 22일(신묘), 吏曹에서, 忠州牧使 李宜徵이 忠淸監司와 외사촌 간이므로 李宜徵을 改差할 것을 청하여 개차하였다. 《연려실기술》에는 李宜徵의 宜자를 '義'로 표하고 있다.

49) 《승정원일기》 현종 9년(1668) 2월 23일(임진), 吏批에서, 忠州牧使로 鄭始成을 삼았다.

50) 《현종개수실록》 현종 9년(1668) 2월 29일(무술), 慶冣를 충주 목사로 삼았다. 이때 충주에 기근이 몹시 심해서 굶어죽는 백성이 있었는데, 새 목사인 鄭始成이 任所인 靈巖에서 아직 부임하지 못하였다. 이에 진휼청이 정시성을 체차하고 다른 사람을 차임해 보내기를 청하여 제수한 것이다.

51) 《승정원일기》 현종 9년 7월 19일(병진), 충청감사가, 忠州牧使 慶冣가 병이 중함으로 罷黜을 청하였다.

52) 《승정원일기》 현종 9년(1668) 7월 21일(무오), 李河岳을 忠州牧使로 삼았다.

직위	성 명	본관	재 임 시 기	출전
牧使	元萬春 원만춘	原州	현종 11(1670). 4. 16[53]	승정원
牧使	權大載 권대재	安東	현종 13(1672). 7. 21[54]	승정원
牧使	尹以濟 윤이제	坡平	현종 15(1674). 4. 4[55]	승정원
牧使	李溟翼 이명익	眞寶	숙종 1년(1675). 2. 8[56]	승정원
牧使	權 迪 권 적	安東	숙종 1년(1675). 2. 17[57] 숙종 2(1676). 6. 2[58]	승정원 실 록
牧使	李箕徵 이기징		숙종 2(1676). 6. 23[59] 숙종 4(1678). 6 25[60]	승정원

53) 《승정원일기》 현종 11년(1670) 4월 16일(임인), 元萬春을 忠州牧使로 삼았다.
54) 《승정원일기》 현종 13년(1672) 7월 21일(갑자), 權大載를 忠州牧使로 삼았다.
55) 《승정원일기》 현종 15년(1674) 4월 4일(무술), 尹以濟를 忠州牧使로 삼았다.
56) 《승정원일기》 숙종 원년(1675) 2월 8일(병신), 李溟翼을 忠州牧使로 삼았다.
57) 《승정원일기》 숙종 원년(1675) 2월 17일(을사), 權迪을 忠州牧使로 삼았다.
58) 《숙종실록》 2년(1676) 6월 2일(계축), 충청도 암행 어사 姜碩賓의 書啓로, 충주 목사 權迪을 파면하였다.
59) 《승정원일기》 숙종 2년(1676) 6월 23일(갑술), 李箕徵을 忠州牧使로 삼았다./李箕德은 箕徵의 잘못임.
60) 《승정원일기》 숙종 4년(1678) 6월 25일(갑오) 승전원에서, 忠淸監司가 忠州牧使 李箕徵이 相避의 원인인 촌수를 자세히 밝히지 않은 까닭에 감사 慶㝡의 推考와 李箕徵이 체차됨.

직 위	성 명	본 관	재 임 시 기	출 전
牧使	**柳命天** 유명천	晋州	숙종 4(1678). 6. 29[61]	승정원
牧使	**沈 澐** 심 운		숙종 4(1678). 9. 15[62]	승정원
牧使	**李 沆** 이 항	咸平	숙종 4(1678). 9. 28[63]	승정원
牧使	**權是經** 권시경	安東	숙종 5(1679). 4. 28[64]	승정원
牧使	**申厚命** 신후명	平山	숙종 6(1680). 4. 3[65]	승정원
縣監	**鄭載岳** 정재악		숙종 7(1681). 3. 20[66] 동년 동월 21[67]	승정원
縣監	**李思永** 이사영	全州	숙종 7(1681). 3. 29[68]	승정원

61) 《승정원일기》 숙종 4년(1678) 6월 29일(무술), 柳命天을 忠州牧使로 삼았다.

62) 《승정원일기》 숙종 4년(1678) 9월 15일(계축), 沈澐을 忠州牧使로 삼았다.

63) 《승정원일기》 숙종 4년(1678) 9월 28일(병인), 李沆을 忠州牧使로 삼았다. 李沆의 아버지 崇善君 澂의 태실이 엄정면 주동리에 있다.

64) 《승정원일기》 숙종 5년(1679) 4월 28일(임진), 權是經을 忠州牧使로 삼았다.

65) 《승정원일기》 숙종 6년(1680) 4월 3일(임술), 申厚命을 忠州牧使로 삼았다./《승정원일기》 숙종 6년 6월 23일(경진), 준익의 殺父 사건으로 파직되고 음성현감 李世基가 兼官하였다.

66) 《승정원일기》 숙종 7년(1681) 3월 20일(계유), 鄭載岳을 忠原縣監으로 삼았다.

67) 《승정원일기》 숙종 7년(1681) 3월 21일(갑술), 吏曹에서 本道監司 尹趾善과 相避관계에 있는 忠原縣監 鄭載岳을 改差케 하였다.

68) 《승정원일기》 숙종 7년(1681) 3월 29일(임오), 忠原縣監 李思永이 謝恩하였다.

직위	성 명	본관	재 임 시 기	출전
縣監	尹 搢 윤 진	坡平	숙종 8(1682). 3. 9[69] 숙종 8(1682). 3. 21[70]	승정원
縣監	沈 檝 심 즙	靑松	숙종 8(1682). 3. 21[71] 숙종 9(1683). 10. 7[72]	승정원
縣監	尹嘉積 윤가적	漆原	숙종 9(1683). 11. 9[73]	승정원
縣監	洪得禹 홍득우	南陽	숙종 11(1685). 7. 4[74]	승정원
縣監	權世經 권세경	安東	숙종 12(1686). 12. 21[75]	승정원
縣監	李徵明 이징명	全義	숙종 13(1687). 5. 25[76] 숙종 14(1688). 7. 3[77]	승정원
縣監 牧使	李 宖 이 굉	慶州	숙종 14(1688). 7. 5[78] 숙종 15(1689). 3. 27[79]	승정원 실 록

69) 《승정원일기》 숙종 8년(1682) 3월 9일(정사), 尹搢을 忠原縣監으로 삼았다.

70) 《승정원일기》 숙종 8년(1682) 3월 21일(기사), 吏曹에서, 새로 제수한 忠原縣監 尹搢이 중한 병으로 큰 고을을 감당하기 어렵다고 罷黜케 하였다.

71) 《승정원일기》 숙종 8년(1682) 3월 21일(기사), 沈檝을 忠原縣監으로 삼았다.

72) 《승정원일기》 숙종 9년(1683) 10월 7일(갑진), 公洪監司가, 忠原縣監 沈檝이 병이 중하여 罷黜케 하였다.

73) 《승정원일기》 숙종 9년(1683) 11월 9일(병자), 忠原縣監 尹嘉績이 下直함.

74) 《승정원일기》 숙종 11년(1685) 7월 4일(임술), 洪得禹를 忠原縣監으로 삼았다.

75) 《승정원일기》 숙종 12년(1686) 12월 21일(신미), 權世經을 忠原縣監으로 삼았다.

76) 《승정원일기》 숙종 13년(1687) 5월 25일(임인), 李徵明을 忠原縣監으로 삼았다.

77) 《승정원일기》 숙종 14년(1688) 7월 3일(계유), 의금부에서, 都事와 羅將을 보내 李徵明을 拿來하였다.

78) 《승정원일기》 숙종 14년(1688) 7월 5일(을해), 忠原縣監 李宖이 謝恩하고, 7월

직위	성 명	본관	재 임 시 기	출전
牧使	**李后定** 이후정	延安	숙종 15(1689). 윤3. 5[80)]	승정원
牧使	**李國憲** 이국헌		숙종 15(1689). 윤3. 9[81)] 숙종 16(1690). 9. 11[82)]	승정원
牧使	**嚴 纘** 엄 찬		숙종 19(1693). 4. 13[83)]	승정원
牧使	**李徵龜** 이징구	全州	숙종 19(1693). 7. 27[84)]	승정원
牧使	**宋相琦** 송상기	恩津	숙종 20(1694). 12. 20[85)] 숙종 22(1696). 5. 1[86)]	승정원

28일(무술)에 하직하였다.

79) 《승정원일기》·《숙종실록》 숙종 15년(1689) 3월 22일(기축), 司憲府에서, 忠原縣監 李宏을 仕版에서 削去하기를 청하였으나, 임금이 따르지 아니하였다. 《승정원일기》 숙종 15년 3월 27일(갑오), 罷職하였다.

80) 《승정원일기》 숙종 15년(1689) 윤3월 5일(임인), 李后定을 忠州牧使로 삼았다.

81) 《승정원일기》 숙종 15년(1689) 윤3월 9일(병오), 李國憲을 忠州牧使로 삼았다. /1690~1년에 세운 선정비(牧使李公國憲愛民善政碑)가 용관동과 신니면·노은면 등에 3기 있다.

82) 《승정원일기》 숙종 16년(1690) 9월 10일(병신)에 羅州牧使로 삼았다가 9월 11일(무술) 晝講에서 忠州牧使 李國憲의 仍任을 御前에서 裁決하였다.
숙종 19년(1693) 5월 19일자에 前牧使 尹嘉績과 李國憲이 暴死하였다고 함.

83) 《승정원일기》 숙종 19년(1693) 4월 13일(병술), 善治守令 抄錄別單에 忠州牧使 嚴纘이 올랐다./1694년에 세운 선정비(牧使嚴侯纘淸德恤民善政碑)가 달천대교 옆에 있다.

84) 《승정원일기》 숙종 19년(1693) 7월 27일(기사), 李徵龜를 忠州牧使로 삼았다.

85) 《승정원일기》 숙종 20년(1694) 12월 20일(계축), 副應敎 宋相琦를 忠州牧使로 삼았다.

86) 《승정원일기》 숙종 22년(1696) 05월 01일(병진), 忠州牧使 宋相琦가 月課를 연이어 세 차례나 짓지 않아 罷職하였다.

직위	성 명	본관	재임시기	출전
牧使	**呂翼齊** 여익제	咸陽	숙종 22(1696). 5. 2[87]	승정원
牧使	**宋炳夏** 송병하	恩津	숙종 22(1696). 5. 15[88]	승정원
牧使	**李萬元** 이만원	延安	숙종 22(1696). 5. 27[89]	승정원
牧使	**趙亨期** 조형기	林川	숙종 22(1696). 6. 30[90]	승정원
牧使	**沈 權** 심 권	靑松	숙종 22(1696). 12. 21[91]	승정원
牧使	**趙亨期** 조형기	林川	숙종 23(1697). 1. 5[92] 동년 5. 17[93]	승정원
牧使	**李萬亨** 이만형	全州	숙종 23(1697). 6. 2[94]	승정원

87) 《승정원일기》 숙종 22년(1696) 5월 2일(정사), 呂翼齊를 忠州牧使로 삼았다.

88) 《승정원일기》 숙종 22년(1696) 5월 15일(경오), 宋炳夏를 忠州牧使로 삼았다.

89) 《승정원일기》 숙종 22년(1696) 5월 27일(임오), 李萬元을 忠州牧使로 삼았다.

90) 《승정원일기》 숙종 22년(1696) 6월 30일(갑인), 趙亨期를 忠州牧使로 삼았으나 7월 16일(경오)에 하직하였다.

91) 《승정원일기》 숙종 22년(1696) 12월 21일(계묘), 沈權을 忠州牧使로 삼았다.

92) 《승정원일기》 숙종 23년(1697) 1월 5일(정사), 忠淸監司 趙亨期의 忠州牧使 仍任을 榻前에서 재결하였다.

93) 《승정원일기》 숙종 23년(1697) 5월 17일(병신), 비변사에서, 모친의 병이 중하여 任所로 갈 수 없다하여 趙亨期를 罷黜하였다.

94) 《승정원일기》 숙종 23년(1697) 6월 2일(경술), 忠州牧使 李萬亨이 下直하였다. 숙종 23년 10월 23일 李萬亨을 健元陵參奉을 삼았다.

직위	성 명	본관	재 임 시 기	출 전
牧使	**金萬埰** 김 만 채	光山	숙종 25(1699). 10. 3[95)] 숙종 26(1700). 3. 25[96)]	승정원
牧使	**李健命** 이 건 명	全州	숙종 26(1700). 4. 24[97)] 숙종 27(1701). 4. 28[98)]	승정원
牧使	**鄭是先** 정 시 선	海州	숙종 27(1701). 4. 29[99)] 동년 5. 6[100)]	승정원
牧使	**權 持** 권 지	安東	숙종 27(1701). 5. 6[101)] 숙종 28(1702). 9. 26[102)]	승정원
牧使	**南致熏** 남 치 훈	宜寧	숙종 28(1702). 9. 27[103)]	승정원
牧使	**洪重楷** 홍 중 해	豊山	숙종 30(1704). 3. 12[104)]	승정원

95) 《승정원일기》 숙종 25년(1699) 10월 3일(정묘), 金萬埰를 忠州牧使로 삼았다. 10월 15일(기묘)에 사은하고, 11월 6일(경자)에 하직하였다.

96) 《승정원일기》 숙종 26년(1700) 3월 25일(무오), 忠淸監司書目에, 忠州牧使 金萬埰가 身病이 있어 不得已 罷黜할 것을 청하였다.

97) 《승정원일기》 숙종 26년(1700) 4월 24일(정해), 忠州牧使 李健命이 下直하였다.

98) 《승정원일기》 숙종 27년(1701) 4월 28일(을유), 忠淸監司의 서목에, 忠州牧使 李健命이 모친의 병으로 말미를 받아 상경한 뒤 돌아오지 않음에 罷黜을 청함.

99) 《승정원일기》 숙종 27년(1701) 4월 29일(병술), 鄭是先을 忠州牧使로 삼았다.

100) 《승정원일기》 숙종 27년(1701) 5월 6일(임진), 吏曹에서, 忠州牧使 鄭是先이 본도의 감사 李震休와 성이 다른 4촌 형제로 상피제에 의해 改差케 하였다.

101) 《승정원일기》 숙종 27년(1701) 5월 6일(임진), 權持를 忠州牧使로 삼았으나, 5월 22일(무신)에 하직하였다.

102) 《승정원일기》 숙종 28년(1702) 9월 26일, 충청감사의 서목에 오래도록 돌아오지 않으므로 파직함.

103) 《승정원일기》 숙종 28년(1702) 9월 27일(을해), 南致熏에게 忠州牧使를 제수하였다.

직위	성 명	본관	재 임 시 기	출전
牧使	**金盛最** 김성최	安東	숙종 30(1704). 6. 20[105)] 숙종 33(1707). 3. 3[106)]	승정원
牧使	**鄭口先** 정구선		숙종 33(1707). 4. 1[107)]	승정원
牧使	**李聖漢** 이성한		숙종 34(1708). 2. 6[108)]	승정원
牧使	**李裕民** 이유민	靑海	숙종 36(1710). 7. 6[109)]	승정원
牧使	**金鎭華** 김진화	義城	숙종 39(1713). 2. 22[110)] 숙종 40(1714). 2. 22[11)]	승정원
牧使	**李正臣** 이정신	延安	숙종 40(1714). 2. 26[112)] 숙종 40(1714). 4. 18[113)]	승정원

104) 《승정원일기》 숙종 30년(1704) 3월 12일(신해), 洪重楷를 忠州牧使로 삼았다.

105) 《승정원일기》 숙종 30년(1704) 6월 20일(무자), 金盛最를 忠州牧使로 삼았다.

106) 《승정원일기》 숙종 33년(1707) 3월 3일(병진), 忠淸監司가, 忠州牧使 金盛最가 말미를 기다리지 않고 귀향하였으므로 罷黜했다고 書目을 올렸다.

107) 《승정원일기》 숙종 33년(1707) 4월 1일(계미), 忠州牧使 鄭□先이 下直하였다./《각사등록》 肅宗 34년(1708) 戊子 1월 1일(음), 咸鏡道防禦使等, 正朝箋文 실책으로 推考 조에 『忠州牧使 鄭是先 字畫熹微』이라 보인다. 鄭□先이 鄭是先이 아닐지?[출처 : 국사편찬위원회 한국사데이터베이스 http://db.history.go.kr]

108) 《승정원일기》 숙종 34년(1708) 2월 6일(계미), 李聖漢을 忠州牧使로 삼았다.

109) 《승정원일기》 숙종 36년(1710) 7월 6일(기사), 李裕民을 忠州牧使로 삼았다.

110) 《승정원일기》 숙종 39년(1713) 2월 22일(경오), 忠州牧使 金鎭華 등이 下直하였다.

111) 《승정원일기》 숙종 40년 2월 22일(갑오), 사간원에서 忠州牧使 金鎭華의 罷職不敍를 청하였다.

112) 《승정원일기》 숙종 40년(1714) 2월 26일(무술), 李正臣을 忠州牧使로 삼았다.

직위	성　　명	본관	재임시기	출전
牧使	權益隆 권익릉		숙종 40(1714). 4. 18[114)]	승정원
牧使	鄭覺先 정각선		숙종 40(1714). 6. 21[115)] 숙종 44(1718). 10. 24[116)]	승정원
牧使	趙泰果 조태과		숙종 44(1718). 11. 2[117)] 숙종 45(1719). 4. 11[118)]	승정원
牧使	李聖模 이성모		숙종 44(1718). 12. 18[119)] 前牧使	승정원
牧使	李喬岳 이교악	龍仁	숙종 45(1719). 4. 11[120)]	승정원
牧使	宋堯卿 송요경		경종 즉위(1720). 7. 5[121)]	승정원

113) 《승정원일기》 숙종 40년(1714) 4월 18일(기축), 吏批에서, 새로 제수한 忠州牧使 李正臣이 병이 있으므로 罷黜케 하였다.

114) 《승정원일기》 숙종 40년(1714) 4월 18일(기축), 權益隆을 忠州牧使로 삼았다.

115) 《승정원일기》 숙종 40년(1714) 6월 21일(신묘), 鄭覺先에게 忠州牧使를 제수하였다.

116) 《승정원일기》 숙종 44년(1718) 10월 24일(무진), 忠淸監司의 書目에, 忠州牧使 鄭覺先이 신병이 있으므로 罷黜을 청하였다.

117) 《승정원일기》 숙종 44년(1718) 11월 2일(병자), 趙泰果를 忠州牧使로 삼았다.

118) 《승정원일기》 숙종 45년(1719) 4월 11일(계축), 忠州牧使 趙泰果의 罷職을 청하는 司憲府의 달(達)에 따르지 않았으나, 나중에 그대로 하였다.

119) 《승정원일기》 숙종 44년(1718) 12월 18일(신유), 前 李聖模가 忠州牧使였다. (年前 李寅燁 主築城漢院之議, 其時 李聖模爲忠州牧使)

120) 《승정원일기》 숙종 45년(1719) 4월 11일(계축), 李喬岳을 忠州牧使로 삼았다.

121) 《승정원일기》 경종 즉위년(1720) 7월 5일(경오), 宋堯卿을 忠州牧使로 삼았다.

직위	성 명	본관	재 임 시 기	출 전
牧使	李衡佐 이형좌		경종 2(1722). 6. 21[122]	승정원
牧使	趙泰耆 조태기		경종 3(1723). 7. 14[123]	승정원
牧使	徐命淵 서명연	達城	경종 4(1724). 1. 27[124]	승정원
牧使	洪重禹 홍중우	豊山	경종 4(1724). 2. 8[125] 동년 동월 12[126]	승정원
牧使	申 瑴 신 곡		경종 4(1724). 2. 14[127]	승정원
牧使	沈仲良 심중량	靑松	경종 4(1724). 2. 18[128]	승정원
牧使	元命龜 원명구		영조 원년(1725). 1. 26[129]	승정원

122) 《승정원일기》 경종 2년(1722) 6월 21일(갑술), 李衡佐를 忠州牧使로 삼았다.
123) 《승정원일기》 경종 3년(1723) 7월 14일(신묘), 趙泰耆를 忠州牧使로 삼았다.
124) 《승정원일기》 경종 4년(1724) 1월 27일(임인), 徐命淵을 忠州牧使로 삼았다.
125) 《승정원일기》 경종 4년(1724) 2월 8일(임자), 洪重禹를 忠州牧使로 삼았다.
126) 《승정원일기》 경종 4년(1724) 2월 12일(병진) 吏批에서, 壯奴 10口가 境內에 있으므로 忠州牧使 洪重禹의 改差를 청하여 윤허 받았다.
127) 《승정원일기》 경종 4년(1724) 2월 14일(무오), 申瑴을 忠州牧使로 삼았다.
128) 《승정원일기》 경종 4년(1724) 2월 18일(임술), 沈仲良을 忠州牧使로 삼았다.
129) 《승정원일기》 영조 원년(1725) 1월 26일(을축), 元命龜를 忠州牧使로 삼았다.

직위	성　명	본관	재임시기	출전
牧使	朴致遠 박치원	密陽	영조 원년(1725). 9. 12[130] 영조 3(1727). 3. 19[131]	승정원
牧使	李聖佐 이성좌	全義	영조 3(1727). 윤3. 25[132] 영조 4(1728). 3. 17[133]	승정원 실록
牧使	金在魯 김재로	淸風	영조 4(1728). 3. 15[134] 동년 6. 17[135]	승정원
牧使	林世謙 임세겸		영조 4(1728). 6. 10[136] 동년 동월 29[137]	승정원
牧使	洪龍祚 홍용조	南陽	영조 4(1728). 6. 29[138] 영조 4(1728). 7. 6[139]	승정원
牧使 縣監	柳　綎 유　정	晋州	영조 4(1728). 7. 7[140] 영조 5(1729). 8. 27[141]	승정원

130) 《승정원일기》 영조 원년(1725) 9월 12일(병오), 朴致遠을 忠州牧使로 삼았다.

131) 《승정원일기》 영조 3년(1727) 3월 19일(병오), 義禁府에서, 忠州牧使 朴致遠을 拿問하기 위해 書吏를 보내 拿來하였다.

132) 《승정원일기》 영조 3년(1727) 윤3월 25일(신사), 李聖佐를 忠州牧使로 삼았다.

133) 《영조실록》 영조 4년(1728) 3월 17일, 忠州牧使 李聖佐를 체직하고 前參判 金在魯로 대신하다.

134) 《승정원일기》 영조 4년(1728) 3월 15일, 金在魯를 單付하여 忠州牧使로 삼았다.

135) 《승정원일기》 영조 4년(1728) 6월 10일(을축[기축]), 金在魯를 司圃提調로 삼았다. 17일(임신[병신]), 備邊司에서, 湖西安撫使 兼忠州牧使 金在魯를 吏曹參判에 移拜하였다.

136) 《승정원일기》 영조 4년(1728) 6월 10일(을축[기축]), 林世謙을 忠州牧使로 삼았다.

137) 《승정원일기》 영조 4년(1728) 6월 29일(무신), 沃川郡守로 林世謙을 仍任시켰다.

138) 《승정원일기》 영조 4년(1728) 6월 29일(무신), 洪龍祚를 忠州牧使로 삼았다.

139) 《승정원일기》 영조 4년(1728) 7월 6일(을묘), 忠州牧使 洪龍祚, 罷黜시켰다.

직위	성　　명	본관	재 임 시 기	출전
縣監	鄭益河 정익하	延日	영조 6(1730). 10. 13[142)] 영조 8(1732). 5. 10[143)]	승정원
縣監	宋翼輔 송익보	礪山	영조 8(1732). 5. 11[144)] 영조 9(1733). 8, 2[145)]	승정원
縣監	鄭羽良 정우량	延日	영조 9(1733). 8. 6[145)] 영조 10(1734). 1. 10[147)]	승정원
縣監	朴弼謨 박필모	潘南	영조 10(1734). 1. 10[148)]	승정원
縣監	李匡誼 이광의	全州	영조 10(1734). 2. 4[149)]	승정원
縣監	李勛佐 이훈좌		영조 11(1735). 4. 1[150)]	승정원 실록

140) 《승정원일기》 영조 4년(1728) 7월 7일(병진), 柳綎을 忠州牧使로 삼았다.

141) 《승정원일기》 영조 5년(1729) 8월 27일(기사), 이인좌의 무신난과 관련한 이조겸의 사건으로 降縣되어 충주목이 忠原縣監 柳綎이 되었다.

142) 《승정원일기》 영조 6년(1730) 10월 13일(무신), 鄭益河를 忠原縣監으로 삼았다.

143) 《승정원일기》 영조 8년(1732) 5월 10일(병인), 忠原縣監 鄭益河가 지난번 騎保布 50여동을 미수한 일로 先罷하고 뒤에 잡아갔다.

144) 《승정원일기》 영조 8년(1732) 5월 11일(정묘), 宋翌輔를 忠原縣監으로 삼았다.

145) 《승정원일기》 영조 9년(1733) 8월 2일(경술), 훈련도감에서, 砲保·價布의 미수납으로 忠原縣監 宋翼輔를 罷黜하였다.

146) 《승정원일기》 영조 9년(1733) 8월 6일 (갑인), 鄭羽良을 忠原縣監으로 삼았다.

147) 《승정원일기》 영조 10년(1734) 1월 10일(정해), 忠原縣監 鄭羽良을 罷黜하였다.

148) 《승정원일기》 영조 10년(1734) 1월 10일(정해), 朴弼謨를 忠原縣監으로 삼았다.

149) 《승정원일기》 영조 10년(1734) 2월 4일(경술), 李匡誼를 忠原縣監으로 삼았다.

150) 《승정원일기》·《영조실록》 영조 11년(1735) 4월 1일(신축), 헌납에서, 忠勳都事

직위	성　명	본관	재 임 시 기	출전
縣監	金始嬉 김시희		영조 12(1736). 10. 27[151]	승정원
縣監	洪晉猷 홍진유		영조 16(1740). 2. 28[152]	승정원
縣監	李明坤 이명곤	延安	영조 18(1742). 2. 5[153]	승정원
縣監	韓德弼 한덕필	淸州	영조 20(1744). 2. 19[154]	승정원
縣監	洪益三 홍익삼	南陽	영조 21(1745). 8. 17[155] 영조 22(1746). 9. 3[156]	승정원
縣監	李昌壽 이창수	全州	영조 22(1745). 9. 3[157]	승정원

李勛佐는 일찍이 忠州牧使(曾任忠州)에 부임하여 청렴하지 못하다는 비난이 있었는데, 본직을 除授함에 미쳐 괴상하고 어긋나는 행동이 많아 도태시켜야 한다고 하였으나 不允.

151) 《승정원일기》 영조 12년(1736) 10월 27일(정해), 金始熺를 忠原縣監으로 삼았다./善政碑가 동량면 조동리 면사무소 앞에 있다. 縣監金公始嬉善政碑(乾隆 4, 1739, 영조 15)

152) 《승정원일기》 영조 16년(1740) 2월 28일(기해), 洪晉猷를 忠原縣監으로 삼았다.

153) 《승정원일기》 영조 18년(1742) 2월 5일(을미), 李明坤을 忠原縣監으로 삼았다. 《조선방목》에는 李明坤의 明자가 '命'으로 되어 있음.

154) 《승정원일기》 영조 20년(1744) 2월 19일(정묘), 韓德弼을 忠原縣監으로 삼았다.

155) 《승정원일기》 영조 21년(1745) 8월 17일(병진), 洪益三을 忠原縣監으로 삼았다.

156) 《승정원일기》 영조 22년(1746) 9월 3일(병신), 洪益三이 副修撰으로 갔다.

157) 《승정원일기》 영조 22년(1746) 9월 3일(병신), 李昌壽를 忠原縣監으로 삼았다.

직위	성 명	본관	재 임 시 기	출전
牧使	**南有容** 남유용	宜寧	영조 23(1747). 5. 11[158]	승정원
牧使	**尹尙喜** 윤상희		영조 23(1747). 9. 16[159]	승정원
牧使	**金致一** 김치일		영조 25(1749). 8. 24[160]	승정원
牧使	**朴文秀** 박문수	高靈	영조 26(1750). 7. 9[161] 동년 동월 23[162]	승정원 실 록
牧使	**金致一** 김치일	始興	영조 26(1750). 7. 23[163]	승정원
牧使	**魚錫胤** 어석윤	咸從	영조 27(1751). 윤5. 9[164]	승정원
牧使	**李 璟** 이 후	延安	영조 28(1752). 5. 17[165] 동년 동월 21[166]	승정원

158) 《승정원일기》 영조 23년(1747) 5월 11일(경자), 南有容을 忠州牧使로 삼았다.
159) 《승정원일기》 영조 23년(1747) 9월 16일(계묘), 尹尙喜를 忠州牧使로 삼았다.
160) 《승정원일기》 영조 25년(1749) 8월 24일(경자), 金致一을 忠州牧使로 삼았다.
161) 《승정원일기》 영조 26년(1750) 7월 9일(기유), 戶曹判書 朴文秀를 忠州牧使로 제수하였다.
162) 《승정원일기》 영조 26년(1750) 7월 23일(계해), 忠州牧使 朴文秀를 체차하였다./ 《영조실록》은 7월 22일(임술)조에 있다.
163) 《승정원일기》 영조 26년(1750) 7월 23일(계해), 忠州牧使 金致一을 仍任시켰다.
164) 《승정원일기》 영조 27년(1751) 윤5월 9일(갑술), 魚錫胤을 忠州牧使로 삼았다.
165) 《승정원일기》 영조 28년(1752) 5월 17일(정축), 李璟를 忠州牧使로 삼았다.
166) 《승정원일기》 영조 28년(1752) 5월 21일(신사), 忠州牧使 李璟를 체차하였다.

직위	성 명	본관	재 임 시 기	출 전
牧使	李景祚 이경조	龍仁	영조 28(1752). 5. 22[167)] 동년 11. 3[168)]	승정원
牧使	金漢喆 김한철	慶州	영조 28(1752). 10. 30[169)]	승정원
牧使 縣監	元景濂 원경렴	原州	영조 29(1753). 1. 14[170)] 영조 32(1756). 2. 5[171)]	승정원
縣監	洪鑑輔 홍감보		영조 32(1756). 2. 7[172)]	승정원
縣監	朴道源 박도원	潘南	영조 33(1757). 9. 12[173)] 영조 34(1758). 3. 27[174)]	승정원 실록
縣監	李宗德 이종덕	延安	영조 34(1758). 3. 29[175)] 영조 37(1761). 8. 9[176)]	승정원

167) 《승정원일기》 영조 28년(1752) 5월 22일(임오), 李景祚를 忠州牧使로 삼았다.

168) 《승정원일기》 영조 28년(1752) 11월 3일(경신), 忠州牧使 李景祚가 京職으로 올라갔다.

169) 《승정원일기》 영조 28년(1752) 10월 30일(정사), 吏曹參判 金漢喆을 특별히 忠州牧使로 보하였다. 時任牧使는 京職으로 올라갔다.

170) 《승정원일기》 영조 29년(1753) 1월 14일(경오), 元景濂을 忠州牧使로 삼았다./ 영조 31년 5월 29일 유수원의 역모사건으로 降縣되어 忠原縣監이 되었다.

171) 《승정원일기》 영조 32년(1756) 2월 5일(계묘), 義禁府에서, '忠原縣監 元景濂 拿問하기 위해 羅將을 보내 拿來하였다.

172) 《승정원일기》 영조 32년(1756) 2월 7일(을사), 洪鑑輔를 忠原縣監으로 삼았다.

173) 《승정원일기》 영조 33년(1757) 9월 12일(신축), 朴道源을 忠原縣監으로 삼았다.

174) 《승정원일기》·《영조실록》 91권, 34년(1758) 3월 27일(계축), 忠原縣監 박도원을 파직하였다.

175) 《승정원일기》 영조 34년(1758) 3월 29일(을묘), 李宗德을 忠原縣監으로 삼았다.

176) 《승정원일기》 영조 37년(1761) 8월 9일(을해), 義禁府에서, 忠原縣監 李宗德을

직위	성명	본관	재임시기	출전
縣監	申 矱 신 악		영조 37(1761). 11. 22[177]	승정원
縣監	洪獻輔 홍헌보		영조 39(1763). 4. 17[178] 동년 12. 19[179]	승정원
縣監	申大孫 신대손	平山	영조 39(1763). 12. 20[180] 동년 동월 22[181]	승정원
縣監	趙守誼 조수의		영조 39(1763). 12. 22[182]	승정원
牧使	趙德洙 조덕수		영조 40(1764). 7. 11[183]	승정원
牧使	鄭弘淳 정홍순	東萊	영조 43(1767). 7. 17[184] 동년 8. 5[185]	승정원

拿問하도록 羅將을 보내 拿來하였다.

177) 《승정원일기》 영조 37년(1761) 11월 22일(병진), 申矱을 忠原縣監으로 삼았다.

178) 《승정원일기》 영조 39년(1763) 4월 17일(갑진), 洪獻輔를 忠原縣監으로 삼았다.

179) 《승정원일기》 영조 39년(1763) 12월 19일(신축), 義禁府에서, 忠原縣監 洪獻輔,를 拿問하기 위해 羅將을 보내 拿來하였다.

180) 《승정원일기》 영조 39년(1763) 12월 20일(임인), 申大孫을 忠原縣監으로 삼았다.

181) 《승정원일기》 영조 39년(1763) 12월 22일(갑진), 申大孫에게 전임 順興府使에 仍任을 명하여 부임치 않았다.

182) 《승정원일기》 영조 39년(1763) 12월 22일(갑진), 趙守誼를 忠原縣監으로 삼았다.

183) 《승정원일기》 영조 40년(1764) 7월 11일(신유), 趙德洙를 忠州牧使로 삼았다.

184) 《승정원일기》 영조 43년(1767) 7월 17일(기묘), 行司直 鄭弘淳을 忠州牧使에 제수하였다.

185) 《승정원일기》 영조 43년(1767) 8월 5일(병인), 忠州牧使 鄭弘淳을 소환하여 內移케 하였다.

직위	성 명	본관	재 임 시 기	출 전
牧使	鄭景淳 정경순	東萊	영조 43(1767). 8. 22[186]	승정원
牧使	李憲鎭 이헌진		영조 46(1770). 1. 27[187]	승정원
牧使	李命楫 이명즙		영조 47(1771). 10. 23[188]	승정원
牧使	朴相德 박상덕	潘南	영조 47(1771). 11. 18[189]	승정원 실 록
牧使	徐命膺 서명응	達城	영조 48(1772). 5. 7[190]	승정원
牧使	徐日修 서일수		영조 48(1772). 5. 7[191]	승정원
牧使	趙載選 조재선		영조 49(1773). 4. 10[192]	승정원

186) 《승정원일기》 영조 43년(1767) 8월 22일(계미), 鄭景淳을 忠州牧使로 삼았다. 가금면 비들거리에 1778년(正祖 2, 崇幀紀元後3 戊戌)에 세운 善政碑가 있다.

187) 《승정원일기》 영조 46년(1770) 1월 27일(을사), 李憲鎭을 忠州牧使로 삼았다.

188) 《승정원일기》 영조 47년(1771) 10월 23일(경인), 李命楫을 忠州牧使로 삼았다./영조 47년(1771) 11월 18일(갑인) 京職으로 갔다.

189) 《승정원일기》·《영조실록》 영조 47년(1771) 11월 18일(갑인), 이조판서 朴相德을 충주목사에 보임하였다.

190) 《승정원일기》 영조 48년(1772) 5월 7일(신축), 忠州牧使 徐命膺이 京職으로 올리고, 工曹判書로 삼았다.

191) 《승정원일기》 영조 48년(1772) 5월 7일(신축), 徐日修를 忠州牧使로 삼았다.

192) 《승정원일기》 영조 49년(1773) 4월 10일(무술), 趙載選을 忠州牧使로 삼았다.

직위	성　명	본관	재임시기	출전
牧使	**兪漢葛** 유한갈	杞溪	영조 49(1773). 4. 10[193]	승정원
牧使	**徐覺修** 서각수		영조 50(1774). 11. 28[194] 영조 51(1775). 11. 19[195]	승정원
牧使	**權濟應** 권제응		영조 51(1775). 11. 19[196]	승정원
牧使	**鄭存中** 정존중	東萊	정조 즉위(1776). 11. 27[197]	승정원
牧使	**尹得霖** 윤득림		정조 즉위(1776). 12. 3[198]	승정원
牧使	**朴師沃** 박사옥		정조 1(1777). 7. 2[199]	승정원
牧使	**李趾光** 이지광		정조 3(1779). 3. 24[200] 정조 4(1780). 9. 27[201]	승정원

193) 《승정원일기》 영조 49년(1773) 4월 10일(무술), 忠州牧使 兪漢葛에 特施不敍之典, 禁錮三年, 當該座首, 令帥臣分等決棍하다.

194) 《승정원일기》 영조 50년(1774) 11월 28일(정축), 徐覺修를 忠州牧使로 삼았다.

195) 《승정원일기》 영조 51년(1775) 11월 19일(임진), 榻教하기를, 忠州牧使 徐覺修를 先罷後拿하고 該府에 명하여 待供持奏하라고 하였다.

196) 《승정원일기》 영조 51년(1775) 11월 19일(임진), 權濟應을 忠州牧使로 삼았다.

197) 《승정원일기》 정조 즉위년(1776) 11월 27일(을미), 鄭存中을 忠州牧使로 삼았다.

198) 《승정원일기》 정조 즉위년(1776) 12월 3일(경자), 尹得霖을 忠州牧使로 삼았다.

199) 《승정원일기》 정조 원년(1777) 7월 2일(을축), 朴師沃을 忠州牧使로 삼았다.

200) 《승정원일기》 정조 3년(1779) 3월 24일(무신), 李趾光을 忠州牧使로 삼았다.

201) 《승정원일기》 정조 4년(1780) 9월 27일(임인), 忠州牧使 李趾光을 罷職하였다.

직위	성 명	본관	재 임 시 기	출전
牧使	趙宗鉉 조종현	楊州	정조 4(1780). 9. 27[202]	승정원
牧使	李廷恢 이정회		정조 4(1780). 9. 28[203]	승정원
牧使	李寅燮 이인섭		정조 4(1780). 9. 29[204]	승정원
牧使	李壽勛 이수훈	驪州	정조 4(1780). 10. 5[205] 정조 5(1781). 5. 26[206]	승정원
牧使	金履安 김이안	安東	정조 5(1781). 5. 24[207] 동년 9. 18[208]	승정원
牧使	兪恒柱 유항주	杞溪	정조 5(1781). 9. 19[209] 정조 6(1782). 7. 10[210]	승정원

202) 《승정원일기》 정조 4년(1780) 9월 27일(임인), 趙宗鉉을 忠州牧使로 삼았다.

203) 《승정원일기》 정조 4년(1780) 9월 28일(계묘), 李廷恢를 忠州牧使로 삼았다.

204) 《승정원일기》 정조 4년(1780) 9월 29일(갑진), 李寅燮을 忠州牧使로 삼았다.

205) 《승정원일기》 정조 4년(1780) 10월 5일(경술), 李壽勛을 忠州牧使로 삼았다.

206) 《승정원일기》 정조 5년(1781) 5월 26일(무술), 刑曹에서, 忠州牧使 李壽勛, 拿問조치하였다.

207) 《승정원일기》 정조 5년(1781) 5월 24일(병신), 金履安을 忠州牧使로 삼았다.

208) 《승정원일기》 정조 5년(1781) 9월 18일(정사), 忠州牧使 金履安을 改差하고 후임을 該曹에서 口傳差出토록하였다./《정조실록》에는 9월 19일(무오), 삭직되었다고 하였다.

209) 《승정원일기》 정조 5년(1781) 9월 19일(무오), 兪恒柱를 忠州牧使로 삼았다.

210) 《승정원일기》 정조 6(1782) 7월 10일 (을해[을사]) 충주목사 兪恒柱를 改差하였다.

직위	성　　명	본관	재 임 시 기	출전
牧使	李復永 이복영	全州	정조 6(1782). 8. 7[211)]	승정원
牧使	李樂培 이낙배		정조 6(1782). 8. 27[212)]	승정원
牧使	李義綱 이의강	全州	정조 7(1783). 2. 13[213)]	승정원
牧使	李在亨 이재형	全州	정조 7(1783). 11. 22[214)] 정조 11(1787). 7. 20[215)]	승정원
牧使	鄭履煥 정이환	延日	정조 11(1787). 7. 20[216)]	승정원
牧使	李元采 이원채		정조 13(1789). 4. 1[217)] 정조 15(1791). 6. 15[218)]	승정원
牧使	鄭東閔 정동민		정조 15(1791). 6. 15[219)] 정조 17(1793). 5. 26[220)]	승정원

---

211) 《승정원일기》 정조 6년(1782) 8월 7일(신미), 下直守令이 入侍할 때, 忠州牧使 李復永이 나아가 伏誋하였다.

212) 《승정원일기》 정조 6년(1782) 8월 27일(신묘), 李樂培를 忠州牧使로 삼았다.

213) 《승정원일기》 정조 7년(1783) 2월 13일(갑술), 李義綱을 忠州牧使로 삼았다.

214) 《승정원일기》 정조 7년(1783) 11월 22일(기유), 李在亨을 忠州牧使로 삼았다.

215) 《승정원일기》 정조 11년(1787) 7월 20일(을유), 忠州牧使 李在亨이 罷黜되었다.

216) 《승정원일기》 정조 11년(1787) 7월 20일(을유), 前副司直 鄭履煥을 忠州牧使로 除授하였다.

217) 《승정원일기》 정조 13년(1789) 4월 1일(정해), 李元采를 忠州牧使로 삼았다.

218) 《승정원일기》 정조 15년(1791) 6월 15일(무오), 忠州牧使 李元采를 改差하였다.

219) 《승정원일기》 정조 15년(1791) 6월 15일(무오), 鄭東閔을 忠州牧使로 삼았다.

직위	성　　명	본관	재 임 시 기	출전
牧使	金履銈 김이계		정조 17(1793). 5. 26[221]	승정원
牧使	李家煥 이가환	驪興	정조 19(1795). 7. 25[222]	승정원 실록
牧使	李　采 이　채	牛峯	정조 19(1795). 12. 20[223]	승정원
牧使	安廷鐸 안정탁		정조 23(1799). 11. 10[224] 정조 24(1800). 윤4. 4[225]	승정원
牧使	李性重 이성중 英重(영중)		정조 24(1800). 윤4. 4[226] 순조 원년(1801). 3. 16[227]	승정원
牧使	崔光泰 최광태		순조 원년(1801). 3. 17[228]	승정원

220) 《승정원일기》정조 17년(1793) 5월 26일(정사), 忠州牧使 鄭東閔, 病이 沈篤하여 부득이 罷黜하였다.

221) 《승정원일기》 정조 17년(1793) 5월 26일(정사), 金履銈를 忠州牧使로 삼았다.

222) 《승정원일기》, 《정조실록》 정조 19년(1795) 7월 25일(갑술), 李家煥을 특별히 忠州牧使에 補任하였다.

223) 《승정원일기》 정조 19년(1795) 12월 20일(정유), 李采를 忠州牧使로 삼았다.

224) 《승정원일기》 정조 23년(1799) 11월 10일(갑자), 安廷鐸을 忠州牧使로 삼았다.

225) 《승정원일기》 정조 24년(1800) 윤4월 4일(병진), 忠州牧使 安廷鐸을 罷黜하였다.

226) 《승정원일기》 정조 24년(1800) 윤4월 4일(병진), 李性重을 忠州牧使로 삼았다./순조 즉위년(1800) 9월 13일(임진), 吏曹에서, 李性重의 이름을 바꾸어 李英重이라 하였다.

227) 《승정원일기》 순조 원년(1801) 3월 16일(임진), 忠州牧使 李英重이 改差되었다.

228) 《승정원일기》 순조 원년(1801) 3월 17일(계사), 崔光泰를 忠州牧使로 삼았다.

직위	성　명	본관	재임시기	출전
牧使	李英敎 이영교		순조 원년(1801). 3. 29[229]	승정원
牧使	李采淸 이채청		순조 2(1802)[330]	不忘碑
牧使	洪元燮 홍원섭	南陽	순조 5(1805). 2. 10[231] 순조 7(1807). 4. 4[232]	승정원
牧使	金箕憲 김기헌		순조 7(1807). 4. 4[233]	승정원
牧使	南寅老 남인로	宜寧	순조 8(1808). 7. 10[234]	승정원
牧使	李光憲 이광헌	牛峯	순조 11(1811). 12. 17[235]	승정원

229) 《승정원일기》 순조 원년(1801) 3월 29일(을사), 李英敎를 忠州牧使로 삼았다.

230) 嘉慶 7년(1802, 순조 2), 秋에 세운 不忘碑가 달천동 달천대교 옆에 있다. 비문에 『牧使李侯采淸愛民永世不忘碑』라 하여 당시에 목사로 재임하고 있었음을 알 수 있다.

231) 《승정원일기》 순조 5년(1805) 2월 10일(갑자), 洪元燮을 忠州牧使로 삼았다. 《조선방목》에는 洪元燮의 元자가 '遠'으로 되어 있음.

232) 《승정원일기》 순조 7년(1807) 4월 4일(병자), 충청감사의 장계로, 忠州牧使 洪元燮 病勢가 심하여 不得已 罷黜하다.

233) 《승정원일기》 순조 7년(1807) 4월 4일(병자), 金箕憲을 忠州牧使로 삼았다.

234) 《승정원일기》 순조 8년(1808) 7월 10일(갑술), 南寅老를 忠州牧使로 삼았다.

235) 《승정원일기》 순조 11년(1811) 12월 17일(신유), 李光憲을 忠州牧使로 삼았다. 선정비가 달천동 달천대교 옆에 있다. 비문은 『行牧使李公光憲淸德愛民善政碑』라 하고 嘉慶 19년(1814, 순조 14)에 세웠다.

직위	성 명	본관	재 임 시 기	출전
牧使	**金龍淳** 김용순	金海	순조 14(1814). 5. 6[236)] 순조 15(1815). 10. 30[237)]	승정원
牧使	**金基豊** 김기풍	淸風	순조 15(1815). 10. 30[238)] 순조 16(1816). 11. 5[239)]	승정원
牧使 縣監	**金思稙** 김사직		순조 16(1816). 11. 5[240)] 순조 17(1817). 5. 1[241)]	승정원 실 록
縣監	**鄭冕綏** 정면수		순조 17(1817). 10. 5[242)] 순조 18(1818). 5. 4[243)]	승정원
縣監	**鄭組榮** 정조영	迎日	순조 18(1818). 5. 5[244)]	승정원

236) 《승정원일기》 순조 14년(1814) 5월 6일(병신), 金龍淳을 忠州牧使로 삼았다.

237) 《승정원일기》 순조 15년(1815) 10월 30일(신사), 충청감사의 장계로, 忠州牧使 金龍淳이 身病이 위중하므로 不得已 罷黜하였다.

238) 《승정원일기》 순조 15년(1815) 10월 30일(신사), 金基豐를 忠州牧使로 삼았다.

239) 《승정원일기》 순조 16년(1816) 11월 5일(경술), 忠州牧使 金基豐이 身病이 위중하여 罷黜하다.

240) 《승정원일기》 순조 16년(1816) 11월 5일(경술), 金思植을 忠州牧使로 삼았다.

241) 《승정원일기》 순조 17년(1817) 5월 1일(갑진), 채수영 사건에 연루되어 忠原縣監으로 강등하였다./순조 17년 5월 21일(갑자), 兵批의 계로, 忠州牧使, 改以忠原縣監事, 自吏曹啓下矣. 忠州營將, 改以忠原營將, 忠州鎭兵馬僉節制使, 改以忠原鎭兵馬節制都尉, 鎭管守令, 改以忠原鎭管으로 하였다./《순조실록》 순조 17년(1817) 10월 5일(을해), 忠原縣監 金思稙을 罷職하고 拿問하였다.

242) 《승정원일기》 순조 17년(1817) 10월 5일(을해), 鄭冕綏을 忠原縣監으로 삼았다.

243) 《승정원일기》 순조 18년(1818) 5월 4일(신축), 忠原縣監 鄭冕綏가 身病이 위중하여 罷黜하였다.

244) 《승정원일기》 순조 18년(1818) 5월 5일(임인), 鄭祖榮을 忠原縣監으로 삼았다.

직위	성 명	본관	재 임 시 기	출전
縣監	洪義敬 홍희경		순조 19(1819). 윤4. 3[245)]	승정원
縣監	鄭組榮 정조영		순조 19(1819). 윤4. 8[246)]	승정원
縣監	任 魯 임 노	豊川	순조 19(1819). 12. 25[247)] 순조 22(1822). 6. 10[248)]	승정원
縣監	李魯集 이노집	德水	순조 22(1822). 6. 10[249)]	승정원
縣監	尹鼎植 윤정식		순조 23(1823). 6. 24[250)]	승정원
縣監	吳鼎秀 오정수		순조 23(1823). 6. 24[251)]	승정원
縣監 牧使	金芝淳 김지순	安東	순조 24(1824). 윤7. 14[252)] 순조 27(1827). 10. 12[253)]	승정원 百六案

245) 《승정원일기》 순조 19년(1819) 윤4월 3일(갑오), 洪義敬을 忠原縣監으로 삼았다.

246) 《승정원일기》 순조 19년(1819) 윤4월 8일(기해), 忠原縣監 鄭祖榮이 誠心圖治, 事多修擧하여 특별이 仍任하였다.

247) 《승정원일기》 순조 19년(1819) 12월 25일(계축), 任魯를 忠原縣監으로 삼았다.

248) 《승정원일기》 순조 22년(1822) 6월 10일(임자), 忠原縣監 任魯를 罷黜하였다.

249) 《승정원일기》 순조 22년(1822) 6월 10일(임자), 李魯集을 忠原縣監으로 삼았다.

250) 《승정원일기》 순조 23년(1823) 6월 24일(신유), 忠原縣監이 有闕하여 尹鼎植으로 대신하였다.

251) 《승정원일기》 순조 23년(1823) 6월 24일(신유), 吳鼎秀로 忠原縣監을 삼았다.

252) 《승정원일기》 순조 24년(1824) 윤7월 14일, 金芝淳을 忠原縣監으로 삼았다./순조 26년 1월 2일, 충원현이 충주목으로 복구되어 金芝淳이 忠州牧使로 삼았다./

직 위	성 명	본 관	재 임 시 기	출 전
牧使	**李鼎臣** 이 정 신	全州	순조 27(1827). 10. 12[254)] 동년 10. 25[255)]	승정원 百六案
牧使	**李謙秀** 이 겸 수		순조 27(1827). 10. 25[256)] 순조 28(1828). 9. 24[257)]	승정원 百六案
牧使	**趙濟仁** 조 제 인		순조 28(1828). 9. 24[258)]	승정원 百六案
牧使	**南履炯** 남 이 형		순조 29(1829). 9. 3[259)] 순조 30(1830). 7. 3[260)]	승정원 百六案
牧使	**閔元鏞** 민 원 용		순조 30(1830). 7. 3[261)] 순조 32(1832). 5. 8[262)]	승정원 百六案

金芝淳이 縣監과 牧使의 敎旨가 忠州博物館(김윤동 기증유물)에 보관되어 있다.

253) 《승정원일기》 순조 27년(1827) 10월 12일(갑신), 忠州牧使 金芝淳이 死事하다. / 《百六案》

254) 《승정원일기》 순조 27년(1827) 10월 12일(갑신), 李鼎臣을 忠州牧使로 삼았다. / 《百六案》

255) 《승정원일기》 순조 27년(1827) 10월 25일(정유), 李鼎臣을 새로 右副承旨로 제수하였다.

256) 《승정원일기》 순조 27년(1827) 10월 25일, 李謙秀를 忠州牧使로 삼았다. / 《百六案》

257) 《승정원일기》 순조 28년(1828) 9월 24일, 忠州牧使 李謙秀의 身病沈重으로 파출하였다. 《증보문헌비고》·《국조방목》에서는 李謙秀가 '洙'자로 되어 있음.

258) 《승정원일기》 순조 28년(1828) 9월 24일, 趙濟仁을 忠州牧使로 삼았다. / 《百六案》, 《순조실록》 29, 11. 30, 罪를 논함.

259) 《승정원일기》 순조 29년(1829) 9월 3일(갑자), 南履炯을 忠州牧使로 삼았다. / 《百六案》

260) 《승정원일기》 순조 30년(1830) 7월 3일, 南履炯이 楚山府使가 되었다.

261) 《승정원일기》 순조 30년(1830) 7월 3일, 閔元鏞을 忠州牧使로 삼았다. / 《百六案》

262) 《승정원일기》 순조 32년(1832) 5월 8일(갑인), 忠州牧使 閔元鏞이 身病沈重하

직위	성　　명	본관	재 임 시 기	출전
牧使	**金祖淵** 김조연		순조 32(1832). 5. 9[263)] 헌종 2(1836). 2. 19[264)]	승정원 百六案
牧使	**申在翼** 신재익		헌종 2(1836). 6. 25[265)] 헌종 5(1839). 6. 28[266)]	승정원
牧使	**金祖淳** 김조순	安東	헌종 5(1839).[267)]	善政碑
牧使	**兪碩柱** 유석주	杞溪	헌종 5(1839). 6. 29[268)]	승정원
牧使	**李玄緖** 이현서	全義	헌종 8(1842). 5. 20[269)] 헌종 9(1843). 3. 28[270)]	승정원 百六案

여 不得已 罷黜하였다.

263) 《승정원일기》 순조 32년(1832) 5월 9일(을묘), 金祖淵을 忠州牧使로 삼았다./《百六案》

264) 《승정원일기》 헌종 2년(1836) 2월 19일(임신), 忠州牧使 金祖淵 仍任하였다.

265) 《승정원일기》 헌종 2년(1836) 6월 25일(정축), 申在翼을 忠州牧使로 삼았다.

266) 《승정원일기》 헌종 5년(1839) 6월 28일(임진), 忠州牧使 申在翼을 爲先 罷黜하고 拿問 조치하였다.

267) 《蘂城春秋》(p. 421)에 헌종 5(1839)에 立碑한 '行牧使 金公祖淳永世不忘碑'가 있다고 하였다. 그러나 《승정원일기》의 전후에 임명되고 파출한 기록으로 볼 때 김조순의 사실은 매우 애매하다. 비석은 철도창설시 충인동 대성자동차부 자리에 세웠던 것이 뒤에 破毁되었다고 하였다.

268) 《승정원일기》 헌종 5년(1839) 6월 29일(계사), 兪碩柱를 忠州牧使로 삼았다./《蘂城春秋》(p. 420)에 牧使兪公碩柱淸德善政碑(헌종 8(1842). 7. 立)가 단월동에 있다고 하나 확인할 수 없다.

269) 《승정원일기》 헌종 8년(1842) 5월 20일(무진), 李玄緖를 忠州牧使로 삼았다./《百六案》

270) 《승정원일기》 헌종 9년(1843) 3월 28일(신미), 忠州牧使 李玄緖의 身病沈重으로 罷黜하였다.

직위	성　명	본관	재 임 시 기	출전
牧使	李衡遠 이형원		헌종 9(1843). 3. 28[271)] 헌종 12(1846). 1. 1[272)]	승정원 百六案
牧使	宋宗洙 송종수		헌종 11(1845). 12. 27[273)]	승정원
牧使	金龍根 김용근		헌종 11(1846). 4. 20[274)] 헌종 14(1848). 9. 7[275)]	승정원
牧使	鄭始容 정시용	東萊	헌종 14(1848). 9. 7[276)] 동년 12. 22[277)]	승정원
牧使	南尙敎 남상교	宜寧	헌종 14(1848). 12. 22[278)]	승정원
牧使	尹致容 윤치용		헌종 15(1849). 7. 25[279)] 철종 3(1852). 1. 10[280)]	승정원

271) 《승정원일기》 헌종 9년(1843) 3월 28일(신미), 李衡遠을 忠州牧使로 삼았다./《百六案》
272) 《승정원일기》 헌종 12년(1846) 1월 1일(정사), 忠州牧使 李衡遠 才已貶罷하였다.
273) 《승정원일기》 헌종 11년(1845) 12월 27일(갑인), 宋宗洙를 忠州牧使로 삼았다.
274) 《승정원일기》 헌종 12년(1846) 4월 20일(을사), 金龍根을 忠州牧使로 삼았다.
275) 《승정원일기》 헌종 14년(1848) 9월 7일(정축), 金龍根이 晋州牧使로 갔다.
276) 《승정원일기》 헌종 14년(1848) 9월 7일(정축), 鄭始容을 忠州牧使로 삼았다.
277) 《승정원일기》 헌종 14년(1848) 12월 22일(임술), 忠州牧使 鄭始容이 水原判官으로 갔다.
278) 《승정원일기》 헌종 14년(1848) 12월 22일(임술), 忠州牧使로 水原判官 南尙敎가 왔다. 충주목사와 相換하였다.
279) 《승정원일기》 헌종 15년(1849) 7월 25일(경신), 尹致容을 忠州牧使로 삼았다.
280) 《승정원일기》 철종 3년(1852) 1월 10일(신유), 忠州牧使 尹致容 身病猝重으로 不得下去하니 罷黜하였다.

직위	성 명	본관	재 임 시 기	출전
牧使	李昌在 이 창 재		철종 3(1852). 1. 11[281]	승정원
牧使	趙然明 조 연 명		철종 4(1853). 1. 15[282] 철종 5(1854). 7. 20[283)]	승정원
牧使	鄭晩敎 정 만 교		철종 5(1854). 7. 21[284] 철종 7(1856). 7. 5[285]	승정원
牧使	沈明奎 심 명 규		철종 7(1856). 7. 5[286] 철종 8(1857). 11. 23[287]	승정원
牧使	任五常 임 오 상		철종 8(1857). 11. 28[288]	승정원
牧使	朴顯圭 박 현 규		철종 9(1858). 9. 29[289] 철종 10(1859). 5. 1[290]	승정원

281) 《승정원일기》 철종 3년(1852) 1월 11일(임술), 李昌在를 忠州牧使로 삼았다.

282) 《승정원일기》 철종 4년(1853) 1월 15일(경신), 趙然明을 忠州牧使로 삼았다.

283) 《승정원일기》 철종 5년(1854) 7월 20일, 義禁府照目의 粘連에, 趙然明이 전 나주목사시절의 일로 告身을 追奪하였다.

284) 《승정원일기》 철종 5년(1854) 7월 21일(무자), 鄭晩敎를 忠州牧使로 삼았다.

285) 《승정원일기》 철종 7년(1856) 7월 5일(경신), 충주목사 鄭晩敎를 右承旨로 前望하여 落點되었다.

286) 《승정원일기》 철종 7년(1856) 7월 5일(경신), 沈明奎를 忠州牧使로 삼았다.

287) 《승정원일기》 철종 8년(1857) 11월 23일(경자), 충주목사 沈明奎가 差使員으로 왔다 돌아갈 때 中路에서 병을 얻어 일하기 어려우므로 罷黜하였다.

288) 《승정원일기》 철종 8년(1857) 11월 28일(을사), 任五常을 忠州牧使로 삼았다.

289) 《승정원일기》 철종 9년(1858) 9월 29일(신축), 朴顯圭를 忠州牧使로 삼았다.

290) 《승정원일기》 철종 10년(1859) 5월 1일(경오), 朴顯圭가 羅州牧使로 갔다.

직 위	성 명	본 관	재 임 시 기	출 전
牧使	李 蹊 이 혜	延安	철종 10(1859). 5. 1[291)] 동년 12. 12[292)]	승정원
牧使	李勉翼 이면익		철종 10(1859). 12. 13[293)]	승정원
牧使	趙章鎬 조장호		철종 11(1860). 6. 25[294)]	승정원
牧使	趙秉文 조병문		철종 12(1861). 4. 13[295)] 철종 14(1863). 9. 14[296)]	승정원 실 록
牧使	鄭順朝 정순조	東萊	철종 14(1863). 9. 14[297)] 고종 원년(1864). 5. 27[298)]	승정원 실 록
牧使	李彙廷 이휘정		고종 원년(1864). 5. 28[299)]	승정원

291) 《승정원일기》 철종 10년(1859) 5월 1일(경오), 李蹊를 忠州牧使로 삼았다. / 《蘂城春秋》(p. 419)에 淸白吏碑가 있었는데 지금 所在不明이라 하였다.

292) 《승정원일기》 철종 10년(1859) 12월 12일(정미), 忠州牧使 李蹊가 身病猝重하여, 不得下去하니 罷黜하였다.

293) 《승정원일기》 철종 10년(1859) 12월 13일(무신), 李勉翼을 忠州牧使로 삼았다.

294) 《승정원일기》 철종 11년(1860) 6월 25일(정해), 趙章鎬를 忠州牧使로 삼았다.

295) 《승정원일기》·《철종실록》 철종 12년(1861) 4월 13일(신미), 趙秉文을 忠州牧使로 삼았다.

296) 《승정원일기》·《철종실록》 철종 14년(1863) 9월 14일(무자), 忠州牧使 趙秉文이 身病猝重하여 罷黜하였다.

297) 《승정원일기》·《철종실록》 철종 14년(1863) 9월 14일(무자), 鄭順朝를 忠州牧使로 삼았다.

298) 《승정원일기》 고종 원년(1864) 5월 27일(병인), 忠州牧使 鄭順朝를 改差하였다.

299) 《승정원일기》 고종 원년(1864) 5월 28일(정묘), 李彙廷을 忠州牧使로 삼았다.

직위	성 명	본관	재임시기	출전
牧使	閔禹世 민우세	驪興	고종 원년(1864). 12. 19[300)] 고종 3(1866). 11. 10[301)]	승정원
牧使	韓應弼 한응필	淸州	고종 3(1866). 11. 10[302)] 동년 동월 26[303)]	승정원
牧使	趙秉老 조병로		고종 3(1866). 11. 26[304)] 고종 8(1871). 8. 21[305)]	승정원
牧使	尹庚鎭 윤경진		고종 8(1871). 8. 21[306)]	승정원
牧使	南廷顯 남정현	宜寧	고종 9(1872). 7. 16[307)]	승정원
牧使	李喆淵 이철연		고종 11(1874). 1. 19[308)]	승정원

300) 《승정원일기》 고종 원년(1864) 12월 19일(병술), 忠州牧使로 閔禹世를 除授하였다./일기·실록 등에, 고종 3년(1866) 6월 18일(을사), 忠州牧使 閔禹世는 임기가 만료되었으나, 다시 1년 동안 그 벼슬을 더 맡도록 하였다.

301) 《승정원일기》 고종 3년(1866) 11월 10일(을축), "閔禹世爲持平"

302) 《승정원일기》 고종 3년(1866) 11월 10일(을축), "韓應弼爲忠州牧使"

303) 《승정원일기》 고종 3년(1866) 11월 26일(신사), 忠州牧使 韓應弼이 신병으로 체차를 원하자 富平府使 趙秉老와 서로 바꾸도록 하였다.

304) 《승정원일기》 고종 3년(1866) 11월 26일(신사), 忠州牧使로 趙秉老가 富平府使에서 왔다./불망비가 가금면 가흥리 비들거리에 있다. 비문에 『牧使趙公秉老永世不忘碑』라 하고 同治 庚午(1870, 고종 7)에 세웠다.

305) 《승정원일기》 고종 8년(1871) 8월 21일(기묘), 趙秉老가 尙州牧使로 갔다.

306) 《승정원일기》 고종 8년(1871) 8월 21일(기묘), 尹庚鎭을 忠州牧使로 삼았다.

307) 《승정원일기》 고종 9년(1872) 7월 16일, 南廷顯을 忠州牧使로 삼았다.

308) 《승정원일기》 고종 11년(1874) 1월 19일, 李喆淵을 忠州牧使로 삼았다./《雲谷書院誌》에 관련문서가 있다.

직위	성 명	본관	재 임 시 기	출 전
牧使	**吳達善** 오달선		고종 11(1874). 5. 28[309)]	승정원
牧使	**李正魯** 이정로	全義	고종 12(1875). 9. 3[310)]	승정원
牧使	**趙龍夏** 조용하		고종 14(1877). 12. 20[311)] 고종 15(1878). 6. 16[312)]	승정원
牧使	**趙臣熙** 조신희	楊州	고종 15(1878). 6. 16[313)] 고종 17(1880). 7. 29[314)]	승정원
牧使	**金九鉉** 김구현	光山	고종 17(1880). 7. 20[315)] 고종 18(1881). 12. 11[316)]	승정원 실 록
牧使	**趙秉浩** 조병호	林川	고종 18(1881). 12. 18[317)] 고종 19(1882). 8. 8[318)]	승정원 실 록

309) 《승정원일기》 고종 11년(1874) 5월 28일, 吳達善을 忠州牧使로 삼았다.

310) 《승정원일기》 고종 12년(1875) 9월 3일, 李正魯를 忠州牧使로 삼았다./1876-7년에 세운 不忘碑·선정비(牧使李公正魯永世不忘碑) 등이 4기(가금면 가흥리 비들거리, 동량면 조동리, 달천대교 옆, 금가면 유송리 나루)가 있다.

311) 《승정원일기》 고종 14년(1877) 12월 20일, 趙龍夏를 忠州牧使로 삼았다.

312) 《승정원일기》 고종 15년(1878) 6월 16일, 趙龍夏가 富平府使로 갔다.

313) 《승정원일기》 고종 15년(1878) 6월 16일, 趙臣熙를 忠州牧使로 삼았다.

314) 《승정원일기》 고종 17년(1880) 7월 29일, 趙臣熙가 副護軍으로 갔다.

315) 《승정원일기》 고종 17년(1880) 7월 20일, 金九鉉을 忠州牧使로 삼았다.

316) 《승정원일기》·《고종실록》 18년(1881) 12월 11일(기사), 忠州牧使 金九鉉이 도총부 부총관으로 발탁되어 갔다.

317) 《승정원일기》 고종 18년(1881) 12월 18일, 趙秉浩를 忠州牧使로 삼았다.

318) 《승정원일기》·《고종실록》 고종 19년(1882) 8월 8일(신유), 忠州牧使 趙秉浩와 營將 李秉洙를 罷黜하였다. 《매천야록》에는 趙秉浩의 浩자가 '鎬'로 되어 있음.

직위	성　명	본관	재임시기	출전
牧使	**金學洙** 김학수	光山	고종 19(1882). 8. 8[319)]	승정원
牧使	**閔應植** 민응식	驪興	고종 20(1883). 12. 9[320)]	승정원 실록
牧使	**鄭泰好** 정태호	溫陽	고종 22(1885). 1. 22[321)]	승정원 실록
牧使	**李鎬翼** 이호익	牛峰	고종 23(1886). 12. 25[322)] 고종 24(1887). 10. 15[323)]	승정원 실록
牧使	**李肯鉉** 이긍현		고종 24(1887). 10. 15[324)]	승정원
牧使	**閔泳肅** 민영숙		고종 26(1889). 1. 19[325)] 고종 27(1890). 3. 14[326)]	승정원

---

319) 《승정원일기》 고종 19년(1882) 8월 8일, 金學洙를 忠州牧使로 除授하였다.

320) 《승정원일기》·《고종실록》 고종 20년(1883) 12월 9일(을묘), 忠州牧使 閔應植을 協辦軍國事務에 잉임시켰다.

321) 《승정원일기》·《고종실록》 고종 22년(1885) 1월 22일(임술), 忠州牧使 鄭泰好를 謝恩肅拜하지 않기 때문에 外職에 補任하도록 전교하였다./1885년에 세운 불망비(行牧使鄭公泰好站船草弊永世不忘碑)가 가금면 가흥리 비들거리에 있다.

322) 《승정원일기》·《고종실록》 고종 23년(1886) 12월 25일(계미), 忠州牧使 李鎬翼이 公納을 기한 내에 납부하지 않고 지체하고 있으므로 우선 罷黜하고 該府로 하여금 拿問토록 하였다./《승정원일기》 고종 24년(1887) 1월 4일, 李鎬翼을 忠州牧使에 留任시켰다.

323) 《승정원일기》 고종 24년(1887) 10월 15일, 李鎬翼이 慶州府尹이 되어 갔다.

324) 《승정원일기》 고종 24년(1887) 10월 15일, 李肯鉉을 忠州牧使로 제수하였다.

325) 《승정원일기》 고종 26년(1889) 1월 19일, 閔泳肅을 忠州牧使로 삼았다.

326) 《승정원일기》 고종 27년(1890) 3월 14일, 閔泳肅이 掌樂正이 되어 갔다.

직위	성 명	본관	재 임 시 기	출전
牧使	閔炯植 민형식	驪興	고종 27(1890). 3. 14[327)	승정원
牧使	李種弼 이종필	慶州	고종 28(1891). 12. 9[328) 고종 29(1892). 6. 23[329)	승정원
牧使	閔泳綺 민영기	驪興	고종 29(1892). 6. 23[330) 고종 30(1893). 8. 12[331)	승정원
牧使	尹泰元 윤태원		고종 30(1893). 8. 12[332) 고종 31(1894). 4. 13[333)	승정원
牧使	閔泳綺 민영기	驪興	고종 31(1894). 4. 13[334) 동년 8. 25[335)	승정원

327) 《승정원일기》 고종 27년(1890) 3월 14일, 閔炯植을 忠州牧使로 삼았다./《蘂城春秋》(p.420)에 고종 30(1893)에 '行牧使 閔公炯植愛民善政碑'가 비각과 함께 성내동에 세웠으나, 병신년(1896) 유인석 의병의 충주성 진입시에 소실되어 비석만을 가금면 가흥리로 옮겨 세웠다고 하였으나 현재 확인할 수 없다.

328) 《승정원일기》 고종 28년(1891) 12월 9일, 李種弼을 忠州牧使로 삼았다.

329) 《승정원일기》 고종 29년(1892) 6월 23일, 李種弼이 부친의 병이 위중하여 부임치 못한다고 하여 改差하였다./동년 윤6월 23일, 李種弼이 황해도 관찰사가 되어 갔다.

330) 《승정원일기》 고종 29년(1892) 6월 23일, 閔泳綺를 忠州牧使로 삼았다.

331) 《승정원일기》 고종 30년(1893) 8월 12일, 閔泳綺를 左尹에 落點하고, 尙州牧使로 삼아 나갔다.

332) 《승정원일기》 고종 30년(1893) 8월 12일, 忠州牧使에 尙州牧使 尹泰元을 삼았으니, 忠州牧使 閔泳綺와 자리바꿈을 하였다.

333) 《승정원일기》 고종 31년(1894) 4월 13일, 尹泰元을 工曹參議에 落點하였다./4월 15일, 工曹參議 尹泰元을 尙州牧使로 삼아 나갔다.

334) 《승정원일기》 고종 31년(1894) 4월 13일, 忠州牧使로 또 尙州牧使 閔泳綺를 제수하였다.

335) 《승정원일기》 고종 31년(1894) 8월 25일, 經理廳이 閔泳綺를 兵房으로 삼았다.

직위	성 명	본관	재 임 시 기	출전
牧使	**朴世秉** 박세병		고종 31(1894). 8. 27[336]	승정원
牧使	**閔泳綺** 민영기	驪興	고종 31(1894). 9. 12[337] 고종 31(1894). 9. 20[338]	승정원 실 록
牧使	**朴世秉** 박세병		고종 31(1894). 9. 21[339]	승정원
牧使	**趙漢國** 조한국	林川	고종 31(1894). 12. 23[340] 고종 32(1895). 1. 11[341]	승정원
牧使	**李種元** 이종원	慶州	고종 32(1895). 1. 11[342] 동년 . 9. 2[343]	승정원
郡守	**權直相** 권직상		고종 32(1895). 10. 16[344] 고종 33(1896). 1. 15[345]	승정원 등 록

336) 《승정원일기》 고종 31년(1894) 8월 27일, 忠州牧使에 朴世秉을 單付하였다.

337) 《승정원일기》·《고종실록》 고종 31년(1894) 9월 12일(을유), 전 충주목사 閔泳綺를 잉임시켰다. 議政府에서, 충주 전 목사(민영기)가 내직으로 옮긴 후에 백성들이 보내지 않으려고 하소연하고 있으니, 정말 이 수령이 아니고는 匪賊들을 회유하여 잠잠하게 할 수 없어 온 고을 백성들이 장차 흩어지게 될 것이라 하였다. 그의 평소의 실지 업적이 백성들의 신임을 받았다는 것을 미루어 알 수 있으니, 전 충주 목사 閔泳綺를 특별히 잉임시키도록 하였다.

338) 《승정원일기》 고종 31년(1894) 9월 20일, 충주목사 閔泳綺가 신병을 이유로 정장하여 체직을 청하여 改差하였다.

339) 《승정원일기》 고종 31년(1894) 9월 21일, 전에 차임했던 牧使 朴世秉을 특별히 도로 제수하고 당일 하직하도록 하였다.

340) 《승정원일기》 고종 31년(1894) 12월 23일, 忠州牧使에 趙漢國을 임용하였다.

341) 《승정원일기》 고종 32년(1895) 1월 11일, 忠州牧使 趙漢國이 신병이 있어 改差하였다.

342) 《승정원일기》 고종 32년(1895) 1월 11일, 忠州牧使에 李種元을 임용하였다.

343) 《승정원일기》 고종 32년(1895) 9월 2일, 李種元이 潭陽郡守로 임용되어 갔다.

직위	성 명	본관	재 임 시 기	출전
郡守	**鄭基鳳** 정기봉		고종 33(1896). 8. 5[346] 고종 34(1897). 3. 4[347]	승정원 실록
署理 (陰城郡守)	**李能燮** 이능섭	驪州	고종 34(1897). 3. 19[348]	등록
郡守	**徐相肅** 서상숙	大邱	고종 34(1897). 3. 4[349] 동년 11. 11[350]	승정원
郡守	**金敬圭** 김경규	安東	고종 34(1897). 11. 11[351] 고종 36(1899). 6. 10[352]	승정원

344) 《각사등록 근대편》 고종 32년(1895) 10월 16일, 忠州府參書兼 忠州郡守 權直相이라 하여 府參書官이 郡守를 겸하였음을 알 수 있다. / 권직상은 1895년 5월 3일 忠州府參書官 敍奏任官六等으로 임용되었다. [출처 : 국사편찬위원회 한국사데이터베이스 http://db.history.go.kr]

345) 《승정원일기》 고종 33년(1896) 1월 15일, 忠州府參書官 權直相의 本官을 依願免職하였다. / 《각사등록 근대편》에는 2월 28일자로 신병에 의하여 의원면직한다고 사직서를 제출하고 있다.

346) 《승정원일기》 고종 33년(1896) 1월 16일, 忠州府參書官에 鄭基鳳이 임용되었다. / 《각사등록 근대편》 건양원년(1896) 8월 5일, 六品 鄭基鳳을 忠州郡守 叙奏任官六等으로 임용하였다. [출처 : 국사편찬위원회 한국사데이터베이스 http://db.history.go.kr]

347) 《승정원일기》 고종 34년(1897) 3월 4일, 忠州郡守 鄭基鳳의 本官을 依願免職하였다.

348) 《각사등록 근대편》, 건양 2년(1897, 고종 34) 3월 19일, 忠州郡守署理 陰城郡守 李能燮의 보고문. 忠州可興驛畓舍音 洪七星이가 전 마름의 부정행위를 고소한 건에 대한 보고서. [출처 : 국사편찬위원회 한국사데이터베이스 http://db.history.go.kr]

349) 《승정원일기》 고종 34년(1897) 3월 4일, 忠州郡守에 徐相肅을 임용하였다.

350) 《승정원일기》 고종 34년(1897) 11월 11일, 忠州郡守 徐相肅의 본관을 依願免職하였다.

351) 《승정원일기》 고종 34년(1897) 11월 11일, 忠州郡守에 金敬圭를 임용하였다.

352) 《승정원일기》 고종 36년(1899) 6월 10일, 忠州郡守 金敬圭의 본관을 면직하였다.

직위	성 명	본관	재임시기	출전
郡守	**宋鍾冕** 송종면	恩津	고종 36(1899). 6. 25[353)] 동년 12. 16[354)]	승정원
郡守	**崔文煥** 최문환		고종 36(1899). 12. 16[355)] 고종 38(1901). 8. 27[356)]	승정원
郡守	**鄭寅國** 정인국		고종 38(1901). 8. 27[357)] 고종 40(1903). 윤5. 12[358)]	승정원
郡守	**沈健澤** 심건택	青松	고종 40(1903). 윤5. 12[359)] 고종 41(1904). 6. 23[360)]	승정원
郡守	**張駿遠** 장준원		고종 41(1904). 9. 2[361)] 고종 42(1905). 12. 1[362)]	승정원

353) 《승정원일기》 고종 36년(1899) 6월 25일, 忠州郡守에 宋鍾冕을 임용하였다.

354) 《승정원일기》 고종 36년(1899) 12월 16일, 忠州郡守 宋鍾冕의 본관을 의원면직하고, 光州郡守에 임용되었다.

355) 《승정원일기》 고종 36년(1899) 12월 16일, 忠州郡守에 崔文煥을 임용하였다.

356) 《승정원일기》 고종 38년(1901) 8월 27일, 忠州郡守 崔文煥의 본관을 依願免職하였다.

357) 《승정원일기》 고종 38년(1901) 8월 27일, 正三品 鄭寅國을 忠州郡守에 임용하였다.

358) 《승정원일기》 고종 40년(1903) 윤5월 12일, 鄭寅國이 海州郡守에 임용되어 나갔다.

359) 《승정원일기》 고종 40년(1903) 윤5월 12일, 沈健澤을 忠州郡守에 임용하였다.

360) 《승정원일기》 고종 41년(1904) 6월 23일, 忠州郡守 沈健澤이 忠淸南道 觀察使가 되어 나갔다.

361) 《승정원일기》 고종 41년(1904) 9월 2일, 忠州郡守로 內部參書官 張駿遠을 임용하였다.

362) 《승정원일기》 고종 42년(1905) 12월 1일, 忠州郡守 張駿遠의 본관을 依願免職하였다.

직위	성 명	본관	재 임 시 기	출 전
郡守	**金在殷** 김재은		고종 42(1905). 12. 1[363)] 순종 1(1907). 12. 7[364)]	승정원
郡守	**徐晦輔** 서회보	達城	순종 1(1907). 12. 31[365)] ~韓末까지	승정원

---

363) 《승정원일기》 고종 42년(1905) 12월 1일, 忠州郡守로 從二品 金在殷을 임용하였다.

364) 《승정원일기》 순종 1년(1907) 12월 7일, 忠州郡守 金在殷의 본관을 依願免職하였다.

365) 《승정원일기》 순종 1년(1907) 12월 31일, 忠州郡守로 永同郡守 徐晦輔를 임용하였다.

4. 日帝强占期

직위	성 명	본관	재 임 시 기	출전
郡守	**徐晦輔** 서회보	達城	순종 4(1910). 08. 29[1)] 1917. 01. 23[2)]	承傳됨 일제36년사
郡守	**尹錫弼** 윤석필		1917. 02. 05[3)] 1918. 07. 01[4)]	일제36년사
郡守	**申昌休** 신창휴		1918. 07. 01[5)]	일제36년사
郡守	**李敬植** 이경식	全州	1923. 03. 30[6)] 1923. 08. 29[7)]	일제36년사
郡守	**金鴻圭** 김홍규		1923. 08. 29[8)]	일제36년사

1) 《승정원일기》 순종 1년(1907) 12월 31일, 忠州郡守로 永同郡守 徐晦輔를 임용한 이후 1910년 8월 일제침략기의 초대 군수로 계승되어 이어졌다./善政碑가 2기 있다. ① 성내동 관아공원내(郡守徐侯晦輔愛民善政碑) 明治 44(1911), ② 신니면 송암리 산1 신덕저수지 옆.

2) 《일제침략하 한국36년사》 1917. 01. 23, 忠州郡守徐晦輔는 願에 의하여 免官되었다.

3) 《일제침략하 한국36년사》 1917. 02. 05, 尹錫弼에게 忠州郡守를 명하였다.

4) 《일제침략하 한국36년사》 1918. 07. 01, 尹錫弼을 沃川郡守로 명하여 나갔다.

5) 《일제침략하 한국36년사》 1918. 07. 01, 申昌休에게 忠州郡守를 명하였다.

6) 《일제침략하 한국36년사》 1923. 03. 30, 李敬植에게 忠州郡守를 명하였다.

7) 《일제침략하 한국36년사》 1923. 08. 29, 李敬植을 鎭川郡守에 명하여 나갔다.

8) 《일제침략하 한국36년사》 1923. 08. 29, 金鴻圭를 忠州郡守에 명하였다.

직위	성 명	본관	재 임 시 기	출전
郡守	**金基善** 김 기 선		1927.[9)]	직원록자료
郡守	**崔志煥** 최 지 환		1927. 12. 17[10)]	한국근현대 인물자료
郡守	**崔헌양** 최 헌 양		1929. 11. 28[11)]	한국근현대 신문자료
郡守	**全錫泳** 전 석 영	天安	1932.[12)]	직원록자료
郡守	**閔泳殷** 민 영 은		1937. 1. 15[13)] 1937. 10. 13[14)]	중추원조사자료
郡守	**松山文治** 마쓰야마		1942~43년[15)]	직원록자료
郡守	**趙炳禹** 조 병 우		일제강점기[16)]	충주시지

9) 한국사데이타베이스 《직원록자료》, 1927, 忠州郡守 金基善이 재임.

10) 한국사데이타베이스 《한국근현대인물자료》 1927. 12. 17, 崔志煥을 忠淸北道 忠州郡守로 명하였다./동 《직원록자료》에는 1928~32년까지 충주군수로 되어 있다.

11) 한국사데이타베이스 《한국근현대신문자료-중외일보》 1929. 11. 28, 충주군수 최헌양 在任.

12) 한국사데이타베이스 《직원록자료》 및 《한국근현대신문자료-동아일보 》 1932. 11. 10, 郡守 全錫泳 忠淸北道 忠州郡 在勤을 命함.

13) 한국사데이타베이스 《중추원조사자료》 1937년 1월 15일, 閔泳殷 서리충주군수.

14) 한국사데이타베이스 《중추원조사자료》 1937년 10월 13일, 閔泳殷 서리충주군수를 그만두다.

15) 한국사데이타베이스 《직원록자료》1942년부터 43년까지, 忠州郡守 松山文治 在任.

16) 《충주시지》 일제강점기, 충주군수. 한국사데이타베이스 《직원록자료》 1939~40년, 단양군수.

5. 大韓民國

가. 軍政期(1945. 8. 15~ 48. 8. 14)

직위	성 명	재임시기	출전
郡守	尹 鳳 洙 윤 봉 수	군정시대	충주시지
郡守	金 泰 然 김 태 연	군정시대	충주시지
郡守	韓 廷 求 한 정 구	군정시대	충주시지
郡守	安 大 允 안 대 윤	1948. 06. 08 1948. 08. 14	충주시지

나. 政府樹立直後

忠州郡守

역대	성 명	재임시기	출전
1	安 大 允 안 대 윤	1948. 08. 15 1949. 06. 13	충주시지
2	張 應 斗 장 응 두	1949. 06. 14 1950. 03. 17	충주시지

역 대	성 명	재 임 시 기	출 전
3	李 壽 源 이 수 원	1950. 03. 18 1952. 11. 07	충주시지
4	鄭 喜 澤 정 희 택	1952. 11. 08 1953. 12. 30	충주시지
5	金 容 殷 김 용 은	1953. 12. 31 1956. 03. 26	충주시지
6	尹 鉀 윤 갑	1956. 03. 27 1956. 07. 07	충주시지

다. 市·郡 分離期

1) 中原郡守

역 대	성 명	재 임 시 기	출 전
7	尹 鉀 윤 갑	1956. 07. 08[1)] 1956. 10. 31	충주시지
8	金 相 顯 김 상 현	1957. 01. 07 1958. 11. 23	충주시지
9	徐 箕 煥 서 기 환	1958. 11. 24 1960. 05. 28	충주시지

1) 1956년 7월 8일 충주군 충주읍이 충주시로 승격되면서 면지역이 중원군으로 개칭되어 분리되었다.

역대	성　　명	재 임 시 기	출전
10	羅　教　道 나　교　도	1960. 05. 29 1960. 12. 27	충주시지
11	李　仲　茂 이　중　무	1960. 12. 28 1961. 06. 30	충주시지
12	洪　聖　杓 홍　성　표	1961. 07. 21 1961. 09. 08	충주시지
13	李　俊　榮 이　준　영	1961. 11. 23 1964. 04. 28	충주시지
14	李　相　泰 이　상　태	1964. 04. 29 1965. 06. 18	충주시지
15	金　曾　漢 김　증　한	1965. 06. 19 1966. 05. 23	충주시지
16	任　赫　宰 임　혁　재	1966. 05. 24 1967. 10. 23	충주시지
17	鄭　範　九 정　범　구	1967. 10. 24 1968. 12. 04	충주시지
18	李　相　龍 이　상　용	1968. 12. 05 1971. 08. 20	충주시지
19	金　鐘　振 김　종　진	1971. 08. 21 1973. 08. 12	충주시지
20	金　鐘　應 김　종　응	1973. 08. 13 1974. 11. 23	충주시지

역대	성　명	재임시기	출전
21	金 允 會 김 윤 회	1974. 11. 23 1976. 04. 22	충주시지
22	金 德 永 김 덕 영	1976. 04. 23 1978. 02. 27	충주시지
23	洪 舜 基 홍 순 기	1978. 02. 28 1980. 08. 18	충주시지
24	南 基 政 남 기 정	1980. 08. 19 1982. 09. 18	충주시지
25	李 相 範 이 상 범	1982. 09. 19 1985. 03. 11	충주시지
26	金 知 東 김 지 동	1985. 03. 12 1988. 06. 11	충주시지
27	李 基 永 이 기 영	1988. 06. 12 1989. 08. 31	충주시지
28	李 碩 儀 이 석 의	1989. 09. 01 1991. 01. 13	충주시지
29	趙 永 昌 조 영 창	1991. 01. 14 1992. 07. 03	충주시지
30	李 先 基 이 선 기	1992. 07. 04 1994. 01. 02	충주시지
31	李 在 忠 이 재 충	1994. 01. 03 1994. 05. 08	충주시지

역대	성 명	재 임 시 기	출전
32	柳 丙 鉉 류 병 현	1994. 05. 09 1994. 12. 31	충주시지

2) 忠州市長

역대	성 명	재 임 시 기	출전
1	朴 勝 斗 박 승 두	1956. 07. 08 1956. 07. 11	충주시지
2	朴 勝 斗 박 승 두	1956. 08. 08 1960. 05. 23	충주시지
3	嚴 在 衡 엄 재 형	1960. 06. 02 1960. 09. 22	충주시지
4	智 丁 煥 지 정 환	1960. 10. 31 1960. 12. 16	충주시지
5	南 相 得 남 상 득	1960. 12. 27 1961. 06. 08	충주시지
직무대리	任 益 宰 임 익 재	1961. 06. 09 1961. 08. 30	충주시지
6	劉 載 成 유 재 성	1961. 08. 31 1962. 07. 04	충주시지
직무대리	趙 貞 奎 조 정 규	1962. 07. 05 1962. 09. 12	충주시지

역대	성　　명	재 임 시 기	출전
7	李 相 泰 이 상 태	1962. 09. 12 1964. 04. 28	충주시지
8	朴 永 淳 박 영 순	1964. 04. 29 1966. 05. 23	충주시지
9	金 曾 漢 김 증 한	1966. 05. 24 1968. 05. 30	충주시지
10	韓 相 旭 한 상 욱	1968. 05. 31 1971. 08. 21	충주시지
11	崔 台 夏 최 태 하	1971. 08. 22 1973. 08. 13	충주시지
12	安 榮 國 안 영 국	1973. 08. 14 1976. 04. 24	충주시지
13	權 璣 相 권 기 상	1976. 04. 25 1977. 02. 15	충주시지
14	李 相 龍 이 상 용	1977. 02. 16 1978. 08. 01	충주시지
15	權 熙 鐸 권 희 탁	1978. 08. 02 1980. 07. 31	충주시지
16	金 泰 秀 김 태 수	1980. 08. 01 1982. 07. 19	충주시지
17	洪 舜 基 홍 순 기	1982. 07. 20 1985. 03. 10	충주시지

역대	성 명	재임시기	출전
18	李 承 雨 이 승 우	1985. 03. 11 1986. 03. 07	충주시지
19	柳 廷 烈 유 정 열	1986. 03. 08 1986. 12. 23	충주시지
20	石 泳 哲 석 영 철	1986. 12. 24 1988. 06. 10	충주시지
21	吳 炳 夏 오 병 하	1988. 06. 11 1988. 12. 23	충주시지
22	李 始 鐘 이 시 종	1989. 01. 01 1990. 12. 31	충주시지
23	吳 炳 夏 오 병 하	1991. 01. 10 1993. 03. 28	충주시지
24	金 重 求 김 중 구	1993. 03. 29 1993. 05. 22	충주시지
25	鄭 原 泳 정 원 영	1993. 05. 25 1994. 01. 02	충주시지
26	金 光 弘 김 광 홍	1994. 01. 03 1994. 10. 05	충주시지
27	李 碩 儀 이 석 의	1994. 10. 06 1994. 12. 31	충주시지

다. 忠州市

역대	성명	재임시기	출전
1	李 碩 儀 이 석 의	1995. 01. 01[2)] 1995. 04. 28	
직무 대리	柳 丙 鉉 류 병 현	1995. 04. 29 1995. 06. 30	
민선 1	李 始 鐘 이 시 종	1995. 07. 01 1998. 06. 30	
2	李 始 鐘 이 시 종	1998. 07. 01 2002. 06. 30	
3	李 始 鐘 이 시 종	2002. 07. 01 2003. 12. 17	
4	韓 昌 熙 한 창 희	2004. 06. 08 2006. 06. 30	
5	韓 昌 熙 한 창 희	2006. 07. 01 2006. 09. 28	
6	金 浩 福 김 호 복	2006. 10. 26 2010. 06. 30	
7	禹 建 道 우 건 도	2010. 07. 01 2011. 07. 27	
권한 대행	金 載 甲 김 재 갑	2011. 07. 28 2011. 10. 25	
8	李 鍾 培 이 종 배	2011. 10. 26~	

2) 1995년 1월 1일 충주시와 중원군이 통합(법률 제4774호)되어 都農複合형의 충주시로 출범되었다.

〈附 錄〉

忠淸北道 觀察使 先生案

1. 忠淸道觀察使

가. 高麗時代

나. 朝鮮時代

2. 忠州府觀察使

3. 忠淸北道觀察使

4. 忠淸北道知事

가. 日帝强占期(長官·知事)

나. 美軍政期

다. 政府樹立以後

일러두기

1. 《忠淸北道先生案》(충북향토문화연구소, 2005)이 출간되었으나 이는 충청남도 도정 사료실 소장 《道先生案》(徐丙浩편, 1922)을 저본으로 한 것으로 빠진 부분이 많아《충청도 관찰사전》(공주시·충남발전연구원, 2003. 6. 16)의 전시 도록에 실린 「충청도 관찰사 선생안」을 바탕으로 하고, 23부제에서의 충주부 관찰사와 13도제 이후의 충청북도 관찰사·장관·지사명단을 조사하여 첨부한 것이다.

2. 「충청도 관찰사 선생안」은 《고려사》·《조선왕조실록》에 산견되고 있는 기록을 발췌하고, 《사마방목》 등에서 보충하였으니, 비고에 출전을 표기하였다.

3. (　)안의 표기는 관찰사에 제수되었으나 부임하지 않은 경우의 재임시기와 2회 이상 제수된 인물의 성명란 다음에 회수를 기록한 것이다.

4. 비고란의 도명은 충청도 이외의 호칭에만 기록을 하였다. 여말선초의 경우 관찰사 직명을 按廉使와 구분하기 위해 실록의 기록에 근거하여 (　) 안에 표기하였다.

5. 일제강점기의 장관·지사 명단은 《조선총독부 관보》에 의한 것이다.

1. 忠清道 觀察使

가. 高麗時代

順	姓 名	本貫	在任時期	首府	出典	備考 (道名/觀察使名)
1	**成 石 璘** 성 석 린	昌寧	1388(우왕 14)	忠州	고려사/ 실록	楊廣道/ (都觀察黜陟使)
2	**徐 鈞 衡** 서 균 형	達城	미상		고려사	楊廣道/ (都觀察黜陟使)
3	**柳 珣** 유 구	晉陽	1390(공양 2)		고려사	楊廣道/ (都觀察黜陟使)
4	**安 景 良** 안 경 량	順興	1397(공양 3)		고려사	楊廣道/ (都觀察黜陟使)
5	**姜 隱** 강 은	晋州	1391(공양 3)		고려사	楊廣道/ (都觀察黜陟使)

나. 朝鮮時代

順	姓 名	本貫	在任時期	首府	出典	備考 (道名/觀察使名)
1	**(趙 璞)** (조 박)	平壤	1392(태조 1)	忠州	실록	楊廣道/ (按廉使)
2	**韓 尙 質** 한 상 질	淸州	1393(태조 2)		실록	楊廣道/ (都觀察黜陟使)
3	**閔 開** 민 개	驪興	미상		실록	忠淸道/ (都觀察黜陟使)

順	姓 名	本貫	在任時期	首府	出 典	備考 (道名/觀察使名)
4	張 至 和 장 지 화		1398(태조 7)	忠州	실록	忠淸道/ (都觀察黜陟使)
5	河 崙 하 륜	晋州	1398(태조 7)		실록	忠淸道/ (都觀察黜陟使)
6	韓 尙 敬 한 상 경	淸州	태조조		실록	忠淸道/ (都觀察黜陟使)
7	李 至 이 지		1399(정종 1)		실록	忠淸道/ (觀察使)
8	(李 垠) (이 은)		1401(태종 1)		실록	忠淸道/ (按廉使)
9	咸 傅 霖 함 부 림	江陵	1402(태종 2)		실록	忠淸道/ (都觀察黜陟使)
10	(尹 彰) (윤 창)		1402(태종 2)		실록	忠淸道/ (按廉使)
11	金 若 采 김 약 채	光山	1404(태종 4)		실록	忠淸道/ (都觀察黜陟使)
12	成 石 因 성 석 인	昌寧	1405(태종 5)		실록	忠淸道/ (觀察使)
13	金 自 粹 김 자 수	慶州	1406(태종 6)		실록	忠淸道 이하생략
14	柳 廷 顯 유 정 현	文化	1407(태종 7)		실록	
15	安 魯 生 안 노 생	竹山	1409(태종 9)		실록	

順	姓 名	本貫	在任時期	首府	出 典	備考 (道名/觀察使名)
16	閔 汝 翼 민 여 익	驪興	1409(태종 9)	忠州	실록	
17	吳 陞 오 승	同福	1409(태종 9)		실록	
18	韓 雍 한 옹	谷山	1411(태종 11)		실록	
19	李 潑 이 발	星州	1412(태종 12)		실록	
20	李 安 愚 이 안 우		1413(태종 13)		실록	
21	許 遲 허 지	河陽	1414(태종 14)		실록	
22	金 汝 知 김 여 지	延安	1414(태종 14)		실록	
23	鄭 易 정 역	海州	1415(태종 15)		실록	
24	安 騰 안 등	竹山	1415(태종 15)		실록	
25	李 之 剛 이 지 강	廣州	1415(태종 15)		실록	
26	禹 希 烈 우 희 열	丹陽	1415(태종 15)		실록	
27	黃 子 厚 황 자 후 (1)	懷德	1415(태종 15)		실록	

順	姓 名	本貫	在任時期	首府	出 典	備考 (道名/觀察使名)
28	徐 選 서 선	利川	1417(태종 17)	忠州	실록	
29	孟 思 誠 맹 사 성	新昌	1417(태종 17)		실록	
30	李 孟 畇 이 맹 균	韓山	1418(태종 18)		실록	
31	鄭 津 정 진	奉化	1419(태종 19)		실록	
32	姜 淮 仲 강 회 중	晉州	1419(세종 1)		실록	
33	權 軫 권 진	安東	1421(세종 3)		실록	
34	柳 種 善 유 종 선		1422(세종 4)		실록	
35	黃 子 厚 황 자 후 (2)	懷德	1422(세종 4)		실록	
36	柳 潁 유 영	文化	1423(세종 5)		실록	
37	金 益 精 김 익 정	安東	1424(세종 6)		실록	
38	崔 士 康 최 사 강	全州	1425(세종 7)		실록	
39	柳 季 聞 유 계 문	文化	1426(세종 8)		실록	柳寬으로 개명

順	姓 名	本貫	在任時期	首府	出 典	備考 (道名/觀察使名)
40	崔 洵 최 순	忠州	미상	忠州	실록	
41	高 若 海 고 약 해	開城	1429(세종 11)		실록	
42	李 叔 畤 이 숙 치	韓山	1431(세종 13)		실록	
43	趙 從 生 조 종 생	楊州	1433(세종 15)		실록	
44	李 孝 仁 이 효 인		1433(세종 15)		실록	
45	南 智 남 지	宜寧	1434(세종 16)		실록	
46	鄭 麟 趾 정 인 지	河東	1435(세종 17)		실록	
47	鄭 苯 정 분	晉州	1436(세종 18)		실록	
48	柳 守 剛 유 수 강	文化	1438(세종 20)		실록	
49	尹 炯 윤 형	坡平	1439(세종 21)		실록	
50	任 從 善 임 종 선	長興	1440(세종 22)		실록	
51	李 孟 常 이 맹 상	陽城	1440(세종 22)		실록	
52	李 堅 基 이 견 기	星州	1441(세종 23)		실록	

順	姓 名	本貫	在任時期	首府	出 典	備考 (道名/觀察使名)
53	李 益 朴 이 익 박		1442(세종 24)	忠州	실록	
54	金 銚 김 조	金海	1443(세종 25)		실록	
55	成 奉 祖 성 봉 조	昌寧	1445(세종 27)		실록	
56	楊 厚 양 후	淸州	1446(세종 28)		실록	
57	李 宜 洽 이 의 흡	全義	1447(세종 29)		司馬 榜目	
58	李 正 寧 이 정 녕	星州	1447(세종 29)		실록	
59	權 克 和 권 극 화	安東	1448(세종 30)		실록	
60	趙 遂 良 조 수 량	楊州	1452(단종 즉위년)		실록	
61	安 完 慶 안 완 경	廣州	1453(단종 1)		실록	
62	閔 騫 민 건	驪興	1453(단종 1)		실록	
63	朴 彭 年 박 팽 년	順天	1455(세조 1)		실록	
64	鄭 陟 정 척	晉州	1455(세조 1)		실록	
65	李 重 이 중		1456(세조 2)		실록	

順	姓 名	本貫	在任時期	首府	出 典	備考 (道名/觀察使名)
66	韓 昌 한 창		1457(세조 3)	忠州	실록	
67	盧 叔 仝 노 숙 동	豊川	1457(세조 3)		실록	
68	黃 孝 源 황 효 원	尙州	1458(세조 4)		실록	
69	安 崇 孝 안 숭 효	順興	1459(세조 5)		실록	
70	任 孝 仁 임 효 인	豊川	1461(세조 7)		실록	
71	崔 士 老 최 사 로		1462(세조 8)		실록	충청도 관찰사가 아니라 知刑曹事임.
72	崔 漢 卿 최 한 경	慶州	1462(세조 8)		실록	
73	辛 永 孫 신 영 손 (1)	寧越	1463(세조 9)		실록	
74	權 攀 권 반	安東	1463(세조 9)		실록	
75	辛 永 孫 신 영 손 (2)	寧越	1463(세조 9)		실록	
76	金 震 知 김 진 지	保寧	1464(세조 10)		실록	
77	李 皎 然 이 교 연	固城	1465(세조 11)	忠州	실록	

順	姓名	本貫	在任時期	首府	出典	備考 (道名/觀察使名)
78	李承召 이승소	陽城	1466(세조 12)		실록	
79	宋文琳 송문림	礪山	1466(세조 12)		실록	
80	金之慶 김지경	善山	1467(세조 13)		실록	
81	安哲孫 안철손	竹山	1468(세조 14)		실록	
82	金良璥 김양경	尙州	1469(예종 1)		실록	
83	金　瑾 김　필	靈光	1470(성종 1)		실록	
84	金　瓘 김　관	彦陽	1470(성종 1)		실록	
85	宣　炯 선　형	寶城	1470(성종 1)		실록	
86	金永濡 김영유	慶州	1471(성종 2)		실록	
87	韓繼純 한계순	淸州	1472(성종 3)		실록	
88	愼承善 신승선	居昌	1473(성종 4)		실록	
89	李德良 이덕량	全義	1473(성종 4)		실록	

順	姓 名	本貫	在任時期	首府	出 典	備考 (道名/觀察使名)
90	**金 紐** 김 유	安東	1474(성종 5)	忠州	실록	
91	**成 允 文** 선 윤 문	昌寧	1474(성종 5)		실록	
92	**李 全 粹** 이 전 수	仁川	1475(성종 6)		실록	
93	**李 元 孝** 이 원 효	全義	1475(성종 6)		司馬榜目	
94	**梁 順 石** 양 순 석	南原	1476(성종 7)		실록	
95	**李 陸** 이 육	固城	1477(성종 8)		실록	
96	**李 世 佐** 이 세 좌	廣州	1478(성종 9)		실록	
97	**洪 貴 達** 홍 귀 달	缶溪	1479(성종 10)		실록	
98	**朴 安 性** 박 안 성	竹山	1480(성종 11)		실록	
99	**李 愼 孝** 이 신 효	全義	1481(성종 12)		실록	
100	**申 浚** 신 준	高靈	1482(성종 13)		실록	
101	**河 叔 溥** 하 숙 부	晉州	1483(성종 14)		실록	
102	**李 拱** 이 공		1484(성종 15)		실록	

順	姓 名	本貫	在任時期	首府	出 典	備考 (道名/觀察使名)
103	金 自 貞 김 자 정	金海	1484(성종 15)	忠州	실록	
104	姜 子 平 강 자 평	晉州	1485(성종 16)		실록	
105	尹 垓 윤 해	坡平	1485(성종 16)		실록	
106	蔡 壽 채 수	仁川	1486(성종 17)		실록	
107	金 礪 石 김 여 석 (1)	光山	1487(성종 18)		실록	3월 12일 제수
108	金 礪 石 김 여 석 (2)	光山	1487(성종 18)		실록	9월 28일 제수
109	李 淑 琦 이 숙 기	延安	1488(성종 19)		실록	
110	李 德 崇 이 덕 숭	全義	1488(성종 19)		실록	
111	崔 應 賢 최 응 현	江陵	1488(성종 19)		실록	
112	李 則 이 칙	固城	1489(성종 20)		실록	
113	洪 興 홍 흥	南陽	1490(성종 21)		실록	
114	李 季 男 이 계 남	平昌	1491(성종 22)		실록	

順	姓 名	本貫	在任時期	首府	出 典	備考 (道名/觀察使名)
115	李 誼 이 의	星州	1491(성종 22)	忠州	실록	
116	尹 坦 윤 단	坡平	1492(성종 23)		실록	
117	曹 偉 조 위	昌寧	1493(성종 24)		실록	
118	李 叔 瑊 이 숙 감	延安	1496(연산 1)		실록	
119	鄭 眉 壽 정 미 수	海州	1496(연산 2)		실록	
120	李 諿 이 집	星州	1497(연산 3)		실록	
121	李 蓀 이 손	廣州	1497(연산 3)		실록	
122	楊 稀 枝 양 희 지	中和	1498(연산 4)		실록	楊煕止와 혼용함.
123	洪 自 阿 홍 자 아	南陽	1499(연산 5)		실록	
124	閔 師 騫 민 사 건	驪興	1500(연산 6)		실록	
125	權 柱 권 주	安東	1501(연산 7)		실록	
126	李 自 健 이 자 건	星州	1502(연산 8)		실록	
127	安 琛 안 침	順興	1504(연산 10)		실록	

順	姓 名	本貫	在任時期	首府	出 典	備考 (道名/觀察使名)
128	許 緝 허 집	陽川	1505(연산 11)	忠州	실록	忠公道
129	金 浩 김 호	廣州	1506(중종 1)		실록	
130	孫 澍 순 주	平海	1507(중종 2)		실록	
131	崔 潾 최 인	江陵	1507(중종 2)		실록	
132	安 塘 안 당	順興	1507(중종 2)		실록	
133	曹 繼 商 조 계 상	昌寧	1508(중종 3)		실록	
134	成 世 純 성 세 순	昌寧	1509(중종 4)		실록	
135	柳 世 琛 유 세 침	晉州	1511(중종 6)		실록	
136	韓 亨 允 한 형 윤	淸州	1511(중종 6)		실록	
137	金 璫 김 당	慶州	1512(중종 7)		실록	
138	崔 淑 生 최 숙 생	慶州	1513(중종 8)		실록	
139	李 希 孟 이 희 맹	古阜	1514(중종 9)		실록	
140	金 克 愊 김 극 픽	光山	1515(중종 10)		실록	

順	姓 名	本貫	在任時期	首府	出 典	備考 (道名/觀察使名)
141	**權 敏 手** 권 민 수	安東	1516(중종 11)	忠州	실록	
142	**金 謹 思** 김 근 사	延安	1517(중종 12)		실록	
143	**李 世 應** 이 세 응	咸安	1518(중종 13)		실록	
144	**李 成 童** 이 성 동	仁川	1518(중종 13)		실록	
145	**柳 雲** 유 운 (1)	文化	1518(중종 13)		실록	
146	**鄭 順 朋** 정 순 붕	溫陽	1519(중종 14)		실록	
147	**柳 雲** 유 운 (2)	文化	1519(중종 14)		실록	仍任
148	**崔 重 洪** 최 중 홍 (1)	和順	1519(중종 14)		실록	
149	**成 雲** 성 운	昌寧	1519(중종 14)		실록	
150	**申 公 濟** 신 공 제	高靈	1519(중종 14)		실록	
151	**孫 仲 暾** 손 중 돈	慶州	1520(중종 15)		실록	
152	**趙 玉 崐** 조 옥 곤	咸安	1521(중종 16)		실록	

順	姓 名	本貫	在任時期	首府	出 典	備考 (道名/觀察使名)
153	尹 希 仁 윤 희 인	坡平	1523(중종 18)	忠州	실록	
154	金 磁 김 굉	光山	1523(중종 18)		실록	
155	金 伯 英 김 백 영		1523(중종 18)		실록	
156	尹 仁 鏡 윤 인 경	坡平	1525(중종 20)		실록	
157	李 芄 이 환	德水	1526(중종 21)		실록	
158	兪 汝 霖 유 여 림	杞溪	1526(중종 21)		실록	
159	尹 殷 弼 윤 은 필	海平	1527(중종 22)		실록	
160	金 璇 김 선	慶州	1528(중종 23)		실록	
161	李 思 鈞 이 사 균	慶州	1529(중종 24)		실록	
162	潘 碩 平 반 석 평	光州	1530(중종 25)		실록	
163	朴 光 榮 박 광 영	密陽	1531(중종 26)		실록	
164	崔 重 洪 최 중 홍 (2)	和順	1531(중종 26)		실록	

順	姓 名	本貫	在任時期	首府	出 典	備考 (道名/觀察使名)
165	李 龜 齡 이 귀 령	全義	1532(중종 27)	忠州	실록	
166	蘇 世 讓 소 세 양	晉州	1533(중종 28)		실록	
167	金 楊 震 김 양 진	豊山	1533(중종 28)		실록	
168	丁 玉 亨 정 옥 형	羅州	1533(중종 28)		실록	
169	李 壽 童 이 수 동	全義	1535(중종 30)		실록	
170	尹 安 仁 윤 안 인	坡平	1536(중종 31)		실록	
171	吳 準 오 준	延日	1537(중종 32)		실록	
172	鄭 百 朋 정 백 붕	溫陽	1537(중종 32)		실록	
173	南 世 健 남 세 건	宜寧	1537(중종 32)		실록	
174	金 光 轍 김 광 철 (1)	江陵	1538(중종 33)		실록	
175	韓 胤 昌 한 윤 창	淸州	1538(중종 33)		실록	
176	尹 漑 윤 개	坡平	1538(중종 33)		실록	

順	姓 名	本貫	在任時期	首府	出 典	備考 (道名/觀察使名)
177	蔡 世 傑 채 세 걸	平康	1539(중종 34)	忠州	실록	
178	許 磁 허 자	陽川	1540(중종 35)		실록	
179	權 應 昌 권 응 창	安東	1541(중종 36)		금영 공안	淸公道
180	鄭 惟 善 정 유 선	慶州	1542(중종 37)		실록	
181	宋 璑 송 겸 (1)	礪山	1543(중종 38)		실록	
182	金 益 壽 김 익 수 (1)	金海	1544(중종39)		실록	
183	鄭 萬 鍾 정 만 종	光州	1544(중종 39)		실록	
184	洪 敘 疇 홍 서 주	南陽	1544(중종 39)		실록	
185	宋 璑 송 겸 (2)	礪山	1545(인종 1)		금영 공안	
186	金 益 壽 김 익 수 (2)	金海	1545 (명종 즉위년)		실록	
187	元 混 원 혼	原州	1545 (명종 즉위년)		실록	

順	姓 名	本貫	在任時期	首府	出 典	備考 (道名/觀察使名)
188	金 光 轍 김 광 철 (2)	江陵	1546(명종 1)	忠州	금영 공안	
189	金 益 壽 김 익 수 (3)	金海	1546(명종 1)		실록	
190	羅 世 纘 나 세 찬	羅州	1548(명종 3)		실록	
191	李 瀣 이 해	眞寶	1548(명종 3)		실록	忠淸(淸洪)道
192	金 光 軫 김 광 진 (1)	江陵	1549(명종 4)		실록	淸洪道
193	李 夢 弼 이 몽 필	慶州	1549(명종 4)		실록	淸洪道
194	慶 渾 경 혼	淸州	1550(명종 5)		실록	淸洪道
195	元 繼 儉 원 계 검	原州	1551(명종 6)		금영 공안	淸洪道
196	蔡 世 英 채 세 영	平康	1552(명종 7)		실록	淸洪道
197	李 夢 亮 이 몽 량	慶州	1552(명종 7)		실록	淸洪道
198	安 瑋 안 위	順興	1553(명종 8)		실록	淸洪道

順	姓 名	本貫	在任時期	首府	出典	備考 (道名/觀察使名)
199	金 光 軫 김 광 진 (2)	江陵	1554(명종 9)	忠州	금영 공안	淸洪道
200	朴 永 俊 박 영 준	高靈	1555(명종 10)		실록	淸洪道
201	閔 箕 민 기 (1)	驪興	1555(명종 10)		실록	淸洪道
202	柳 智 善 유 지 선	文化	1556(명종 11)		금영 공안	淸洪道
203	金 鎧 김 개	光山	1557(명종 12)		실록	淸洪道
204	李 澤 이 택	固城	1558(명종 13)		실록	淸洪道
205	沈 守 慶 심 수 경	豊山	1559(명종 14)		실록	淸洪道
206	姜 暹 강 섬	晉州	1560(명종 15)		금영 공안	淸洪道
207	申 汝 悰 신 여 종	平山	1560(명종 15)		실록	淸洪道
208	閔 箕 민 기 (2)	驪興	1561(명종 16)		실록	淸洪道
209	李 鐸 이 탁	全義	1562(명종 17)		실록	淸洪道

順	姓 名	本貫	在任時期	首府	出 典	備考 (道名/觀察使名)
210	李 英 賢 이 영 현	廣州	1562(명종 17)	忠州	실록	清洪道
211	朴 忠 元 박 충 원	密陽	1563(명종 18)		실록	清洪道
212	李 純 亨 이 순 형	德水	1564(명종 19)		실록	清洪道
213	柳 潛 유 잠	文化	1564(명종 19)		실록	清洪道
214	睦 詹 목 첨	泗川	1565(명종 20)		실록	清洪道
215	安 方 慶 안 방 경	竹山	1565(명종 20)		실록	清洪道
216	黃 瑞 황 서	平海	1566(명종 21)		실록	清洪道
217	姜 士 弼 강 사 필	晉州	1566(명종 21)		실록	清洪道
218	盧 禛 노 진	豊川	1567(명종 22)		실록	清洪道
219	盧 守 愼 노 수 신	光州	1568(선조 1)		실록	
220	朴 好 元 박 호 원	密陽	1568(선조 1)		금영 공안	
221	兪 泓 유 홍	杞溪	1569(선조 2)		금영 공안	
222	朴 素 立 박 소 립	咸陽	1570(선조 3)		금영 공안	

順	姓 名	本貫	在任時期	首府	出 典	備考 (道名/觀察使名)
223	尹 鉉 윤 현 (1)	坡平	1571(선조 4)	忠州	금영 공안	
224	柳 琠 유 전	文化	1572(선조 5)		금영 공안	
225	李 湛 이 잠		1573(선조 6)		금영 공안	
226	李 忠 綽 이 충 작	全州	1573(선조 6)		실록	
227	崔 應 龍 최 응 룡 (1)	全州	1573(선조 6)		실록	
228	李 遴 이 인	永川	1573(선조 6)		실록	
229	尹 復 윤 복	海南	1573(선조 6)		실록	
230	金 命 元 김 명 원	慶州	1573(선조 6)		실록	
231	尹 鉉 윤 현 (2)	坡平	1573(선조 6)		실록	
232	崔 應 龍 최 응 룡 (2)	全州	1573(선조 6)		실록	
233	高 景 虛 고 경 허	濟州	1574(선조 7)		금영 공안	

順	姓 名	本貫	在任時期	首府	出 典	備考 (道名/觀察使名)
234	崔 應 龍 최 응 룡 (3)	全州	1574(선조 7)	忠州	실록	
235	具 思 孟 구 사 맹	綾城	1575(선조 8)		실록	
236	具 鳳 齡 구 봉 령	綾城	1576(선조 9)		금영 공안	
237	申 湛 신 잠		1577(선조 10)		실록	
238	鄭 彦 智 정 언 지	東萊	1578(선조 11)		실록	
239	柳 希 霖 유 희 림	文化	1579(선조 12)		금영 공안	
240	權 克 禮 권 극 례	安東	1580(선조 13)		실록	
241	金 悌 甲 김 제 갑	安東	1581(선조 14)		실록	
242	金 宇 宏 김 우 굉	義城	1581(선조 14)		금영 공안	
243	李 增 이 증	韓山	1582(선조 15)		금영 공안	
244	黃 廷 彧 황 정 욱	長水	1583(선조 16)		실록	
245	金 億 齡 김 억 령	安東	1584(선조 17)		실록	

順	姓 名	本貫	在任時期	首府	出 典	備考 (道名/觀察使名)
246	安 宗 道 안 종 도	順興	1584(선조 17)	忠州	실록	
247	韓 準 한 준	淸州	1585(선조 18)		금영 공안	
248	李 訒 이 인	德水	1587(선조 20)		실록	
249	權 徵 권 징	安東	1587(선조 20)		실록	
250	李 憲 國 이 헌 국	全州	1588(선조 21)		실록	
251	李 海 壽 이 해 수	全義	1589(선조 22)		실록	
252	李 輅 이 노	全州	1590(선조 23)		실록	
253	奇 苓 기 영	幸州	1590(선조 23)		금영 공안	
254	李 誠 中 이 성 중	全州	1591(선조 24)		실록	
255	尹 先 覺 윤 선 각	坡平	1591(선조 24)		실록	忠淸道/ 兼巡察使
256	許 頊 허 욱	陽川	1592(선조 25)		실록	忠淸道/ 兼巡察使
257	尹 承 吉 윤 승 길	海平	1593(선조 26)		실록	
258	尹 仁 涵 윤 인 함	坡平	1593(선조 26)		실록	

順	姓 名	本貫	在任時期	首府	出 典	備考 (道名/觀察使名)
259	尹 承 勳 윤 승 훈	海平	1593(선조 26)	忠州	실록	忠淸道/ 兼巡察使
260	朴 弘 老 박 홍 론	竹山	1595(선조 28)		실록	忠淸道/ 兼巡察使
261	趙 仁 得 조 인 득	平壤	1596(선조 29)		실록	
262	李 廷 馣 이 정 암	慶州	1596(선조 29)		실록	忠淸道/ 兼巡察使
263	張 雲 翼 장 운 익	德水	1596(선조 29)		실록	
264	柳 根 유 근 (1)	晉州	1596(선조 29)		실록	忠淸道/ 兼巡察使
265	金 時 獻 김 시 헌	安東	1597(선조 30)		실록	忠淸道/ 兼巡察使
266	丁 允 祐 정 윤 우	羅州	1597(선조 30)		실록	忠淸道/ 兼巡察使
267	金 信 元 김 신 원	善山	1597(선조 30)		실록	忠淸道/ 兼巡察使
268	尹 敬 立 윤 경 립	坡平	1598(선조 31)		실록	忠淸道/ 兼巡察使
269	金 玏 김 늑	禮安	1599(선조 32)		실록	忠淸道/ 兼巡察使
270	權 憘 권 희	安東	1600(선조 33)		실록	忠淸道/ 兼巡察使

順	姓 名	本貫	在任時期	首府	出典	備考 (道名/觀察使名)
271	張 晩 장 만	仁同	1600(선조 33)	忠州	실록	忠淸道/ 兼巡察使
272	李 用 淳 이 용 순		1601(선조 34)		실록	忠淸道/ 兼巡察使
273	禹 伏 龍 우 복 룡	丹陽	1602(선조 35)		실록	
274	成 泳 성 영	昌寧	1602(선조 35)		실록	
275	柳 根 유 근 (2)	晉州	1602(선조 35)	公州	실록	忠淸道/ 兼巡察使
276	李 弘 老 이 홍 로	延安	1604(선조 37)		실록	忠淸道/ 兼巡察使
277	尹 暾 윤 돈	南原	1605(선조 38)		실록	忠淸道/ 兼巡察使
278	沈 悅 심 열	靑松	1607(선조 40)		실록	忠淸道/ 兼巡察使
279	崔 沂 최 기	海州	1607(선조 40)		실록	忠淸道/ 兼巡察使
280	申 湜 신 식	高靈	1608(선조 41)		실록	忠淸道/ 兼巡察使
281	兪 大 禎 유 대 정	杞溪	1609(광해 1)		실록	忠淸道/ 兼巡察使
282	鄭 曄 정 엽	草溪	1610(광해 2)		실록	忠淸道/ 兼巡察使

順	姓 名	本貫	在任時期	首府	出 典	備考 (道名/觀察使名)
283	洪 慶 臣 홍 경 신	南陽	1611(광해 3)	公州	금영 공안	忠淸道/ 兼巡察使
284	朴 彛 敍 박 이 서	密陽	1611(광해 3)		실록	忠淸道/ 兼巡察使
285	李 慶 全 이 경 전	韓山	1612(광해 4)		실록	忠淸道/ 兼巡察使
286	李 廷 臣 이 정 신	全州	1612(광해 4)		실록	忠洪(公洪)道/ 兼巡察使
287	尹 孝 全 윤 효 전	南原	1614(광해 6)		실록	公洪道/ 兼巡察使
288	黃 敬 中 황 경 중	昌原	1615(광해 7)		실록	公洪道/ 兼巡察使
289	李 安 訥 이 안 눌 (1)	德水	1615(광해 7)		실록	公洪道
290	慶 暹 경 섬	淸州	1616(광해 8)		실록	公洪道/ 兼巡察使
291	李 春 元 이 춘 원	咸安	1617(광해 9)		실록	公洪道/ 兼巡察使
292	呂 祐 吉 여 우 길 (1)	咸陽	1618(광해 10)		실록	公洪道/ 兼巡察使
293	李 惺 이 성	完山	1619(광해 11)		실록	公洪道/ 兼巡察使
294	朴 鼎 賢 박 정 현	密陽	1619(광해 11)		금영 공안	公洪道/ 兼巡察使

順	姓 名	本貫	在任時期	首府	出 典	備考 (道名/觀察使名)
295	呂 祐 吉 여 우 길 (2)	咸陽	1620(광해 12)	公州	실록	公洪道
296	李 覽 이 병	全州	1621(광해 13)		실록	公洪道/ 兼巡察使
297	安 應 亨 안 응 형	廣州	1622(광해 14)		실록	公洪道/ 兼巡察使
298	朴 慶 新 박 경 신	竹山	1622(광해 14)		실록	公洪道/ 兼巡察使
299	李 德 泂 이 덕 형	韓山	1623(인조 1)		실록	忠淸道/ 兼都巡察使
300	申 鑑 신 감	平山	1623(인조 1)		금영 공안	忠淸道/ 兼巡察使
301	李 命 俊 이 명 준	全義	1624(인조 2)		실록	忠淸道/ 兼巡察使
302	尹 履 之 윤 이 지	海平	1624(인조 2)		실록	忠淸道/ 兼巡察使
303	鄭 廣 敬 정 광 경	東萊	1625(인조 3)		실록	忠淸道/ 兼巡察使
304	金 起 宗 김 기 종	江陵	1626(인조 4)		실록	
305	權 盼 권 반	安東	1626(인조 4)		실록	忠淸道/ 兼都巡察使
306	李 敬 輿 이 경 여	全州	1627(인조 5)		실록	忠淸道/ 兼巡察使

順	姓 名	本貫	在任時期	首府	出 典	備考 (道名/觀察使名)
307	**鄭 文 益** 정 문 익	草溪	1628(인조 6)	公州	실록	忠淸道/ 兼巡察使
308	**南 以 雄** 남 이 웅	宜寧	1629(인조 7)		실록	公淸道/ 兼巡察使
309	**鄭 孝 成** 정 효 성	晉州	1630(인조 8)		실록	公淸道/ 兼巡察使
310	**兪 伯 曾** 유 백 증	杞溪	1631(인조 9)		금영 공안	公淸道/ 兼巡察使
311	**尹 知 敬** 윤 지 경	坡平	1631(인조 9)		실록	公淸道/ 兼巡察使
312	**尹 毅 立** 윤 의 립	坡平	1633(인조 11)		금영 공안	公淸道/ 兼巡察使
313	**李 安 訥** 이 안 눌 (2)	德水	1634(인조 12)		실록	公淸道/ 兼都巡察使
314	**朴 明 榑** 박 명 박	密陽	1635(인조 13)		실록	忠淸道/ 兼巡察使
315	**鄭 世 規** 정 세 규	東萊	1636(인조 14)		실록	公淸道/ 兼巡察使
316	**鄭 太 和** 정 태 화	東萊	1637(인조 15)		실록	忠淸道/ 兼巡察使
317	**吳 端** 오 단	同福	1638(인조 16)		실록	
318	**金 堉** 김 육	淸風	1638(인조 16)		실록	忠淸道/ 兼巡察使

順	姓 名	本貫	在任時期	首府	出 典	備考 (道名/觀察使名)
319	李 厚 源 이 후 원	全州	1639(인조 17)	公州	실록	忠淸道/ 兼巡察使
320	鄭 良 弼 정 양 필	東萊	1641(인조 19)		실록	忠淸道/ 兼巡察使
321	李 時 昉 이 시 방	延安	1641(인조 19)		실록	
322	鄭 致 和 정 치 화	東萊	1642(인조 20)		실록	忠淸道/ 兼巡察使
323	金 尙 김 상	尙州	1643(인조 21)		실록	忠淸道/ 兼巡察使
324	李 澥 이 해	咸安	1644(인조 22)		실록	公淸道/ 兼巡察使
325	林 墰 임 담	羅州	1645(인조 23)		실록	公淸道/ 兼巡察使
326	南 銑 남 선	宜寧	1646(인조 24)		실록	洪淸道/ 兼巡察使
327	朴 啓 遠 박 계 원	楊州	1647(인조 25)		실록	洪淸道/ 兼巡察使
328	金 素 김 소	安東	1648(인조 26)		실록	洪淸道/ 兼巡察使
329	尹 得 說 윤 득 열	坡平	1649(인조 27)		실록	洪淸道/ 兼巡察使
330	金 慶 餘 김 경 여	慶州	1650(효종 1)		실록	洪淸道/ 兼巡察使

順	姓 名	本貫	在任時期	首府	出 典	備考 (道名/觀察使名)
331	金 汝 鈺 김 여 옥	光山	1651(효종 2)	公州	금영 공안	洪淸道/ 兼巡察使
332	金 弘 郁 김 홍 욱	慶州	1651(효종 2)		실록	洪淸道/ 兼巡察使
333	趙 珩 조 형	豊壤	1652(효종 3)		실록	洪淸道/ 兼巡察使
334	姜 栢 年 강 백 년	晉州	1653(효종 4)		실록	忠淸道/ 兼巡察使
335	李 後 山 이 후 산	龍仁	1654(효종 5)		실록	忠洪(忠淸)道/ 兼巡察使
336	權 堣 권 우	安東	1655(효종 6)		실록	忠淸道/ 兼巡察使
337	徐 必 遠 서 필 원	扶餘	1656(효종 7)		실록	忠淸道/ 兼巡察使
338	兪 瑒 유 창	昌原	1656(효종 7)		실록	
339	姜 瑜 강 유	晉州	1657(효종 8)		실록	
340	李 慶 億 이 경 억	慶州	1657(효종 8)		실록	忠淸道/ 兼巡察使
341	李 泰 淵 이 태 연	韓山	1658(효종 9)		실록	忠洪(忠淸)道/ 兼巡察使
342	李 袗 이 진	延安	1659(효종 10)		금영 공안	忠淸道/ 兼巡察使

順	姓 名	本貫	在任時期	首府	出 典	備考 (道名/觀察使名)
343	吳 挺 垣 오 정 원	同福	1659(효종 10)	公州	실록	忠淸道/ 兼巡察使
344	李 曼 이 만	全州	1660(현종 1)		실록	忠公道/ 兼巡察使
345	金 徽 김 휘	安東	1661(현종 2)		실록	忠公道/ 兼巡察使
346	吳 挺 緯 오 정 위	同福	1662(현종 3)		실록	忠公道/ 兼巡察使
347	李 弘 淵 이 홍 연 (1)	韓山	1663(현종 4)		실록	忠淸道/ 兼巡察使
348	李 翊 漢 이 익 한	全州	1664(현종 5)		실록	忠淸道/ 兼巡察使
349	金 始 振 김 시 진	慶州	1664(현종 5)		실록	忠淸道/ 兼巡察使
350	任 義 伯 임 의 백	豊川	1665(현종 6)		실록	忠淸道/ 兼巡察使
351	李 尙 眞 이 상 진	全義	1666(현종 7)		실록	
352	李 元 禎 이 원 정	廣州	1666(현종 7)		실록	
353	李 敏 迪 이 민 적	全州	1666(현종 7)		실록	忠淸道/ 兼巡察使
354	閔 維 重 민 유 중	驪興	1668(현종 9)		실록	忠淸道/ 兼巡察使

順	姓 名	本貫	在任時期	首府	出 典	備考 (道名/觀察使名)
355	李 翻 이 숙	牛峯	1669(현종 10)	公州	실록	忠淸道/ 兼巡察使
356	李 弘 淵 이 홍 연 (2)	韓山	1670(현종 11)		실록	忠淸道/ 兼巡察使
357	南 二 星 남 이 성	宜寧	1671(현종 12)		실록	忠淸道/ 兼巡察使
358	孟 冑 瑞 맹 주 서	新昌	1675(숙종 1)		실록	忠淸道/ 兼巡察使
359	趙 威 明 조 위 명	漢陽	1675(숙종 1)		실록	忠淸道/ 兼巡察使
360	李 溟 翼 이 명 익	眞寶	1676(숙종 2)		실록	忠淸道/ 兼巡察使
361	李 德 周 이 덕 주	全州	1677(숙종 3)		실록	忠淸道/ 兼巡察使
362	慶 冣 경 취	淸州	1678(숙종 4)		실록	忠淸道/ 兼巡察使
363	吳 始 大 오 시 대	同福	1679(숙종 5)		실록	忠淸道/ 兼巡察使
364	尹 以 濟 윤 이 제	坡平	1680(숙종 6)		실록	公淸道/ 兼巡察使
365	魚 震 翼 어 진 익	咸從	1681(숙종 7)		실록	公淸道
366	李 師 命 이 사 명	全州	1681(숙종 7)		실록	公淸道

順	姓 名	本貫	在任時期	首府	出 典	備考 (道名/觀察使名)
367	朴 世 堂 박 세 당	潘南	1681(숙종 7)	公州	실록	公淸道
368	尹 趾 善 윤 지 선	坡平	1681(숙종 7)		실록	公淸道
369	尹 敬 教 윤 경 교	坡平	1681(숙종 7)		실록	公洪道/ 兼巡察使
370	尹 嘉 績 윤 가 적	漆原	1682(숙종 8)		실록	公洪道/ 兼巡察使
371	尹 以 道 윤 이 도 (1)	南原	1683(숙종 9)		실록	公洪道/ 兼巡察使
372	蘇 斗 山 소 두 산	晉州	1684(숙종 10)		실록	公洪道
373	李 端 錫 이 단 석	全州	1684(숙종 10)		실록	公洪道/ 兼巡察使
374	權 是 經 권 시 경	安東	1685(숙종 11)		실록	公洪道/ 兼巡察使
375	宋 奎 濂 송 규 렴	恩津	1686(숙종 12)		실록	公洪道/ 兼巡察使
376	任 弘 望 임 홍 망 (1)	豊川	1687(숙종 13)		실록	公洪道
377	李 彦 綱 이 언 강	全州	1687(숙종 13)		실록	忠淸(公洪)道/ 兼巡察使
378	李 墩 이 돈 (1)	完山	1688(숙종 14)		실록	公洪道

順	姓 名	本貫	在任時期	首府	出 典	備考 (道名/觀察使名)
379	尹 以 道 윤 이 도 (2)	南原	1688(숙종 14)	公州	실록	公洪道/ 兼巡察使
380	安 如 石 안 여 석	順興	1689(숙종 15)		실록	忠洪道
381	姜 世 龜 강 세 귀	晉州	1689(숙종 15)		실록	忠洪道/ 兼巡察使
382	李 議 徵 이 의 징	全州	1689(숙종 15)		실록	忠洪道
383	李 蓍 晩 이 시 만		1689(숙종 15)		실록	忠洪道/ 兼巡察使
384	洪 萬 朝 홍 만 조 (1)	豊山	1690(숙종 16)		실록	
385	李 麟 徵 이 인 징	延安	1690(숙종 16)		실록	忠淸道/ 兼巡察使
386	沈 潑 심 발	靑松	1691(숙종 17)		실록	忠淸道/ 兼巡察使
387	朴 紳 박 신	密陽	1692(숙종 18)		실록	忠淸道/ 兼巡察使
388	姜 銑 강 선	晉州	1693(숙종 19)		실록	
389	洪 萬 朝 홍 만 조 (2)	豊山	1693(숙종 19)		실록	忠淸道/ 兼巡察使

順	姓 名	本貫	在任時期	首府	出 典	備考 (道名/觀察使名)
390	金 澍 김 주		1694(숙종 20)	公州	실록	忠淸道/ 兼巡察使
391	金 構 김 구	淸風	1694(숙종 20)		실록	
392	李 弘 迪 이 홍 적	韓山	1694(숙종 20)		실록	忠淸道/ 兼巡察使
393	黃 欽 황 흠 (1)	昌原	1694(숙종 20)		실록	忠淸道/ 兼巡察使
394	李 墩 이 돈 (2)	完山	1695(숙종 21)		실록	忠淸道/ 兼巡察使
395	李 善 溥 이 선 부 (1)	德水	1696(숙종 22)		실록	
396	徐 文 裕 서 문 유	達城	1696(숙종 22)		실록	
397	洪 受 疇 홍 수 주	南陽	1696(숙종 22)		실록	忠淸道/ 兼巡察使
398	趙 亨 期 조 형 기	林川	1696(숙종 22)		실록	
399	閔 鎭 厚 민 진 후	驪興	1697(숙종 23)		실록	忠淸道/ 兼巡察使
400	申 厚 命 신 후 명	平山	1697(숙종 23)		실록	忠淸道/ 兼巡察使
401	金 世 翊 김 세 익	安東	1697(숙종 23)		실록	

順	姓 名	本貫	在任時期	首府	出 典	備考 (道名/觀察使名)
402	李 益 壽 이 익 수	全州	1697(숙종 23)	公州	실록	
403	朴 明 義 박 명 의	密陽	1697(숙종 23)		실록	
404	任 弘 望 임 홍 망 (2)	豊川	1697(숙종 23)		실록	忠淸道/ 兼巡察使
405	金 盛 迪 김 성 적	安東	1698(숙종 24)		실록	忠淸道/ 兼巡察使
406	崔 商 翼 최 상 익	慶州	1699(숙종 25)		실록	忠淸道/ 兼巡察使
407	黃 欽 황 흠 (2)	昌原	1699(숙종 25)		실록	忠淸道/ 兼巡察使
408	宋 相 琦 송 상 기 (1)	恩津	1699(숙종 25)		실록	忠淸道/ 兼巡察使
409	李 萬 元 이 만 원	延安	1700(숙종 26)		실록	
410	李 宏 이 굉	慶州	1700(숙종 26)		실록	忠淸道/ 兼巡察使
411	南 正 重 남 정 중	宜寧	1700(숙종 26)		실록	
412	趙 泰 東 조 태 동	楊州	1700(숙종 26)		실록	

順	姓 名	本貫	在任時期	首府	出 典	備考 (道名/觀察使名)
413	趙 泰 耈 조 태 구 (1)	楊州	1701(숙종 27)	公州	실록	
414	李 震 休 이 진 휴	驪興	1701(숙종 27)		실록	忠淸道/ 兼巡察使
415	趙 泰 耈 조 태 구 (2)	楊州	1702(숙종 28)		실록	忠淸道/ 兼巡察使
416	金 演 김 연	商山	1703(숙종 29)		실록	忠淸道/ 兼巡察使
417	李 善 溥 이 선 부 (2)	德水	1703(숙종 29)		실록	
418	洪 晳 홍 석		1703(숙종 29)		실록	
419	李 德 成 이 덕 성	全州	1704(숙종 30)		실록	忠淸道/ 兼巡察使
420	李 濟 이 제	全州	1704(숙종 30)		실록	忠淸道/ 兼巡察使
421	李 廷 謙 이 정 겸	全義	1704(숙종 30)		실록	
422	李 壄 이 야	完山	1704(숙종 30)		실록	忠淸道/ 兼巡察使
423	朴 泰 恒 박 태 항	潘南	1705(숙종 31)		실록	忠淸道/ 兼巡察使

順	姓 名	本貫	在任時期	首府	出 典	備考 (道名/觀察使名)
424	李 世 弼 이 세 필	慶州	1706(숙종 32)	公州	실록	
425	李 彦 經 이 언 경	全州	1706(숙종 32)		실록	忠淸道/ 兼巡察使
426	尹 成 駿 윤 성 준	南原	1706(숙종 32)		실록	
427	許 墀 허 지	陽川	1707(숙종 33)		실록	忠淸道/ 兼巡察使
428	宋 相 琦 송 상 기 (2)	恩津	1707(숙종 33)		실록	
429	李 善 溥 이 선 부 (3)	德水	1708(숙종 34)		실록	忠淸道/ 兼巡察使
430	孟 萬 澤 맹 만 택	新昌	1708(숙종 34)		금영 공안	忠淸道/ 兼巡察使
431	韓 配 夏 한 배 하	淸州	1709(숙종 35)		실록	忠淸道/ 兼巡察使
432	洪 重 夏 홍 중 하	豊山	1710(숙종 36)		실록	忠淸道/ 兼巡察使
433	尹 行 敎 윤 행 교 (1)	坡平	1710(숙종 36)		실록	
434	趙 道 彬 조 도 빈	楊州	1711(숙종 37)		실록	忠淸道/ 兼巡察使

順	姓 名	本貫	在任時期	首府	出 典	備考 (道名/觀察使名)
435	韓 配 周 한 배 주	淸州	1712(숙종 38)	公州	실록	忠淸道/ 兼巡察使
436	宋 正 明 송 정 명	礪山	1712(숙종 38)		실록	忠淸道/ 兼巡察使
437	李 晩 堅 이 만 견	牛峯	1713(숙종 39)		실록	
438	沈 壽 賢 심 수 현	靑松	1714(숙종 40)		실록	忠淸道/ 兼巡察使
439	李 世 勉 이 세 면	龍仁	1715(숙종 41)		실록	忠淸道/ 兼巡察使
440	金 興 慶 김 흥 경	慶州	1716(숙종 42)		실록	
441	尹 行 敎 윤 행 교 (2)	坡平	1716(숙종 42)		실록	
442	洪 致 中 홍 치 중	南陽	1716(숙종 42)		실록	
443	李 世 最 이 세 최	龍仁	1716(숙종 42)		실록	
444	權 惺 권 성	安東	1716(숙종 42)		실록	忠淸道/ 兼巡察使
445	尹 憲 柱 윤 헌 주	坡平	1717(숙종 43)		실록	忠淸道/ 兼巡察使
446	韓 祉 한 지	淸州	1718(숙종 44)		실록	忠淸道/ 兼巡察使

順	姓 名	本貫	在任時期	首府	出 典	備考 (道名/觀察使名)
447	金 興 慶 김 흥 경 (1)	慶州	1718(숙종 44)	公州	실록	忠淸道/ 兼巡察使
448	李 竑 이 횡		1719(숙종 45)		실록	
449	權 권 업 (1)	安東	1719(숙종 45)		실록	忠淸道/ 兼巡察使
450	趙 榮 福 조 영 복	咸安	1720(숙종 46)		실록	忠淸道/ 兼巡察使
451	洪 禹 傳 홍 우 전	南陽	1721(경종 1)		실록	
452	南 道 揆 남 도 규	宜寧	1721(경종 1)		실록	
453	尹 陽 來 윤 양 래	坡平	1721(경종 1)		실록	忠淸道/ 兼巡察使
454	李 世 瑾 이 세 근	碧珍	1721(경종 1)		실록	忠淸道/ 兼巡察使
455	徐 命 均 서 명 균	達城	1721(경종 1)		실록	
456	李 宜 晩 이 의 만	廣州	1722(경종 2)		실록	忠淸道/ 兼巡察使
457	尹 惠 教 윤 혜 교	坡平	1723(경종 3)		실록	忠淸道/ 兼巡察使
458	權 益 寬 권 익 관	安東	1723(경종 3)		실록	忠淸道/ 兼巡察使

順	姓 名	本貫	在任時期	首府	出 典	備考 (道名/觀察使名)
459	宋 寅 明 송 인 명	礪山	1724(경종 4)	公州	실록	忠淸道/ 兼巡察使
460	洪 好 人 홍 호 인	南陽	1725(영조 1)		실록	忠淸道/ 兼巡察使
461	申 昉 신 방 (1)	平山	1725(영조 1)		실록	
462	洪 龍 祚 홍 용 조	南陽	1725(영조 1)		실록	忠淸道/ 兼巡察使
463	金 礪 김 여	慶州	1726(영조 2)		실록	忠淸道/ 兼巡察使
464	李 重 協 이 중 협	慶州	1727(영조 3)		실록	
465	趙 正 萬 조 정 만	林川	1727(영조 3)		실록	
466	權 詹 권 첨	安東	1727(영조 3)		실록	忠淸道/ 兼巡察使
467	徐 命 淵 서 명 연	達城	1728(영조 4)		실록	忠淸道/ 兼巡察使
468	權 𣞁 권 업 (2)	安東	1728(영조 4)		금영 공안	忠淸道/ 兼巡察使
469	金 始 炯 김 시 형	江陵	1728(영조 4)		실록	忠淸道/ 兼巡察使
470	閔 應 洙 민 응 수	驪興	1729(영조 5)		실록	

順	姓 名	本貫	在任時期	首府	出 典	備考 (道名/觀察使名)
471	李 廷 濟 이 정 제	富平	1729(영조 5)	公州	실록	
472	李 聖 龍 이 성 룡	慶州	1729(영조 5)		실록	忠淸道/ 兼巡察使
473	申 昉 신 방 (2)	平山	1730(영조 6)		실록	忠淸道/ 兼巡察使
474	李 春 躋 이 춘 제		1731(영조 7)		실록	
475	李 衡 佐 이 형 좌	慶州	1731(영조 7)		실록	忠淸道/ 兼巡察使
476	鄭 彦 燮 정 언 섭	東萊	1733(영조 9)		실록	忠淸道/ 兼巡察使
477	李 壽 沆 이 수 항		1734(영조 10)		실록	忠淸道/ 兼巡察使
478	黃 晸 황 정	長水	1735(영조 11)		실록	
479	柳 儼 유 엄	晉州	1735(영조 11)		실록	忠淸道/ 兼巡察使
480	宋 秀 衡 송 수 형	鎭川	1735(영조 11)		실록	公洪道
481	李 宗 白 이 종 백	慶州	1735(영조 11)		실록	公洪道/ 兼巡察使
482	李 周 鎭 이 주 진	德水	1737(영조 13)		실록	公洪道/ 兼巡察使

順	姓 名	本貫	在任時期	首府	出 典	備考 (道名/觀察使名)
483	李 普 赫 이 보 혁	龍仁	1737(영조 13)	公州	실록	公洪道/ 兼巡察使
484	尹 敬 龍 윤 치 룡	漆原	1738(영조 14)		실록	公洪道/ 兼巡察使
485	金 聖 運 김 성 운	慶州	1739(영조 15)		실록	公洪道/ 兼巡察使
486	趙 榮 國 조 영 국	楊州	1740(영조 16)		실록	公洪道/ 兼巡察使
487	宋 翼 輔 송 익 보	礪山	1741(영조 17)		실록	公洪道
488	金 尙 翼 김 상 익	江陵	1741(영조 17)		실록	公洪道/ 兼巡察使
489	李 宗 城 이 종 성	慶州	1741(영조 17)		실록	公洪道/ 兼巡察使
490	李 德 重 이 덕 중	韓山	1743(영조 19)		실록	公洪道/ 兼巡察使
491	趙 載 浩 조 재 호	豊壤	1745(영조 21)		실록	公洪道/ 兼巡察使
492	洪 鳳 漢 홍 봉 한	豊山	1746(영조 22)		실록	公洪道/ 兼巡察使
493	徐 宗 伋 서 종 급	達城	1746(영조 22)		실록	公洪道/ 兼巡察使
494	李 昌 誼 이 창 의	全州	1747(영조 23)		실록	忠淸道/ 兼巡察使

順	姓 名	本貫	在任時期	首府	出 典	備考 (道名/觀察使名)
495	**李 日 躋** 이 일 제	全州	1748(영조 24)	公州	실록	忠淸道/ 兼巡察使
496	**洪 啓 禧** 홍 계 희	南陽	1749(영조 25)		실록	忠淸道/ 兼巡察使
497	**李 益 輔** 이 익 보	延安	1750(영조 26)		실록	忠淸道/ 兼巡察使
498	**徐 命 臣** 서 명 신	大邱	1751(영조 27)		실록	
499	**金 時 粲** 김 시 찬	安東	1751(영조 27)		실록	忠淸道/ 兼巡察使
500	**趙 明 鼎** 조 명 정	林川	1754(영조 30)		실록	忠淸道/ 兼巡察使
501	**趙 暾** 조 돈	豊壤	1756(영조 32)		실록	忠淸道/ 兼巡察使
502	**金 陽 澤** 김 양 택	光山	1756(영조 32)		실록	忠淸道/ 兼巡察使
503	**金 尙 喆** 김 상 철	江陵	1757(영조 33)		실록	忠淸道/ 兼巡察使
504	**李 秀 得** 이 수 득	韓山	1759(영조 35)		실록	
505	**李 思 觀** 이 사 관 (1)	韓山	1759(영조 35)		실록	
506	**具 允 明** 구 윤 명	綾城	1760(영조 36)		실록	忠淸道/ 兼巡察使

順	姓 名	本貫	在任時期	首府	出 典	備考 (道名/觀察使名)
507	尹 東 暹 윤 동 섬	坡平	1761(영조 37)	公州	실록	忠淸道/ 兼巡察使
508	閔 百 興 민 백 흥	驪興	1762(영조 38)		실록	
509	李 思 觀 이 사 관 (2)	韓山	1762(영조 38)		실록	忠淸道/ 兼巡察使
510	尹 東 昇 윤 동 승	坡平	1763(영조 39)		실록	忠淸道/ 兼巡察使
511	具 允 鈺 구 윤 각	綾城	1765(영조 41)		실록	忠淸道/ 兼巡察使
512	李 重 祐 이 중 우		1765(영조 41)		실록	忠淸道/ 兼巡察使
513	李 惟 秀 이 유 수	全州	1767(영조 43)		실록	忠淸道/ 兼巡察使
514	洪 樂 純 홍 낙 순	豊山	1768(영조 44)		실록	忠淸道/ 兼巡察使
515	元 義 孫 원 의 손	原州	1770(영조 46)		실록	忠淸道/ 兼巡察使
516	權 導 권 도	醴泉	1770(영조 46)		금영 공안	忠淸道/ 兼巡察使
517	閔 百 奮 민 백 분 (1)	驪興	1771(영조 47)		실록	忠淸道/ 兼巡察使
518	宋 載 經 송 재 경	恩津	1772(영조 48)		실록	忠淸道/ 兼巡察使

順	姓 名	本貫	在任時期	首府	出 典	備考 (道名/觀察使名)
519	**尹 東 晳** 윤 동 석	坡平	1772(영조 48)	公州	실록	忠淸道/ 兼巡察使
520	**安 兼 濟** 안 겸 제	順興	1773(영조 49)		금영 공안	忠淸道/ 兼巡察使
521	**金 致 恭** 김 치 공	淸風	1775(영조 51)		실록	忠淸道/ 兼巡察使
522	**閔 百 奮** 민 백 분 (2)	驪興	1775(영조 51)		실록	忠淸道/ 兼巡察使
523	**徐 有 臣** 서 유 신	達城	1776(영조 52)		실록	忠淸道/ 兼巡察使
524	**徐 有 隣** 서 유 린	達城	1776(영조 52)		실록	忠淸(洪忠)道/ 兼巡察使
525	**李 命 植** 이 명 식	延安	1778(정조 2)		실록	公忠(洪忠·忠淸) 道/兼巡察使
526	**李 明 中** 이 명 중	全州	1779(정조 3)		실록	洪忠道
527	**李 秉 鼎** 이 병 정	全州	1779(정조 3)		실록	忠淸(洪忠)道/ 兼巡察使
528	**姜 潤** 강 윤	晉州	1780(정조 4)		실록	洪忠道
529	**沈 頤 之** 심 이 지	靑松	1780(정조 4)		실록	洪忠道/ 兼巡察使
530	**洪 秉 纘** 홍 병 찬		1780(정조 4)		실록	洪忠道/ 兼巡察使

順	姓 名	本貫	在任時期	首府	出 典	備考 (道名/觀察使名)
531	李 崇 祐 이 숭 우	龍仁	1781(정조 5)	公州	실록	洪忠道/ 兼巡察使
532	洪 秀 輔 홍 수 보	豊山	1782(정조 6)		실록	洪忠(忠淸)道/ 兼巡察使
533	趙 竣 조 준		1782(정조 6)		실록	洪忠道/ 兼巡察使
534	金 文 淳 김 문 순	安東	1782(정조 6)		실록	洪忠道/ 兼巡察使
535	申 大 升 신 대 승	平山	1783(정조 7)		실록	洪忠道/ 兼巡察使
536	沈 豊 之 심 풍 지	青松	1784(정조 8)		실록	洪忠道/ 兼巡察使
537	李 得 臣 이 득 신	全州	1785(정조 9)		실록	洪忠道/ 兼巡察使
538	金 光 默 김 광 묵	淸風	1786(정조 10)		실록	忠淸道/ 兼巡察使
539	尹 尙 東 윤 상 동		1787(정조 11)		실록	忠淸道/ 兼巡察使
540	洪 檍 홍 억	南陽	1787(정조 11)		실록	忠淸道/ 兼巡察使
541	權 𩅦 권 엄	安東	1789(정조 13)		실록	忠淸道/ 兼巡察使
542	鄭 存 中 정 존 중	東萊	1790(정조 14)		실록	忠淸道/ 兼巡察使

順	姓 名	本貫	在任時期	首府	出 典	備考 (道名/觀察使名)
543	李 頤 祥 이 이 상	延安	1790(정조 14)	公州	실록	
544	朴 宗 岳 박 종 악	潘南	1790(정조 14)		실록	忠淸道/ 兼巡察使
545	朴 天 衡 박 천 형	密陽	1792(정조 16)		실록	忠淸道/ 兼巡察使
546	金 履 翼 김 이 익	安東	1792(정조 16)		실록	
547	徐 榮 輔 서 영 보	達城	1792(정조 16)		실록	
548	李 亨 元 이 형 원	全州	1792(정조 16)		실록	忠淸道/ 兼巡察使
549	曺 允 大 조 윤 대	昌寧	1795(정조 19)		실록	
550	柳 焵 유 강	全州	1795(정조 19)		실록	忠淸道/ 兼巡察使
551	李 鼎 運 이 정 운	延安	1795(정조 19)		실록	忠淸道/ 兼巡察使
552	林 濟 遠 임 제 원	羅州	1796(정조 20)		실록	忠淸道/ 兼巡察使
553	徐 美 修 서 미 수	大邱	1797(정조 21)		실록	忠淸道/ 兼巡察使
554	韓 用 和 한 용 화		1797(정조 21)		실록	忠淸道/ 兼巡察使

順	姓 名	本貫	在任時期	首府	出 典	備考 (道名/觀察使名)
555	李 泰 永 이 태 영	韓山	1798(정조 22)	公州	실록	忠淸道/ 兼巡察使
556	金 履 永 김 이 영	安東	1799(정조 23)		실록	忠淸道/ 兼巡察使
557	尹 光 顔 윤 광 안	坡平	1800(정조 24)		실록	忠淸道/ 兼巡察使
558	曺 錫 中 조 석 중	昌寧	1802(순조 2)		실록	忠淸道/ 兼巡察使
559	金 啓 洛 김 계 락	江陵	1803(순조 3)		실록	
560	閔 耆 顯 민 기 현	驪興	1803(순조 3)		실록	忠淸道/ 兼巡察使
561	朴 崙 壽 박 윤 수	潘南	1805(순조 5)		실록	公忠道/ 兼巡察使
562	趙 德 潤 조 덕 윤	林川	1806(순조 6)		실록	公忠道/ 兼巡察使
563	鄭 晩 錫 정 만 석	溫陽	1807(순조 7)		실록	公忠道/ 兼巡察使
564	金 蓍 根 김 시 근		1808(순조 8)		실록	公忠道/ 兼巡察使
565	徐 有 聞 서 유 문	達城	1811(순조 11)		실록	公忠道/ 兼巡察使
566	元 在 明 원 재 명	原州	1811(순조 11)		실록	公忠道/ 兼巡察使

順	姓 名	本貫	在任時期	首府	出 典	備考 (道名/觀察使名)
567	趙 貞 喆 조 정 철	楊州	1813(순조 13)	公州	실록	
568	洪 奭 周 홍 석 주	豊山	1815(순조 15)		실록	
569	權 常 愼 권 상 신	安東	1817(순조 17)		실록	
570	朴 宗 京 박 종 경	潘南	1819(순조 19)		실록	公忠道
571	李 錫 奎 이 석 규	慶州	1821(순조 21)		실록	公忠道
572	趙 經 鎭 조 경 진	豊壤	1823(순조 23)		실록	公忠道
573	金 學 淳 김 학 순	安東	1825(순조 25)		실록	公忠道
574	徐 俊 輔 서 준 보	大邱	1826(순조 26)		실록	
575	朴 晦 壽 박 회 수	潘南	1827(순조 27)		실록	公忠道
576	朴 齊 聞 박 제 문	潘南	1829(순조 29)		실록	公忠道
577	李 元 默 이 원 묵		1831(순조 31)		실록	公忠道
578	洪 羲 瑾 홍 희 근	豊山	1831(순조 31)		실록	公忠道
579	趙 秉 鉉 조 병 현	豊壤	1833(순조 33)		실록	公忠道

順	姓 名	本貫	在任時期	首府	出 典	備考 (道名/觀察使名)
580	金 在 三 김 재 삼		1834(순조 34)	公州	실록	公忠道
581	沈 宜 臣 심 의 신	青松	1836(헌종 2)		실록	
582	趙 翼 永 조 익 영	豊壤	1837(헌종 3)		실록	
583	金 英 淳 김 영 순	安東	1839(헌종 5)		실록	
584	金 鼎 均 김 정 균	安東	1841(헌종 7)		실록	
585	姜 時 永 강 시 영	晉州	1843(헌종 9)		실록	
586	趙 雲 澈 조 운 철	豊壤	1845(헌종 11)		실록	
587	金 洙 根 김 수 근	安東	1847(헌종 13)		실록	
588	趙 得 林 조 득 림	楊州	1848(헌종 14)		실록	
589	洪 說 謨 홍 열 모	豊川	1850(철종 1)		실록	
590	李 根 友 이 근 우	全義	1852(철종 3)		실록	
591	沈 宜 冕 심 의 면	青松	1853(철종 4)		실록	
592	韓 正 教 한 정 교	淸州	1854(철종 5)		실록	

順	姓 名	本貫	在任時期	首府	出 典	備考 (道名/觀察使名)
593	李 謙 在 이 겸 재	韓山	1855(철종 6)	公州	실록	
594	金 應 根 김 응 근	安東	1857(철종 8)		실록	
595	沈 承 澤 심 승 택	青松	1859(철종 10)		실록	
596	趙 獻 永 조 헌 영	豊壤	1860(철종 11)		실록	
597	兪 章 煥 유 장 환	杞溪	1861(철종 12)		실록	
598	李 秉 文 이 병 문	全州	1863(철종 14)		실록	公忠道
599	申 檍 신 억	平山	1865(고종 2)		실록	公忠道
600	閔 致 庠 민 치 상	驪興	1868(고종 5)		실록	公忠道
601	金 炳 始 김 병 시	安東	1872(고종 9)		실록	公忠道
602	成 彝 鎬 성 이 호	昌寧	1874(고종 11)		실록	
603	沈 舜 澤 심 순 택	青松	1875(고종 12)		실록	
604	趙 秉 式 조 병 식 (1)	楊州	1876(고종 13)		실록	

順	姓 名	本貫	在任時期	首府	出 典	備考 (道名/觀察使名)
605	**李 明 應** 이 명 응	全州	1878(고종 15)	公州	실록	
606	**李 承 五** 이 승 오	韓山	1881(고종 18)		실록	
607	**南 一 祐** 남 일 우	宜寧	1882(고종 19)		실록	
608	**朴 齊 寬** 박 제 관	潘南	1884(고종 21)		실록	
609	**沈 相 薰** 심 상 훈	青松	1885(고종 22)		실록	
610	**閔 泳 商** 민 영 상	驪興	1887(고종 24)		실록	
611	**李 憲 稙** 이 헌 직		1889(고종 26)		실록	
612	**宋 世 憲** 송 세 헌	恩津	1890(고종 27)		실록	
613	**李 耕 稙** 이 경 직	韓山	1891(고종 28)		실록	
614	**趙 秉 式** 조 병 식 (2)	楊州	1892(고종 29)		실록	
615	**趙 秉 鎬** 조 병 호	林川	1893(고종 30)		실록	
616	**李 鑢 永** 이 헌 영	完山	1894(고종 31)		실록	

順	姓 名	本貫	在任時期	首府	出 典	備考 (道名/觀察使名)
617	朴 齊 純 박 제 순	潘南	1894(고종 31)	公州	실록	

2. 忠州府 觀察使

順	姓 名	本貫	在任時期	首府	出 典	備 考
1	趙 漢 國 조 한 국		고종 32(1895. 5. 30) 고종 32(1895. 6. 23)	忠 州	승정원	*23부제 칙령공포 (1895. 5. 26)
2	金 奎 軾 김 규 식		고종 32(1895. 7. 2) 고종 33(1896. 1. 15)		실 록 승정원	의병진에 살해
3	閔 泳 綺 민 영 기		고종 33(1896. 1. 16)		승정원	
4	朴 珪 熙 박 규 희		고종 33(1896. 6. 19)		승정원	

3. 忠淸北道 觀察使

順	姓 名	本貫	在任時期	首府	出 典	備 考
1	朴 珪 熙 박 규 희		고종 33(1896. 6. 26)	忠 州	승정원	(칙령반포, 23府→13道)
2	朴 齊 億 박 제 억		고종 34(1897. 3. 23)		승정원	
3	金 錫 圭 김 석 규		고종 36(1899. 4. 2) 고종 36(1899. 12. 16)		승정원	

順	姓 名	本貫	在任時期	首府	出典	備 考
4	趙 漢 國 조 한 국		고종 36(1899. 12. 16) 고종 37(1900. 6. 27)	忠 州	승정원 실 록	
5	尹 容 植 윤 용 식		고종 37(1900. 6. 27) 고종 37(1900. 10. 16)		실 록승 정원	
6	尹 吉 求 윤 길 구		고종 37(1900. 10. 16) 고종 37(1900. 11. 14)		승정원 실 록	
7	鄭 泰 鉉 정 태 현		고종 38(1901. 9. 30) 고종 39(1902. 7. 22)		승정원 실 록	
8	李 熙 夏 이 희 하		고종 39(1902. 7. 22)		승정원 실 록	
9	趙 鍾 弼 조 종 필		고종 39(1902. 9. 28) 고종 40(1903. 4. 22)		실 록승 정원	
10	沈 相 薰 심 상 훈		고종 40(1903. 4. 22) 고종 40(1903. 8. 17)		승정원	
11	具 永 祖 구 영 조		고종 40(1903. 8. 17) 고종 40(1903. 11. 13)		승정원	
12	白 性 基 백 성 기		고종 40(1903. 11. 13) 고종 41(1904. 1. 7)		승정원	
13	李 勝 宇 이 승 우		고종 41(1904. 1. 7) 고종 42(1905. 2. 12)		승정원	
14	閔 泳 璇 민 영 선		고종 42(1905. 2. 12) 고종 42(1905. 2. 30)		승정원	
15	成 岐 運 성 기 운		고종 42(1905. 2. 30) 고종 42(1905. 5. 10)		승정원	

順	姓 名	本貫	在任時期	首府	出典	備 考
16	**李 容 善** 이 용 선		고종 42(1905. 5. 10) 고종 42(1905. 7. 14)	忠 州	승정원	
17	**申 泰 熙** 신 태 희		고종 42(1905. 7. 14) 고종 43(1906. 2. 1)		승정원	
18	**尹 喆 圭** 윤 철 규		고종 43(1906. 2. 2) 고종 43(1906. 6. 15)		승정원	
19	**尹 吉 炳** 윤 길 병		고종 43(1906. 6. 29) 고종 44(1907. 5. 7)		승정원	
20	**李 鎬 成** 이 호 성		고종 44(1907. 5. 18)		승정원	
21	**權 鳳 洙** 권 봉 수		순종 1(1908. 6. 11) 순종 1(1910. 10. 1)	淸州	승정원	*觀察府 이전 (1908.6.5)

4. 忠淸北道 知事

가. 日帝强占期(長官·知事)

區分	姓 名	本貫	在任時期	出 典	備 考
長官	**鈴木 隆** (스즈키 다카시)	일본인	1910. 10. 1 1916. 3. 28	국편/데이타	
長官	**柳 敎 魯** 유 사 로	晉 州	1916. 3. 28 1917. 6. 13	조선총독부관보	
長官 知事	**張 憲 植** 장 헌 식	仁 同	1917. 6. 13 1921. 2. 12	조선총독부관보	

區分	姓 名	本貫	在任時期	出 典	備 考
知事	米田甚太郎 요네다	일본인	1921. 2. 12 1923. 2. 23	조선총독부관보	
	朴 重 陽 박 중 양		1923. 2. 23 1925. 3. 31	조선총독부관보	
	金 潤 晶 김 윤 창		1925. 3. 31 1926. 8. 14	조선총독부관보	
	韓 圭 復 한 규 복		1926. 8. 14 1929. 11. 28	조선총독부관보	
	洪 承 均 홍 승 균		1929. 11. 28 1931. 9. 23	조선총독부관보	
	南 宮 營 남 궁 영		1931. 9. 23 1935. 4. 1	조선총독부관보	
	金 東 勳 김 동 훈		1935. 4. 1 1939. 4. 26	조선총독부관보	
	兪 萬 兼 유 만 겸		1939. 4. 26 1940. 9. 2	조선총독부관보	
	伊藤泰彬 (尹泰彬)		1940. 9. 2 1942. 10. 23	조선총독부관보	
	平松昌根 (李昌根)		1942. 10. 23 1944. 8. 17	조선총독부관보	
	增 永弘 (朴在弘)		1944. 8. 17 1945. 6. 16	조선총독부관보	
	鳥川僑源		1945. 6. 16	조선총독부관보	

나. 美軍政期

順	姓 名	本貫	在任時期	出 典	備 考
1	RobertT. huchler	미국인	1945. 11. 8	忠北學資料選 第11輯	忠淸北道知事 職務代行
2	Ray C. senate	미국인	1945. 11. 8 1946. 4. 2	忠北學資料選 第11輯	忠淸北道知事
3	尹 河 英 윤 하 영		1946. 2. 18	국편/데이타	忠淸北道朝鮮人知事 (軍政廳任命辭令 第81號)
4	Roland E. Murphy	미국인	1946. 4. 2 1947. 2. 15	忠北學資料選 第11輯	忠淸北道知事
5	尹 河 英 윤 하 영		1947. 2. 15	국편/데이타	忠淸北道朝鮮人知事 (軍政廳任命辭令第118號)

다. 政府樹立以後

歷代	姓 名	在任時期	備 考
1	尹 河 英 윤 하 영	1948. 8. 15~1949. 1. 27	
2	李 光 이 광	1949. 1. 28~1951. 7. 25	
3	李 明 求 이 명 구	1951. 7. 26~1952. 9. 16	
4	鄭 顯 模 정 현 모	1952. 9. 17~1953. 11. 23	
5	鄭 樂 勳 정 낙 훈	1953. 12. 10~1955. 8. 29	

歷代	姓 名	在任時期	備 考
6	金 鶴 應 김 학 응	1955. 9. 2~1958. 7. 29	
7	鄭 麟 澤 정 인 택	1958. 7. 30~1960. 4. 30	
8	黃 鍾 律 황 종 율	1960. 5. 12~1960. 10. 6	
9	趙 大 衍 조 대 연	1960. 10. 7~1960. 12. 2	民選
10	趙 大 衍 조 대 연	1960. 12. 30~1961. 5, 23	民選
11	高 光 道 고 광 도	1961. 5. 24~1962. 3. 11	
12	崔 世 寅 최 세 인	1962. 3. 14~1963. 12. 15	
13	申 明 淳 신 명 순	1963. 12. 19~1966. 3. 30	
14	金 孝 榮 김 효 영	1966. 3. 31~1969. 5. 12	
15	丁 海 植 정 해 식	1969. 5. 13~1971. 6. 11	
16	太 鍾 鶴 태 종 학	1971. 6. 12~1973. 9. 25	
17	吳 龍 雲 오 용 운	1973. 9. 26~1976. 10. 11	
18	鄭 宗 澤 정 종 택	1976. 10. 12~1980. 1. 16	

歷代	姓 名	在任時期	備 考
19	金 宗 鎬 김 종 호	1980. 1. 17~1980. 9. 9	
20	任 成 宰 임 성 재	1980. 9. 10~1983. 10. 14	
21	康 祐 赫 강 우 혁	1983. 10. 15~1986. 1. 8	
22	盧 健 一 노 건 일	1986. 1. 9~1988. 5. 19	
23	閔 泰 求 민 태 구	1988. 5. 20~1990. 3. 11	
24	朱 炳 德 주 병 덕	1990. 3. 12~1990. 9. 13	
25	李 同 浩 이 동 호	1990. 9. 14~1992. 3. 31	
26	李 元 鍾 이 원 종	1992. 4. 1~1993. 3. 3	
27	金 德 永 김 덕 영	1993. 3. 4~1994. 9. 23	
28	許 泰 烈 허 태 열	1994. 9. 24~1995. 6. 30	
29	朱 炳 德 주 병 덕	1995. 7. 1~1998. 6. 30	以後民選
30	李 元 鍾 이 원 종	1998. 7. 1~2002. 6. 30	
31	李 元 鍾 이 원 종	2002. 7. 1~2006. 6. 30	

歷代	姓 名	在任時期	備 考
32	鄭 宇 澤 정 우 택	2006. 7. 1~2010. 6. 30	
33	李 始 鍾 이 시 종	2010. 7. 1~	

編著者

김현길(金顯吉)

1932년, 충북 진천생

主要經歷

국학대학·고려대학교 대학원 사학과 졸업

충주대학교 교수, 동 대학 박물관장

충청북도 문화재위원

충북향토문화연구소 소장

한국향토사연구전국협의회 회장 등 역임

主要著書

中原의 歷史와 文化遺蹟(1984)/ 新講韓國史(1991)/ 槐山의 歷史(1990)/방죽안 풍덕의 씨족마을(1998)/ 실용국사연표(1999)/中原의 硏究(2011)

외 共編著 및 기타 논문 다수

忠州牧 先生案 〈정가 20,000원〉

인쇄 2012년 8월 25일

발행 2012년 8월 30일

편 저 金 顯 吉

발행인 孫 光 春

인쇄처 修 書 院

등 록 1971. 12. 9. No.2-282

발행처 도서출판 修書院

서울특별시 성북구 삼선동1가 15-2

TEL. 765-0924~5, FAX. 765-0927

E-mail : suseowon@hanmail.net

978-89-88892-21-3